高等职业教育产教融合系列教材·电子商务类

网络客户服务与管理

主　编　俞　漪　花　明

副主编　沈　捷

北京理工大学出版社
BEIJING INSTITUTE OF TECHNOLOGY PRESS

图书在版编目（CIP）数据

网络客户服务与管理 / 俞漪，花明主编．—北京：北京理工大学出版社，2020.1（2023.8 重印）

ISBN 978－7－5682－7864－5

Ⅰ.①网…　Ⅱ.①俞…　②花…　Ⅲ.①电子商务－商业服务－高等学校－教材　Ⅳ.①F713.36

中国版本图书馆 CIP 数据核字（2019）第 252055 号

出版发行 / 北京理工大学出版社有限责任公司
社　　址 / 北京市海淀区中关村南大街 5 号
邮　　编 / 100081
电　　话 /（010）68914775（总编室）
　　　　　（010）82562903（教材售后服务热线）
　　　　　（010）68948351（其他图书服务热线）
网　　址 / http：//www.bitpress.com.cn
经　　销 / 全国各地新华书店
印　　刷 / 涿州市新华印刷有限公司
开　　本 / 787 毫米×1092 毫米　1/16
印　　张 / 11.25
字　　数 / 256 千字
版　　次 / 2020 年 1 月第 1 版　2023 年 8 月第 5 次印刷
定　　价 / 33.00 元

责任编辑 / 梁铜华
文案编辑 / 时京京
责任校对 / 刘亚男
责任印制 / 施胜娟

产教融合电子商务系列教材专家委员会名单

序言

创建于2015年6月的宁波市电子商务学院，是由宁波市教育局和宁波市商务委员会授权浙江工商职业技术学院牵头组建的一所集电子商务人才培养培训平台、电子商务创业孵化平台、电子商务协同创新平台、电子商务服务与政策咨询为一体的特色示范学院。学院主要依托各级政府、电商产业园、行业协会、电商企业，探索“入园办学”和“引企入校”的模式，发挥教学育人、服务企业和公共平台等功能，充分体现了产教融合、校企合作的办学理念。

浙江工商职业技术学院正是秉承了产教融合、服务地方经济建设的办学理念，将电子商务、国际贸易（跨境电商）、市场营销等多个专业的教学与实训置于电子商务产业园区之中，形成了颇具特色的产教园教学模式。这种“入园办学”的模式对教师的专业知识与能力来说无疑是个十分严峻的挑战，而应对挑战的唯一路径就是教师深入企业，参与企业运营与管理，甚至自主创业。经过多年努力，成果是斐然的。电子商务学院的张军老师2013年初作为指导教师参与浙江慈溪崇寿跨境电子商务产教园项目的运作，至今已成为浙江盈世控股公司创始人之一，该公司每年营业额达20亿，拥有员工1200人。目前，该公司名下的电商生态园为学校提供一流的学习与实践基地。周锡飞老师获得了全国教师技能竞赛一等奖；许辉老师成为全国知名的电商培训师；蔡简建老师指导学生参加比赛，获得浙江省职业院校“挑战杯”创新创业竞赛一等奖两项、全国高职高专大学生管理创意大赛金奖。更多的教师则是兼任了企业电子商务运营总监、项目负责人等，他们在产教园中成功地孵化多个学生创业团队，其中“飞凡电商”2018年销售额达3亿元之多。

“师者，所以传道受业解惑也。”将自主创业或者参与企业运作、指导学生实战的教学经验与理论形成书面文字，编写成教材，必受益于广大读者，善莫大焉。基于此，浙江工商职业技术学院与北京理工大学出版社共同策划了这套产教融合电子商务系列教材。教材专委会聘请富有创业实践经验的企业家和富有教学经验的专业教师共同开发编写，并邀请资深电子商务职业教育专家担任教材主审，以最大限度地保证教材的先进性与实用性，充分体现了产教融合的理念。专委会希望本套教材对于广大同行与学生起到有益的帮助。

习近平总书记在党的十九大报告中指出：“完善职业教育和培训体系，深化产教融合、校企合作。”这为高职教育在新时代推进内涵建设和创新发展进一步指明了方向。国务院办公厅印发《关于深化产教融合的若干意见》指出，深化产教融合，促进教育链、人才链与产业链、创新链有机衔接，是当前推进人力资源供给侧结构性改革的迫切要求，对新形势下全面提高教育质量、扩大就业创业、推进经济转型升级、培育经济发展新动能具有重要意义。因此，对高职院校而言，必须与行业企业开展深度合作，提高人才培养质量，才能提升学校在地方经济社会发展中的参与度和贡献率。浙江工商职业技术学院的电子商务类专业正是沿着这一正确的道路在前行。

产教融合电子商务系列教材专家委员会

前言

党的二十大报告提出，“构建优质高效的服务业新体系，推动现代服务业同先进制造业、现代农业深度融合”，为服务业高质量发展指明了方向。在数字化的浪潮下，加快推动服务业数字化是服务业高质量发展的重要途径之一。

与企业日益增长的人才需求相比，高职院校在客户服务与管理方面的人才培养并没有形成有效的方案。部分院校开设客户服务类课程，以网店客服岗位为主线，让学生了解客户服务的操作流程和知识技能，但对于高职的学生来说，这些内容过于基础，缺乏对客户关系管理的系统认知，会陷入“只见树木不见森林”的尴尬境地。另外，开设了客户关系管理类课程的院校，大多数基于传统的学科体系开展教学，偏重理论性，没有贴合电子商务专业，缺乏实践项目指导，不适合高职课程教学组织。基于以上分析判断，教材编写团队经过大量资料收集，认真听取电商企业的反馈意见，并结合实际教学经验，编写了这本《网络客户服务与管理》，旨在为高职院校电子商务专业相关课程教学提供借鉴和参考。

本书以产教融合为特色，在内容上力求体现“以职业活动为导向，以职业技能为核心”的指导思想，突出高职高专教育特色。本书创设了走进客户服务、做好客户接待和沟通、完成售后服务、分析目标客户、培育客户忠诚、管理客户关系等6个学习型项目，每个学习型项目的设计，均以客服工作不同业务阶段必备的知识和技能为主线，配以精心设计的课内实训，让读者能够“做中学”“学中做”，在循序渐进地总结和分享中不断提升服务意识、改善沟通能力、创新客户价值，最终实现电商企业客户服务管理角色的转变。

本书共设计了6个学习型项目。项目一是走进客户服务，主要了解网络环境下客户服务的变化和工具应用。项目二是做好客户接待和沟通，熟悉售前接待的基本流程，掌握客户沟通的技能。项目三是完成售后服务，明确售后客服的工作职责，学会处理各类售后纠纷问题。项目四是分析目标客户，识别客户画像，做好客户细分。项目五是培育客户忠诚，能够构建店铺会员制度和积分体系。项目六是管理客户关系，做好客户互动，搭建有效的互动营销平台。

本书由浙江工商职业技术学院俞漪老师、花明教授共同完成，另外宁波卢来神掌品牌策划有限公司总经理卢奕衡和金华职业技术学院的沈捷老师共同参与了本教材的编写。具体分工如下：俞漪老师负责项目一、项目二和项目五的编写和全书的统稿工作，花明教授负责项目六的编写和案例整理工作，沈捷老师负责项目三和项目四的编写，书中多处数据和案例由宁波卢来神掌品牌策划有限公司总经理卢奕衡先生提供。本书在编写过程中得到了北京理工大学出版社的大力支持，原浙江商业职业技术学院信息技术学院院长沈凤池教授、浙江工商职业技术学院电商学院院长陈明教授在本书的体例和案例设计上精心指导，在此一并表示感谢。

由于电子商务发展迅速，知识的更新变化频率太快，让本书的编写存在一定的难度。加之编写时间仓促及编者水平有限，书中难免存在不足和疏漏之处，恳请各位读者朋友批评指正、多提宝贵见。

编　者

目录

走进客户服务

【本项目重点难点】

了解客户服务的定义和分类；了解优质客户服务的特点和作用；了解网络技术对客户服务的影响；了解网络客户服务的常用工具；了解网店客服的作用，了解网店客服需要具备的知识和技能。

【项目导图】

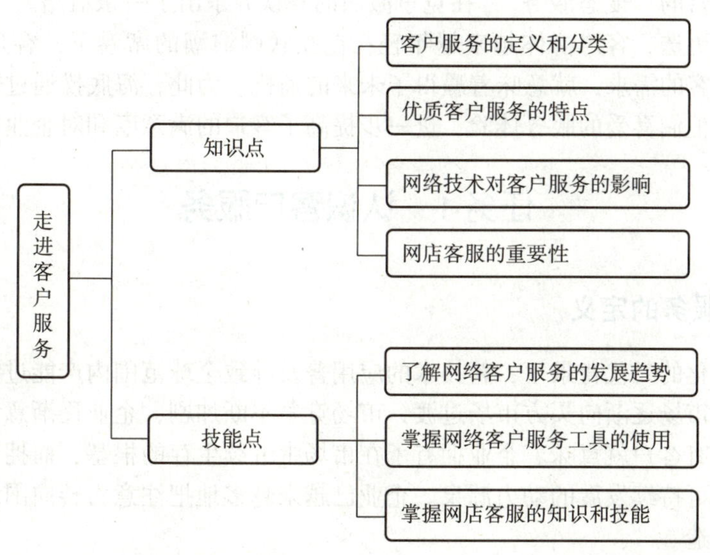

【引例】

在中国餐饮界，海底捞可以算得上是一个传奇。从1994年在四川开设首家火锅店开始，25年间在全球开了300多家直营连锁餐厅，成为中国最大的中式餐饮连锁企业。2018年9月26日，海底捞正式登陆香港资本市场，成为港股历史上最贵的一只新股。

无可比拟的就餐体验造就了海底捞品牌，每一个到海底捞消费的顾客都可以感受到海底捞独特的服务文化。海底捞门店有专门的泊车服务生，主动提供代客泊车服务。顾客在排队等位期间，可以免费享受到海底捞提供的水果、饮料及擦鞋、美甲服务。就餐之前，服务人员会贴心地送上橡皮筋、手机套、擦镜布、围裙、热毛巾等小物，甚至备有轮椅、婴儿床等，以服务细节提升餐饮品质。更让客户感动的是海底捞的服务人员，热情地招呼、主动地伺服，让就餐变成了身体和精神的双重享受。

海底捞的服务并没有止步于线下，随着移动网络技术的发展，企业利用O2O模式玩出了更多的服务创新，将服务延续到了线上。

海底捞拥有自己的官网、品牌App和微信公众号。顾客无论选择从线上哪个渠道进入线下，都会享受到海底捞相同的UI（界面）和流程。海底捞选择自建餐饮信息系统，用户可以通过客户端申请电子会员卡，随时随地完成门店查询、网络叫号、在线预订座位、订餐、叫外卖等业务，和企业建立一对一实时的沟通渠道。服务员可以通过iPad等移动设备提供电子化点餐服务，使餐中业务各环节实现了信息一体化和智能化，有效地提高了顾客的就餐体验，加强了客户关系管理。

海底捞还开发了一个专属的O2O游戏平台——海海O2O游戏平台。该平台可提供不断更新的游戏种类，且这些游戏操作简单，上手容易，获得了顾客的青睐。顾客在等位过程中还可与其他顾客现场PK，海底捞会为优胜者提供奖励，这让漫长的等位时间变得更加有趣，大大地增加了年轻顾客的黏度。

【引例分析】

复盘海底捞的成功，关键点不是产品而是服务。海底捞并没有独特的火锅秘方，而是凭借其超出常规经营的“变态服务”，在竞争激烈的餐饮界杀出了一条血路。

随着时代的更迭，客户群体越来越年轻；在互联网浪潮的席卷下，客户的需求不断变化；抓住年轻顾客的需求，就意味着赢得了未来的商机。为此，海底捞通过数字化手段为广大年轻顾客提供他们喜爱的服务体验，进一步提高了客户的满意度和对企业的忠诚度。

任务1　认识客户服务

一、客户服务的定义

在经济全球化的时代背景下，新技术的应用普及导致全球范围内产能过剩，产品同质化日趋严重，卖方市场逐渐向买方市场过渡，市场竞争不断加剧，企业逐渐意识到拥有客户资源的重要性。拥有客户就意味着企业拥有了在市场中继续生存的根基，而拥有并想办法留住客户是企业获得可持续发展的动力源泉。企业已越来越多地把注意力转向围绕获得和保持客户的竞争力的打造。

企业的竞争策略主要有两种，价格优势策略和差异化策略，而服务是非常有效的差异化策略。如果两家企业的产品质量、价格、技术相当，谁的服务更好，更能满足客户的需求，谁就能获得客户的信赖。以制造业为主体的工业经济时代已然过去，在当下崇尚服务理念的商业社会里，客户服务不仅是企业生存的基石，而且已经成为企业挖掘竞争优势、形成新的利润增长点的强力武器。

1. 客户服务的定义

所谓客户服务是指企业在适当的时间和地点，以适当的方式和价格，为目标客户提供适当的产品和服务，满足客户的适当需求，使企业和客户的价值都得到提升的过程。客户服务有效解决客户在产品选择、购买和使用过程中遇到的各种问题或提供所需要的帮助。客户服务的有效性主要取决于服务内容、质量和响应速度。客户服务虽然是无形的，但是客户会通过自身的感受对企业的服务质量进行评价，优质、满意的客户服务则能使客户得到精神上的满足。

由于客户服务兴起的时间较短，以至于人们对客户服务存在很多认识上的误区。

（1）客户服务就是售后服务

有些人错误地认为客户服务就是售后服务，是在产品销售之后为客户提供必要的安装、配送、咨询等服务。但实际上，客户服务贯穿于满足客户需要的全过程，公司的营销、研发、管理等各部门都需要围绕客户的需求来运作。

（2）客户服务是成本

这种观点错误地认为客户服务会加大企业的成本，是公司的负担，会直接降低企业的利润。事实上，客户服务是实现客户满意度的最佳武器，缺乏卓越的客户服务，企业的产品得不到客户的认可，利润又从何而来呢？

（3）客户服务就是解答客户的问题

有些人认为客户服务的主要任务就是解答客户的问题，是一种浅层次的商业技巧，只要熟悉产品、态度热情就可以了。其实客户服务是一套复杂的制度系统，它包含系统的服务理念、服务工具、服务流程、服务人员培训体系等，没有制度的支撑，服务只会是一句空洞的口号。

2. 客户服务的分类

行业不同、产品不同，客户服务的具体内容和方式也会存在很大的差别。依照不同的划分标准，我们可以对客户服务进行不同的分类。

（1）按服务的时序分类

①售前服务。售前服务是指在销售产品之前为客户提供的服务。主要是充分研究和分析客户心理，用各种服务方式激发客户的购买欲望，为销售活动做好准备，保证销售任务的完成。

②售中服务。售中服务是指在销售过程中为客户提供的服务，是客户服务的中心环节。

③售后服务。售后服务是指在产品出售以后为客户提供的服务。售后服务既是一种促销手段，也是一种扩大企业影响、树立企业形象的良好方法，企业必须予以足够重视。

（2）按服务的费用分类

①无偿服务。无偿服务是指企业向客户提供的不收取费用的服务，一般是附加的、义务性的服务。在企业售前、售中、售后的多数服务项目都是免费的。

②有偿服务。有偿服务是指企业在向客户供应产品时提供的收费服务项目，一般是在规定之外的应客户要求提供的个性化的增值服务。

（3）按服务的性质分类

①技术性服务。技术性服务是指企业向客户提供的与产品的技术和效用有关的服务，由专门的技术人员提供，主要包括安装、调试、维修及技术咨询、技术指导、技术培训等。

②非技术性服务。非技术性服务是指企业向客户提供的与产品的技术和效用无直接关系的服务，主要包括广告宣传、送货上门、信息指导、分期付款等。

二、优质的客户服务

优质的客户服务是指一种以客户为导向的价值观，是根据客户本人的喜好使他获得满足，而最终使客户感觉到他受到重视，把这种好感铭刻在他的心里，使其成为企业的忠实客户。在以客户为中心的时代，提供优质服务是企业提高客户满意度和客户忠诚度的必备能力。

想一想

结合你的生活经历，谈一谈给你留下印象最深刻的一次客户服务体验，请举例说明。

1. 客户服务的特点

很多优秀的公司都把提供优质的客户服务作为公司的核心价值观。尽管每个企业提供的服务标准、服务细节、服务形式都不一样，但所有优质的客户服务，都必须具备以下特点（如图 1－1 所示）。

图 1－1 优质的客户服务

（1）始终以客户为中心

以客户为中心，设身处地地为客户着想，并不仅仅是一句口号，也不仅仅是贴在墙壁上的服务宗旨标语，而是贯彻到每一个企业服务人员心中的服务意识，是体现在实际工作中的服务细节。当客户提出一些看似不太合理的要求时，你能够始终理解他的心情，了解他的需求，站在他的角度来解决问题，才能为他提供优质的客户服务。很多企业都有以客户为中心的理念，如海尔的“真诚到永远”。

（2）对客户表示热情、关注和尊重

优质的客户服务体现在服务态度上，要求对客户热情，要关注并尊重客户。这个要求虽相对比较简单，却是个首要问题。尤其是在售后服务中，客户会有各种各样的投诉和抱怨，这时候要求客户服务人员能够始终如一地热情对待客户，关注和尊重客户，这就需要企业对客户服务人员进行相应的情绪管理培训。

（3）帮助客户解决问题

帮助客户解决问题是客户服务的根本，考验的是客户服务人员的服务技能。客户虽然希望服务人员有良好的服务态度，但他更希望的是能够解决问题。客户在投诉时经常会说：“你光说‘对不起’有什么用？现在你要告诉我你怎样解决我的问题？”所以客户服务人员必须牢记：在客户服务中，帮助客户解决问题永远是第一位的。

（4）迅速响应客户的需求

在效率为王的时代，快速响应客户需求成为优质客户服务的必要条件。据调查显示，84%的用户表示快速回应会让他们感到满意。快速反应、一次性解决问题才能让用户感到满意和惊喜。

（5）持续提供优质的服务

让客户每一次都感到满意，是优质的客户服务所追求的终极目标，也是企业在做好优质客户服务过程中最难获得的一种能力。客户的满意标准是不断变化的，持续提供优质的客户服务，不仅要求服务具有一致性、标准性，更要具有创新性。

（6）提供个性化的服务

随着社会的进步，人们的需求在不断地发生变化，企业在竞争激烈的社会市场中要提升客户的满意度，就得以客户为中心，为客户提供个性化服务，满足客户的个性需求。优质的客户服务要以客人需求为中心，在满足客户原来需求的基础上，针对客户个性特点和特殊需求，主动积极地为客户提供特殊的服务，这是为客户提供“量体裁衣”定制式的适合他的服务。企业通过优质、个性化的服务与顾客建立特殊关系，形成顾客对企业的忠诚感，并利用良好口碑不断地为企业招揽新客户，以便取得竞争优势。

【同步阅读1-1】

优秀公司的客户服务理念

阿里巴巴是世界著名的电子商务公司，也是全球最大的零售交易平台。它的企业核心价值观（如图1-2所示）：

客户第一——客户是衣食父母；

团队合作——共享共担，平凡人做平凡事；

拥抱变化——迎接变化，勇于创新；

诚信——诚实正直，言行坦荡；

激情——乐观向上，永不言弃；

敬业——专业执着，精益求精。

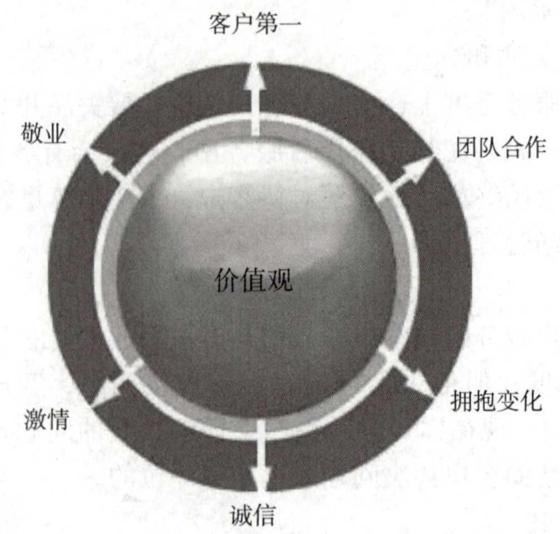

图 1－2　阿里巴巴核心价值观

海尔是世界白色家电第一品牌、中国最具价值品牌。截至 2009 年，海尔已在全球建立了 29 个制造基地，8 个综合研发中心，19 个海外贸易公司，全球员工总数超过 6 万人，已发展成为大规模的跨国企业集团。海尔的核心价值观：

是非观——以用户为是，以自己为非；

发展观——创业精神和创新精神；

利益观——人单合一双赢。

联想，作为全球最大的 PC（个人计算机）生产厂商，是在信息产业内多元化发展的大型企业集团，是富有创新性的国际化科技公司。联想的核心价值观：

成就客户——致力于客户的满意与成功；

创业创新——追求速度和效率，专注于对客户和公司有影响的创新；

精准求实——基于事实的决策与业务管理；

诚信正直——建立信任与负责任的人际关系。

华为，作为全球领先的信息与通信技术（ICT）解决方案供应商，致力于为运营商客户、企业客户和消费者提供有竞争力的 ICT 解决方案、产品和服务，并致力于成就未来信息社会、构建更美好的全连接世界。华为的核心价值观（如图 1－3 所示）：

成就客户——为客户服务是华为存在的唯一理由，客户需求是华为发展的原动力；

艰苦奋斗——华为没有任何稀缺的资源可依赖，唯有艰苦奋斗才能赢得客户的尊重和信赖，坚持奋斗者为本，使奋斗者获得合理的回报；

自我批判——只有坚持自我批判，才能倾听、扬弃和持续超越，才能更容易尊重他人和与他人合作，实现客户、公司、团队和个人的共同发展；

开放进取——积极进取，勇于开拓，坚持开放与创新；

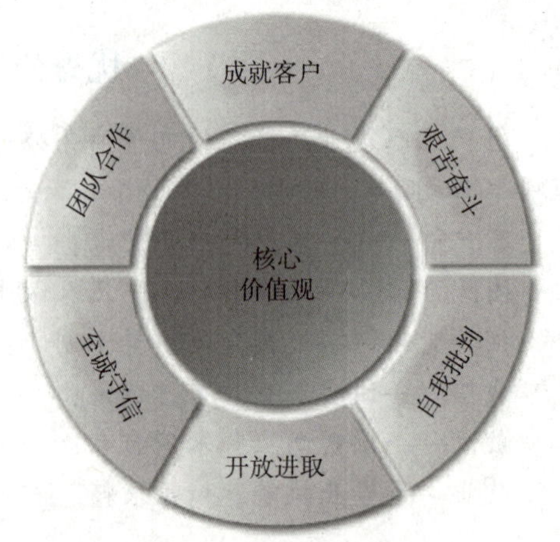

图 1－3　华为核心价值观

至诚守信——诚信是华为最重要的无形资产，华为坚持以诚信赢得客户；

团队合作——胜则举杯相庆，败则拼死相救。

2. 客户服务的重要性

(1) 优质的客户服务是最好的企业品牌

企业品牌是客户对企业感性和理性认知的总和，企业品牌的内涵包含商品品牌和服务品牌，并在两者基础上衍生出企业品牌。只有具备与企业的商品品牌相匹配的超值服务，也就是企业建立有别于竞争对手的富有企业文化内涵的优质的服务品牌，才能不断提升商品品牌的价值含量和提高企业的美誉度，否则企业品牌的内涵就会大打折扣。美国斯坦林电讯中心董事长大卫·斯坦博格说："经营企业最便宜的方式是为客户提供最优质的服务，而客户的推荐会给企业带来更多的客户，在这一点上企业根本不用花一分钱。"服务品牌不是广告宣传出来的，而是通过实实在在的服务活动做出来的，并借助客户的评价、交流传播开来，形成良好的形象和口碑，借此带来更多的客户，这些客户往往比用广告吸引来的客户更忠诚。

讲到海底捞，大家的第一印象就是它的服务。凭借着优质的客户服务，海底捞在竞争激烈的餐饮行业中树立了它的品牌。海底捞的火锅好吃吗？比它好吃的不在少数。海底捞的价格怎么样？人均消费是不低的。质量一般，价格偏高，海底捞正是通过客户服务创造企业品牌，带动了高价产品的销售，体现出服务竞争的优势。

(2) 优质的客户服务使企业具有超强的竞争力

有形产品加无形服务已经成为现代企业经营的标配，而绝大多数企业提供的是常规化的客户服务。常规化的客户服务，就是你有我有大家有的服务，这种服务是行业的标准，做到了这些服务，企业就具有了一般竞争力。别人提供七天无理由退换货，你也提供七天无理由退换货；别人有服务礼貌用语，你也有服务礼貌用语；别人发送物流通知短信，你也发送物流通知短信。当你的竞争对手提供的服务和你提供的服务是一样的时候，那你就没有了竞争优势。

什么是具有很强竞争力的服务呢？就是你有别人没有，或者你的最好、别人的一般，这个时候你才有超强的竞争力。要让客户主动推荐你的企业品牌，就需要让他的感觉是惊喜，需要让他有印象深刻的客户服务体验。客户的服务体验如图 1－4 所示。

(3) 优质客户服务是防止客户流失的最佳屏障

现在竞争很激烈，客户的忠诚度越来越低，一会儿跑到这边，一会儿跑到那边。客户叛离是对客户流失的一个称谓，什么叫客户叛离？就是以前客户在这儿消费，突然有一天走了，改成别人的客户了，这就叫客户叛离。在互联网环境下，客户叛离的成本越来越低。鼠标一点，海量的商品出现在客户面前，客户的选择权更大了。只有满足客户的需求，提供优质的服务让客户有良好的用户体验，客户才不会轻易地被价格、促销等其他因素吸引，而尝试新的企业品牌。

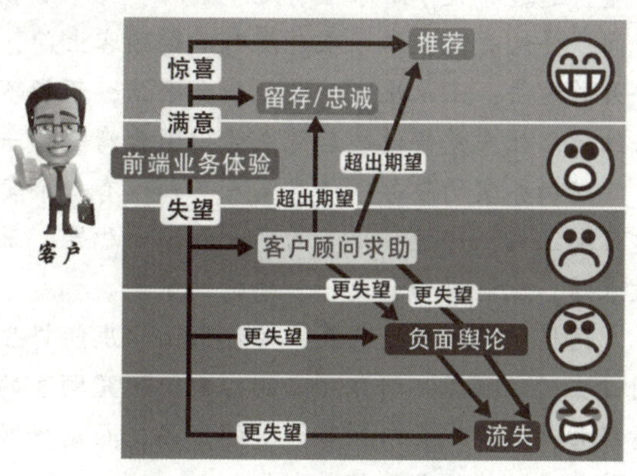

图 1－4　客户的服务体验

【同步阅读 1－2】

王永庆卖米的故事

王永庆是中国台湾最受推崇的企业家和管理大师，他从小家境贫寒，只读了几年书就辍学了。

1931 年，15 岁的王永庆来到嘉义一家米店做学徒小工。第二年靠着东拼西凑的 200 元资金开了自己的米店。当时小小的嘉义已有近 30 家米店，竞争非常激烈。王永庆只能在一条偏僻的巷子里租一间小铺面。他的米店开办最晚，规模最小，而且由三个未成年的小孩打理，能站稳脚跟成功盈利吗？

面对这些不利条件，王永庆并没有怨天尤人，而是开动脑筋想办法。最后他祭出三招，竟然后来居上，打得那些老店无还手之力。

第一招：改善产品质量。因为那时稻谷粗放式的收割与加工技术，米里经常会掺杂进小石子之类的杂物。所以人们在做饭之前，都要淘好几次米，大家都已习以为常，见怪不怪。有些米店老板甚至认为，那些杂质还可以多卖些钱呢。王永庆却从这司空见惯之中发现了机会，他和两个弟弟一齐动手，仔细地将米里的秕糠、砂石之类的杂物拣出来，然后再卖。一段时间之后，王永庆的米卖得最好，已经口口相传得尽人皆知了。

第二招：让顾客感动的优质服务。别的米店下午 6 点关门，王永庆却一直开到晚上 10 点多。当时人们经济都不宽裕，他就先赊账，然后约定发薪的日子去收账。那时候因为年轻人都忙于工作，来买米的顾客以老年人居多，王永庆就主动送米上门，开创了送货上门服务的先河，赢得了顾客的称赞和感情分。王永庆送米，并非放到门口了事，如果米缸里还有陈米，他就将旧米倒出来，把米缸擦洗干净，把新米倒进去，再将旧米放回上层，如此一来，陈米就不至于因存放过久而变质。这一细致而超越期望的服务令顾客印象深刻，且深受感动，从此以后这些人更成为王永庆米店里雷打不动的忠诚顾客。

第三招：建立客户数据库。王永庆的商业意识超越了时代，只不过客户数据库用的不是今天的手提电脑，而是真正的笔记本。如果给顾客送米，王永庆就细心记下这户人家的米缸容量，通过聊天了解家里有几个大人、几个小孩，每人饭量如何，据此估计下次买米的大概时间，并认真记在本子上。届时不等顾客上门，他就提前一两天主动将米送到客户家里。按今天的看法，王永庆当时还是一个小孩，不折不扣的未成年人，但小小年纪就展现出的精明与细致，让人觉得他之后能成为中国台湾首富一点也不足为奇。

精细务实的服务，使嘉义人都知道有一个卖好米并送货上门的王永庆。从此王永庆的生意日渐红火，经过一年多的资金和客户积累，王永庆便投资开办了碾米厂，并向周边地区开设米店。就这样由弱变强，鸟枪换了炮。

同样从事服务销售业，为什么王永庆能将生意做到这种境界呢？关键在于他用了心！他用心去研究顾客，研究顾客的心理，研究顾客的需要，研究如何去满足顾客的需要；做好客情经营，不单纯卖给顾客简单的产品，而是将顾客的需求变成自己的服务项目，与产品一同给予顾客，将服务价值最大化。

（资料来源于网络）

任务2　认识网络客户服务

一、网络环节下的客户服务

进入21世纪，互联网正以前所未有的速度，发展成为重要的信息基础设施，并渗透到人类经济社会生活的方方面面，深刻地影响和改变着人们的工作、学习和生活。

根据中国互联网络信息中心第42次《中国互联网络发展状况统计报告》统计，截至2018年6月30日，我国网民规模达8.02亿，普及率为57.7%；手机网民规模达7.88亿，网民中使用手机上网人群的占比达98.3%。经历从无到有、从小到大，中国互联网的发展之快、影响之大，远远超出了人们的想象。

身处互联网时代，每个人与外界的连接，细微到生活中的衣、食、住、行都发生了颠覆性的变化。以用户为中心的思维，贯穿于企业运营的始终，这不仅体现在做品牌的层面，还体现在市场定位、品牌规划、产品研发、生产销售、售后服务、组织设计等各个方面，影响着企业各环节的决策。基于用户思维，有效客户服务就是要覆盖业务价值链的全过程，且每个环节都在和用户交流、潜入式互动，如润物细无声般渗透到用户的日常业务活动中，以让用户获得最佳的服务体验，从而实现企业的业务价值。

在互联网时代，一切行业都是服务业，所有企业都是服务企业，可见客户服务的重要性。

1. 网络技术对客户服务的影响

在过去，传统的客户服务模式如营业厅服务、传统热线服务总是被动地等待客户走上门、打进来，才处理客户投诉或为他们开展有限的客户咨询等服务内容。而在互联网环境下，由于网络的技术特性，赋予了客户服务新的内涵，显示出对传统客户服务的比较优势，从而有利于达到更高的服务水平，提高客户的满意度。

（1）客户服务效率更高

众所周知，互联网最大的特性是不受时空限制，尤其是随着智能手机和移动网络的发展，客户可以随时随地地获取信息，享受服务。过去，客户服务主要通过营业网点、电话热线等形式开展，服务资源和服务渠道的受限造成沟通不畅，导致客户对企业的服务不满意。现在，越来越多的企业在网络上构建了全渠道的客户服务体系，客户可以通过微博、在线客服、网站留言、电子邮件、微信等各种方式快速地把问题传递给企业，企业在了解到客户的疑问或投诉后可以通过相同的方式快速对客户的各种问题做出反应。小米手机微信账号后台有9名客服人员，他们每天要回复100万粉丝的留言，这种服务效率在过去是根本无法想象的。

有些客户问题甚至可以通过网络由企业直接解决。例如，购买联想电脑的客户可以直接在联想的服务网站上下载各种驱动，而不需要跑去当地的服务网点，这大大降低了客户的时间和精力成本，提高了客户服务的效率。

（2）客户服务成本下降

服务是有成本的，我们可以看看最常用的电话客户服务的成本：

一个客户来电的平均成本

中国："客户每打来一个电话，每咨询一个问题，每分钟大概花 3 ~ 4 元钱"（来源：公开报道）。

美国：每个电话平均成本 33 美元（Forrester，接受调查的 46 家公司的 54% 的客户选择直接和客户服务人员通话）。

对于这些，中小企业也许感受不大，而有着几百万、几千万用户的大型企业每年花费在客户服务上的费用则非常巨大，由此，服务成本是企业关心的重点。

利用网络提供自助服务，例如客户在网上申请新业务、查询个人信息、管理账户、提交疑难问题和要求技术支持等，这些网络自助服务的效率很高，成本却很低。近几年兴起的智能客服应用，也在很大程度上节省了这些客服需求量比较大的企业的服务成本。如 2018 年年初，智能客户服务帮助中国建设银行节省了 9 000 个人工座席，节省了将近 3 000 万元的服务成本。

(3) 客户服务内容更丰富

网络技术使企业能够给客户提供各种丰富多样的服务。

从广度上看，客户服务的内容更详细，门类更广泛了。在网络上，人们可以获取更加详细的产品和服务信息。企业以文字、图像、视频、语音等各种形式来呈现产品的特性，配合多渠道的信息获取，让客户全面了解产品，这一过程彻底打破了传统销售中信息不对称的壁垒。

如在京东商城上购买一款笔记本电脑，买家可以通过详情页了解它的产品功能，可以通过在线客服及时解决疑难问题，可以查看其他买家的购物评价辅助购买决定，也可以打开网站的社区专帖参考专家意见。客户对产品了解得越详细，他们对自己需要什么样的产品也就越清楚，如图 1 – 5、图 1 – 6、图 1 – 7 所示。

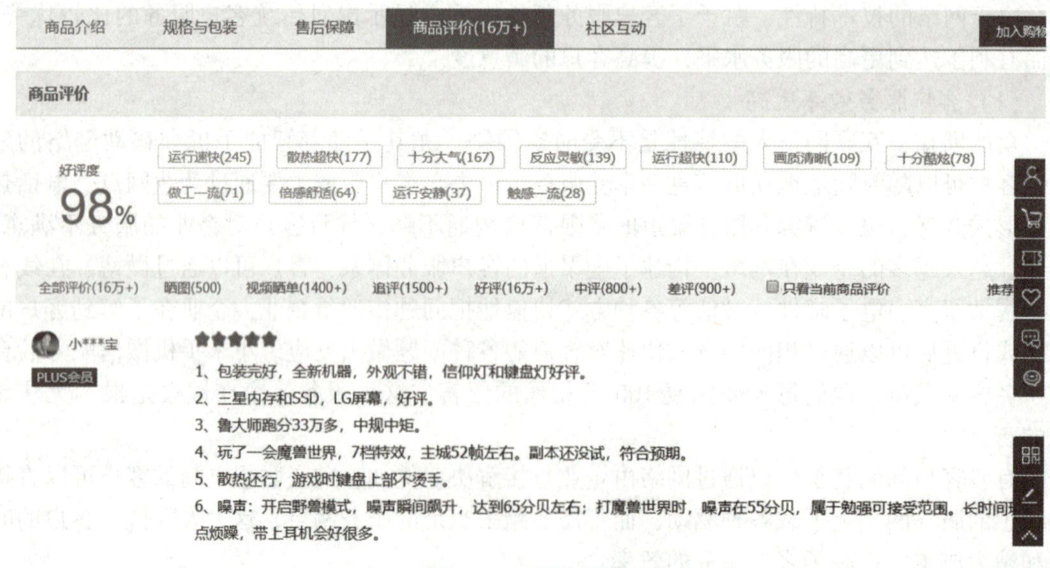

图 1 – 5　产品评价

图1-6　产品详情页

图1-7　互动社区

从深度上看，大数据、云计算等网络技术实现了客户的个性化。身处大数据时代，企业有更多的机会去了解顾客，甚至可能比顾客自己还要了解自己的需求。所以，庞大数据的支持让昔日的个性化服务有了更好的延伸和更大的价值。

三只松鼠能够在近两年快速发展起来，一方面是依靠品牌推广，另一方面是在数据分析的基础上不断完善细节。公司对大数据的主要应用是通过分析用户的购买评价，来判断哪种口味的产品在哪个地区卖得最好、哪种产品是消费者最乐于接受的，从而进行更有针对性的产品首页推荐。同时，企业对顾客进行个性化、人性化的标签分类和细化分析，根据这些分类，推送不同的产品类型。比如爱妻型，产品主要是以妻子食用为主，然后商家会在包裹里放上书信，以松鼠的口吻代替顾客给他妻子写一封信。

(4) 客户服务手段更多元

随着科技与互联网的发展，客户服务手段越来越多，客户会选择自己方便和喜欢的方式与企业沟通并寻求客户服务。有些客户偏好传统的电子邮件，有些客户喜欢更加及时的在线客户服务方式，移动网络的兴起，让更多客户习惯了手机端的客户服务渠道。客户在哪里，我们的服务就延伸到哪里。因此，我们需要提供多种客户服务的渠道来满足客户的需求并让他们更加便捷，例如：微信、App、电子邮件、在线 IM 或者 FAQ 自助服务等。而且伴随着新的互联网应用的出现，网上客户服务的手段会不断变化。

2. 网络客户服务的发展趋势

“互联网 +”推动产业转型升级，构建新形态、新业态，对客户服务影响日益深广，各细分领域及各层面的融合、优化、创新、替代等不断涌现。外部环境变化增加了客户服务难度，同时赋予其新使命和新特征；未来企业生产经营将围绕客户和服务来展开，及时把握服务发展趋势是企业持续发展和市场制胜的关键一环。

党的二十大报告提出“构建优质高效的服务业新体系，推动现代服务业同先进制造业、现代农业深度融合”，为服务业高质量发展指明了方向。在数字化的浪潮下，加快推动服务业数字化是服务业高质量发展的重要途径之一。

(1) 全渠道服务模式

企业对客户服务的认知在改变，从以往单一的服务渠道转而向多种客户服务渠道演变，除了传统的电话、邮件、PC 端的客户服务渠道，App、微信、微博等沟通渠道也不断出现，企业需要用更加便捷的方式让用户随时随地接触到企业，从而快速响应，快速服务用户。

但这种多渠道的客户服务也反映出一些问题，就是渠道信息的割裂。一件事情与网上的客服沟通了半天之后，最后打客服电话过去，接听电话的却是另外一个人，对方就像什么事情都没发生一样要从头开始和您沟通。这很容易将一件简单的事务性服务演变成投诉事件，一个人两分钟的工作演变成多人参与的大工作量，客户的满意度不能保障，客服服务的水平无法得到有效的提高。

对于客户而言，并无所谓的渠道差别，有的只是它们能否有效代表公司并及时高效地解决问题。因此，全渠道覆盖和整合成为重要的客服趋势。全渠道服务并不仅仅意味着客服代表通过多个频道与客户进行沟通，还意味着客户能够就同一段对话或同一件事情实现在各个渠道内的无缝切换。

(2) 社交媒体服务模式

服务社交化是指不同于传统实体和电子渠道，企业借助互联网实现企业与客户、客户与客户间多方位、立体式沟通，进而服务客户、促进销售。受迅速普及的高带宽、日益丰富的互联网应用、随时可联网的移动终端驱动，社交网络已成为用户的主要沟通媒体。社交媒体使用户的注意力从传统通信服务提供商转向自身，构建了客户希望的交互方式。

微软 Xbox 的服务代表通过同一 Twitter 账号公开回复，工作时间覆盖客户使用高峰，回复速度几秒以内，成为 Twitter 上反应最快的品牌。此外，每周发布一个 Xbox 相关问题，奖励新粉丝，增加品牌知名度和粉丝数量。小米在公司整体战略上确定以社交媒体为主战场，并将社交媒体作为服务主渠道，通过微博拉新、社区沉淀、微信客服与产品营销构成一体化营销服务体系。在面向客户的过程中，主要通过小米社区和微信客服实现互动需要。小米社区是米粉互动交流论坛，接受米粉建议和评论。微信客服实现与人工客服后台的对接，自动抓取用户留言关键字，分配给客服人员，实现一对一回复。

（3）客户自助服务模式

很多人认为，客户自助服务已经过时，恰恰相反，自助服务仍然显示了其不朽的生命力，并不断以崭新的形式服务于用户。在这个人手一部智能手机的时代，客户自助服务获得空前的发展机遇。自助服务分为两种：一种是业务自助处理，一种是自助问题解答。前者类似海底捞的App应用，在手机上完成订餐、点菜、支付，有效减轻了客户服务人员的压力，也让客户的满意度得到了极大提升。后者的应用更加广泛，智能客服就是典型应用。人工客服+智能客服的组合已经成为当下主流的在线客户服务形式。

中国已经过了人口红利的阶段，人工成本越来越高，客户服务资源短缺成了企业难以逾越的障碍，企业迫切需要采用自主服务来降低成本，提高工作效率。

（4）SaaS化服务模式

SaaS是Software-as-a-service（软件即服务）的简称，是随着互联网技术的发展和应用软件的成熟，而在21世纪开始兴起的一种完全创新的软件应用模式。它是一种通过Internet提供软件的模式，厂商将应用软件统一部署在自己的服务器上，客户可以根据自己的实际需求，通过互联网向厂商订购所需的应用软件服务，按订购服务的多少和时间长短向厂商支付费用，并通过互联网获得厂商提供的服务。用户不用再购买软件，而改用向提供商租用基于Web的软件，来管理企业经营活动，且无须对软件进行维护，服务提供商会全权管理和维护软件。软件厂商在向客户提供互联网应用的同时，也提供软件的离线操作和本地数据存储，让用户随时随地都可以使用其定购的软件和服务。对于许多小型企业来说，SaaS是采用先进技术的最好途径，它消除了企业购买、构建和维护基础设施和应用程序的环节。

随着互联网云时代的发展，通过云提供软件服务，推动全链路数字化、在线化、智能化，提高服务者的效率，从而在某种程度上提高服务的效率。通过数字化改造，各环节以数据为支撑，形成一个精准而高效的系统，最终克服服务业成本问题，使中小企业开展客户服务的门槛大大降低，成为其提升客户服务能力的最佳选择。

二、网络客户服务常用工具

随着网络技术和移动互联网技术的发展，客户寻求服务的方式越来越多，企业应该重视建立全渠道的客户服务系统，满足客户方便、快捷的服务要求，提升客户的服务体验。

据《2015年客户服务行业数据报告》显示，呼叫中心和Web IM是客户使用最多的渠道，以微信为代表的移动渠道应用快速增长，已经超过了传统的网页表单和邮件。

1. 呼叫中心

呼叫中心，又称客户服务中心，是指借助计算机通信技术，由一批服务人员处理来自客户的需求和咨询。呼叫中心有呼入和呼出两种业务，呼入主要是处理客户信息查询、客户投诉等业务，呼出主要是进行满意度调查、客户回访等业务。

从20世纪90年代开始，呼叫中心经过了五代发展。

（1）第一代呼叫中心

第一代呼叫中心最早出现在民航服务领域。这个阶段的呼叫中心，组成上主要包括PBX/ACD和人工座席；服务内容很少，主要起咨询服务的作用；甚至不能称为呼叫中心，而称为热线电话，其全部服务由人工完成。

（2）第二代呼叫中心

IVR（Interactive Voice Responce，交互式语音应答）系统的出现，标志着第二代呼叫中心的开始。IVR 系统可以自动解答大部分客户常见问题和处理一些柜台业务，IVR 系统的使用，大大减少了人工业务的受理数量和人工座席的工作强度，同时可以为客户提供 7×24 小时全天候、不间断的服务。

（3）第三代呼叫中心

第三代呼叫中心应用了 CTI 计算机电话集成技术，即实现了语音与数据的同步。座席代表可以在处理电话服务的同时从计算机系统中调取和修改客户信息数据，为客户提供个性化的服务。CTI 技术的使用，推动了呼叫中心更大范围地使用。

（4）第四代呼叫中心

第四代呼叫中心也称为多媒体呼叫中心或联络中心。呼叫中心接入电子邮件、互联网、手机短信等渠道，同时引入了多渠道接入与多渠道统一排队等概念。

（5）第五代呼叫中心

目前，已经有厂商提出了第五代呼叫中心的概念。第五代呼叫中心在业务模式上是一个全业务支撑平台，是基于 UC 的、基于 SOA 和实时服务总线技术的、具备 JIT 管理思想和作为全业务支撑平台 TSP 的呼叫中心。

2. 即时信息 IM

即时通信技术简称 IM，是指能够即时发送和接收互联网信息的业务。它以实时、高效的特点迅速成为最常用的网络客户服务工具。目前广为人知的 IM 应用有腾讯 QQ、阿里旺旺、京东咚咚、百度商桥、Live800 在线客服等。

想一想

普通的个人 QQ 号能不能开展在线客户服务？

不难发现，IM 已经成为大型电子商务网站的标配。这是因为电子商务销售过程会涉及多个环节，在这些环节中，任何一个问题没有及时解决，都会影响客户最终的购买结果。利用即时信息实时服务顾客，为用户提供更加快捷、直观的沟通，有助于缓解呼叫中心压力，增强用户黏性，提高在线购买的成功率。曾经国内最大的 B2C 网站京东，在它平台化的过程中，为了服务商家，也为了提升客户的购买体验，它开发了自有即时通信工具——咚咚。淘宝的即时通信客户服务甚至衍生出了一个新兴的职业——网店客服。

Live800、CC 客服等第三方即时通信软件的出现，实现了与网站的无缝对结，为网站提供了和客户对话的平台。当客户访问企业网站时，可以通过单击页面上的在线客服图标，实现和客服人员的对话以及各类信息的传递。当企业销售或服务人员离线时，还可以发送离线消息或是通过在线客服手机版随时随地与网站上的客户进行沟通。客服人员可以根据访客的来源和进入网站后的浏览足迹，了解客户需求，根据实际情况主动发出邀请并提供相应的服务，如图 1-8 所示。

图 1－8　网上在线客服

3. 微信

微信是腾讯公司于 2011 年 1 月 21 日推出的一个为智能终端提供即时通信服务的免费应用程序。第二年，微信公众平台推出，各大品牌积极抢注。在微信诞生之初，微信团队就公开声明，微信不是营销工具，而是客户服务工具。确实，对于那些 B2C 模式的、客户互联网使用程度高的企业，在微信上做客户服务的优势非常明显。

（1）一对一交互

微信可以让企业实现与客户的一对一交互，这个交互是私密的、双向的。私密性确保了信息不被传播，双向的避免了是单向的推送，从而更好地体现企业与客户的平等对话。因此可以通过微信提供消费者市场调研、客户满意度调查、销售/服务回访、节假日关怀、客户信息验证等服务。

（2）自定义菜单

微信的自定义菜单，是微信公众号最丰富的功能。通过系统自定义菜单或者二次开发，可以实现智能交互菜单，类似于呼叫中心的 IVR 机制，从而让微信客户服务实现更大比例的自助服务，比如业务咨询、费用查询、订单查询、业务受理状态查询等查询类业务，以及自助下单、交付和预约资源（座位、包厢、菜品）等预约类业务。

在菜单中还可以嵌入超链，进入专门的 App 页，通过 HTML5 页面或者其他技术开发的页面，可以进行企业特定的业务受理。因此，微信客户服务可以实现进一步的特定业务，比如自助缴费、充值、商品购买、兑换礼品等业务。

（3）后台用户管理

微信可以在公众平台上对好友进行分组，然后基于不同分组进行差异化的主动服务，可以实现一个简单的 CRM 功能。比如针对不同客户群体的业务提醒、促销通知、产品服务调查、消费交易后的回访、生日关怀等业务。

（4）朋友圈分享

微信朋友圈可以内容分享。企业可以设计交易后的回访和致谢内容模板，同时添加口碑分享的元素成为分享模板，鼓励消费者进行朋友圈分享，从而又可以扩展为微信客户服务的服务营销业务。

4. 电子邮件

随着IM、微信等沟通工具的出现，电子邮件的很多客户服务功能正在逐渐弱化。但这并不妨碍电子邮件依然作为企业提供客户服务的重要渠道。

（1）电子邮件服务

在邮件当中有一类叫作事务性邮件。事务性邮件是基于某些行为的系统触发邮件。当有人进行了特定行为操作就会触发邮件服务器而接收到事务性邮件。例如一些网站的欢迎邮件，或者以订单为中心达成协议的邮件，包括订单提交、催付款项、物流运输、消费提醒、服务确认等，可以让客户及时了解订单状态，提高服务的透明化、主动化。

事务性邮件是企业给客户发送的邮件中最有效的一种，其中打开率可以做到70%～90%，而促销邮件的打开率仅为13%左右。因此，事务性邮件为企业提供了与客户交流、建立长久关系的极好机会。

（2）电子邮件营销

电子邮件营销EDM，即Email Direct Marketing的缩写，是在用户事先许可的前提下，通过电子邮件的方式向目标用户传递价值信息的一种网络营销手段。与传统的垃圾邮件相比，该形式下的客户具有绝对的自主性。

企业采取许可式电子邮件营销，就是为了通过有效地向客户推送信息，使客户发生购买行为。因此，电子邮件的信息必须是有价值的。这就要求企业要根据不同生命周期阶段的客户进行邮件营销，延长客户生命周期，增强客户黏度和忠诚度，全面提升客户服务体验，实现客户价值最大化。

5. 微博

微博，即微型博客（MicroBlog）的简称，是一种通过关注机制分享简短实时信息的广播式的社交网络平台。用户可以通过Web、Wap等各种客户端组建个人社区，以140字（包括标点符号）的文字更新信息，并实现即时分享。

微博作为当前国内最优秀的社交媒体平台，在社会舆论、信息传播等方面始终发挥着其他媒介不可替代的作用。2016年，微博企业账号达到130万，较上年增长35%；企业账号覆盖行业超过60个。对于企业而言，微博是能够让企业的品牌、产品与服务，形成巨大影响并深刻触达用户的重要网络平台。

由于微博的传播速度很快，对于企业来说，如何利用微博进行客户服务管理非常重要，企业要通过优质服务体系的构建，建立与用户间的良好互动，提升用户服务体验。

（1）发布产品信息

微博的快捷性和时效性更加方便企业发布最新消息和最新产品信息等。以微博为企业产品宣传的入口，通过最新消息和最新活动的引导，让粉丝时刻了解企业最新的动态，并且通过活动的造势，无形中会加深客户对品牌及产品的印象。

（2）处理客户投诉

新浪微博调查结果显示，60%的微博用户表示如果企业开设了微博账号，自己便会通过微博与其沟通投诉事宜。而一项名为作为消费者你最希望企业微博提供什么的微博投票则表明，超过74%的消费者希望企业微博能给用户提供及时的客户服务，解决各种投诉问题。

微博是一个非常便捷的和客户交流的通道，企业可以通过微博快速得到客户的信息反馈，针对出现的问题，及时和客户沟通，快速地消除和解决遇到的问题。企业微博目前应用的最多的就是处理客户的投诉和咨询。

在微博客户服务中，要认真对待每一个客户的咨询和投诉，负责维护微博的人要对投诉进行分级处理。对于一般性投诉，如对顾客不够热情，有点不理不睬；产品某小部件出了点问题等。这类投诉处理程序相对简单，不会造成太大的负面影响。可先用预设的反馈语句第一时间回应，然后迅速转至公司投诉处理流程，快速处理。对于较棘手的投诉，比如顾客罗列了大量包括图片在内的证据。此时，客服人员要两条线并驾齐驱。一方面，迅速私信该顾客，私下详尽了解情况，安抚好顾客的情绪，避免在网上进一步扩散；另一方面，要及时在微博上表现客户服务态度，如告知“请放心，会有专人跟进您的投诉”等。

（3）企业危机公关

企业微博在危机管理方面同样具有非常重要的作用，企业可以通过微博平台及时获取和发现负面信息和舆情，及时有效地对负面信息进行处理和回应。面临危机时，企业微博通过微博平台进行危机公关，对事实进行澄清，对误会进行解释，根据实际情况灵活处理，从而转危为安，化危机为机遇，反而可以将危机事件转化为成功的企业营销。

6. FAQ

FAQ 是英文 Frequently Asked Questions 的缩写，中文意思就是经常问到的问题，或者更通俗地叫作常见问题解答。

在很多网站上都可以看到 FAQ，列出了一些用户常见的问题，是一种在线帮助形式。在利用一些网站的功能或者服务时往往会遇到一些看似很简单，但不经过说明可能很难搞清楚的问题，有时甚至会因为这些细节问题的影响而失去用户。其实在很多情况下，只要经过简单的解释就可以解决这些问题，这就是 FAQ 的价值。

FAQ 是一种常用的在线客户服务手段，一个好的 FAQ 系统，应该至少可以回答用户 80% 以上的一般问题以及常见问题。这样不仅方便了用户，也大大减轻了网站工作人员的压力，节省了大量的顾客服务成本，并且增加了顾客的满意度。

FAQ 的常见组织形式有三种：FAQ 分类目录、FAQ 搜索和 FAQ Robot。

（1）FAQ 分类目录

FAQ 的内容主要来自客户的提问，收集客户的问题，并将问题进行汇总整理，形成 FAQ 清单。在网站中，客户的问题是多种多样的，有些是关于产品的，有些是关于网站使用的，有些是关于售后的，为了让用户更快速地找到问题的解决方法，需要根据问题的相关性做分类整理，采用分类目录的结构来组织问题，如图 1－9 所示。

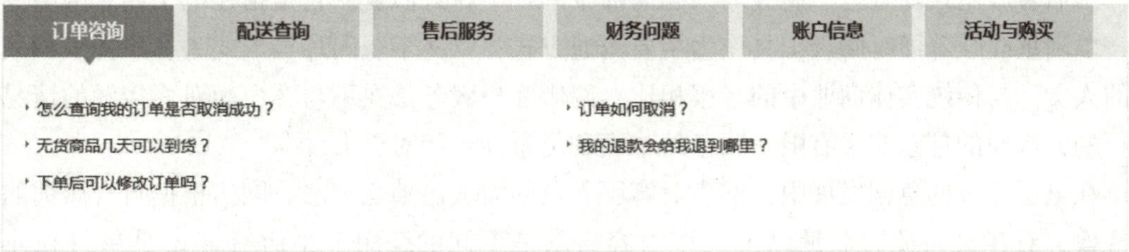

图 1－9　FAQ 分类目录

（2）FAQ 搜索

为了适应客户的使用习惯，很多网站推出了 FAQ 搜索功能。客户不需要去考虑问题属于哪个类目，只要在搜索框中输入关键词，就能找到相应的问题和答案，如图 1－10 所示。

图 1－10 FAQ 搜索

（3）FAQ Robot

FAQ Robot 就是我们常见的智能问答机器人。FAQ Robot 系统的关键技术涉及三个主要方面：基于自然语言理解的语义检索技术，多渠道知识服务技术，大规模知识库建构技术。这是 FAQ 的升级应用，也是网络自助客户服务的未来发展趋势。

任务 3　熟悉网店客服

一、网店客服的定义和重要性

随着电子商务的深入发展，网络购物已经成为人们生活中不可或缺的一部分。截至 2018 年 6 月，我国网络购物用户规模达到 5.69 亿，相较 2017 年年末增长了 6.7%，占网民总体比例达到 71.0%；手机网络购物用户规模达到 5.57 亿，相较 2017 年年末增长了 10.2%，使用比例达到 70.7%。2018 年上半年，我国网上零售交易额达到 40 810 亿元，同比增长 30.1%，继续保持稳健增长势头。

历经了多年网络购物教育的消费者已经变得越来越理性，他们对网络购物的要求也越来越高、越来越多元化，这不仅表现在价格方面，还表现在品牌、品质、服务等各个方面。他们追求更好的购物体验，并直接决定其最终的购买行为。在整个网络交易过程中，客服作为直接面向客户、为客户提供服务、解决问题的人员，成为决定顾客购物体验好坏的重要环节之一。

1. 网店客服的定义

网店客服是伴随着电子商务的兴起而催生的一个新兴职业。它是指在电子商务网络零售中，以阿里旺旺等即时聊天工具作为主要沟通方式，以文字、图片等形式为客户提供相关服务的人员。与传统实体商业中的客服相比，网店客户服务是在不与客户面对面接触的情况下进行的，沟通的信息非常有限，服务的难度和复杂性也相对更大。

在电子商务的急剧发展中，网店对客服人员的需求也随之上涨。网店根据自身店铺的发展规模，对客服人员的数量以及工作内容需求是不同的。淘宝小店有些还是单打独斗的“一个人”，而一些上了规模的大店，光一个客服团队就达到了十几甚至几十人。

网店客服基本上可以分为售前客服和售后客服两大类。售前客服的主要职责是为客户提供购物过程中的产品咨询服务，有些店铺的售前客服侧重导购的功能，更加注重订单的转化率和客单价的提升。售后客服的主要职责是解决店铺的售后问题，包括查单插件、退货退款等普通售后，还有评价解释和投诉纠纷等造成店铺不良后果的特殊售后。

2. 网店客服的重要性

作为店铺和顾客交流的第一窗口，客服工作在网店中发挥的作用不可小觑，它在店铺的推广、产品的销售以及售后的客户维护方面均起着极其重要的作用。

（1）提升客户的购物体验

客服作为一个直接影响顾客购物体验的岗位，对于店铺的整体运营具有重要的意义。好的客服可以提升顾客的购物体验，能够对顾客的咨询及时响应，对顾客的问题及时解决，对顾客的困惑及时答疑，对顾客的反馈及时跟进，而这些都构成了顾客良好的购物体验。

（2）提高商品的转化率

顾客在对商品不了解的情况下会咨询店铺的客服人员，有着专业知识和销售技巧的客服人员可以消除客户的疑虑，提升客户的购买欲望，提升客单价，促成交易的完成。这在平台竞争激烈、店铺引流成本越来越高的现实背景下显得尤为重要。

（3）提高客户回头率

现在电商平台的商品越来越繁杂，客户的搜索浏览成本也变得越来越高。所以，当买家在客服良好的服务下，完成了一次交易后，买家不仅了解到卖家的服务态度，也对卖家的商品、物流等有了切身的体会。当买家需要再次购买物品的时候，就会倾向于选择他所熟悉和了解的卖家。

（4）降低店铺的经营风险

商家在开店的过程中会遇到退换货、退款、纠纷、差评、投诉甚至诈骗等各种经营风险。客服对产品熟悉就能够精准推荐，有效控制退换货和退款，尽量避免交易纠纷；客服对规则熟悉，就能够很好地应对顾客投诉，且不触犯平台规则；客服具有良好的沟通能力，就能够大事化小、小事化了，不会激化售后矛盾；客服警惕性高，就可以避免店铺被少数不良分子恶意敲诈而导致损失的情况。

二、网店客服的职业素质

前面我们了解了网店客服的重要性，为了能够胜任网店客服的工作，提升客户的购物体验，协助完成店铺的运营，网店客服需要具备以下职业素质。

1. 良好的心理素质

作为一个服务岗位，具有良好的心理素质是做好服务工作的基本要求。它包括：

- 处变不惊的应变能力；
- 挫折打击的承受能力；
- 情绪的自我掌控及调节能力；
- 满负荷情感付出的支持能力。

客户服务过程中，会遇到形形色色的客户，因此相对于其他岗位，网店客服对心理素质的要求更高。如果因为遇到一些难缠的客户，因为一些客户的莫名其妙的指责就一蹶不振或者负能量满满，甚至把情绪带到服务其他客户的工作中，这样的员工就不能胜任客服这一岗位。

2. 综合的能力素质

客服人员在工作中需要具备综合的能力素质。它包括：

- 具有客户至上的服务观念；
- 具有各种问题的分析、解决能力；
- 具有团队协作能力。

网店客服是为顾客提供销售服务的，需要具备一定的服务理念。客服人员要有高度的责任感，对顾客提出的问题和要求负责到底，直至给客户一个满意的答复。客服还需要有耐心，把每一个客户都当作第一个客户来服务，不厌其烦地为他们解决各种问题。同理心是指把自己当作客户，设身处地地来体会客户的处境和需要，给客户提供更合适的商品和服务，这也是客服服务理念的良好体现。

另外，团队协作精神对于客服人员来说也是非常重要的。客服人员不但需要与客服岗位的其他同事合作，同时也需要和店铺内其他岗位的同事配合，共同发现问题、解决问题，为店铺的健康发展共同努力。

3. 基本的技能素质

作为网店客服，首先，要熟悉网络平台，对网络购物有足够的认识和了解。只有这样，才能在工作中从客户的角度出发提供服务和帮助。其次，客服是通过聊天工具来开展客户服务的，回答问题的速度会直接影响客户的购物体验。因此客服需要达到一定的打字水平。目前一般店铺对于初级客服的打字速度要求在每分钟 50 ~ 60 字。

【同步阅读 1 – 3】

天猫客服招聘简章

岗位职责：

1. 售前咨询：运用在线聊天工具回答买家提问，引导用户购买下单；
2. 订单处理：熟练操作淘宝、天猫、第三方平台等后台处理订单；
3. 售后处理：退、换货需求的处理，减少投诉和中、差评。

任职资格：

1. 有耐心和责任心、学习能力强、服务意识强；
2. 热爱电子商务行业，有网购客服经验者优先；
3. 熟练应用 Office 软件，打字速度在 50 字/分钟以上；
4. 能够适应早、晚班；
5. 优秀应届毕业生亦可。

工作时间：

早班 8：30—17：30

晚班 16：30—23：00

早、晚班轮休，一星期调整一次。

公司福利：提供食宿，住宿环境优越，提供午餐补贴。

企业介绍：自1994年成立伊始，历经近20年的发展，飞宇电器有限公司一直致力于创新、节能的快速电热水器产品的研发生产，是国内最早进行快热电器产品研发、生产、销售的科工贸企业，公司自营旗舰店销量突破1 500万元。

三、网店客服的知识和技能

网店客服的职业素质是其从事客服岗位的基础，但这些根本不能满足实际的工作要求。这就相当于是你在习武之前的一个基本资质的鉴别，看你是不是习武的好苗子。客服工作是一个基本功和内功修炼的过程，它需要具有更加丰富的知识以及熟练的操作技能，更需要在工作过程中不断提升自己的沟通能力和问题解决能力，最后成为像少林寺扫地僧这样低调的武林高手。

1. 知识储备

（1）商品知识

对于网店客服来说，熟悉自己店铺的商品是最基本的工作。在接待客户的过程中，顾客会围绕商品进行各种咨询，如果客服对商品知识不熟悉，甚至一问三不知，无疑是给顾客的购买热情浇冷水。对商品越是熟悉的客服，顾客在购买过程中也就对其越信赖，如此转化率和客单价往往都比较高。

商品专业知识包括产品本身的外观型号、材质面料、规格尺寸、功能功效、维护保养等，不同类目的商品，商品的知识点不尽相同。例如在服装类目，常见的材质有棉、麻丝、氨纶等；在箱包类目，有牛皮、羊皮、PU（聚氨酯）、帆布等材料；在餐具类目，有陶瓷、塑料、玻璃等材料。客服需要结合不同的产品类目来了解商品知识。

除了店铺自身的商品知识，客服还需要掌握和竞争店铺同类商品的优势分析。随着商品同质化竞争的日益激烈，很多时候客服都会收到顾客类似的疑问“为什么××家和你们家的东西一样，你们的价格却要贵一些？”面对这样的问题，客服应该怎么回答呢？一味贬低他人是不可取的，最好的方式就是突出自身的优势。所谓“知己知彼，百战不殆”，客服需要将自身产品与其他店铺的同类商品进行比较，得出自家产品的优势和劣势，这样才能客观公正地解答顾客的疑问。

商品的周边知识是指与商品专业知识无关的，但与类目人群相关的，可以帮助建立销售情景、指导或影响顾客选择、提升客户服务人员专业度的知识内容。

举例来讲，母婴类目的销售客服，需要有一定的育儿经验，了解宝宝的成长规律、喂养知识等，这能帮助客服在销售过程中给予买家更多的咨询和指导，形成更多的商品关联销售。如果买家的宝宝月龄为6个月，有经验的客服就会根据宝宝的成长规律给她推荐店里适合的商品，例如宝宝准备开始吃辅食了，宝宝可以使用适合的饮水杯了等，这些商品之间的关联性只有有经验的销售客服才能获得，这种经验就是周边知识。客服的周边知识越丰富，往往专业感越强。

想一想

化妆品类目店铺需要客服掌握哪些商品的周边知识？

店铺销售的商品数量繁多，如何让客服快速地了解商品知识呢？店铺不妨制作一些商品手册，帮助新手客服熟悉商品和方便日后查找商品，如图 1－11 所示。

产品名称	菊博士胎菊
产品规格	80g
产地	浙江桐乡
产品包装	镀铝内袋（隔热、遮光、防异味） 铁罐（抗压、环保、重复利用）
汤色味道	明黄花蕾，口感平和，汤色淡黄，淡淡蜜香
产品功效	清肝明目、清热，润肺去燥
产品储存	密封干燥、防潮低温
使用方法	1. 取 15～20 朵胎菊放入杯中 2. 注水 1/3 杯轻摇 3. 注水七八分满，品茶
冲泡建议	每天饮用 5g 为佳，每罐可使用 15～20 天
关联商品	金银花茶、枸杞、玫瑰花茶
竞品分析优势	1. 自有基地，把控产品源头 2. 严格筛选，去除残花碎屑 3. 机器自动分装，安全卫生 4. 店铺热销百万

图 1－11　产品手册

目前客服的操作工具千牛在插件功能中也增加了商品知识库的功能，客服把知识手册中的知识搬迁到千牛插件中，这样就可以在客户服务的同时快速获取相关知识，为客户提供更深入的咨询解答，如图 1－12 所示。

（2）平台知识

中国有句古语叫“无规矩不成方圆”，这句话很好地说明了秩序与规则的重要性。我们知道，缺乏明确的规章、制度、流程，工作中就非常容易产生混乱，电子商务的世界也不例外。

为了防止各种不诚信的欺诈行为，杜绝不正当竞争的商业弊端，促进电子商务的合法发展，每个电商平台都制定了一系列的规则和措施，来保证它的正常经营秩序。以淘宝网为例，淘宝在产品、交易、营销、准入等方面，制定了专门的规则，来约束和规范用户在平台上的行为，如图 1－13 所示。

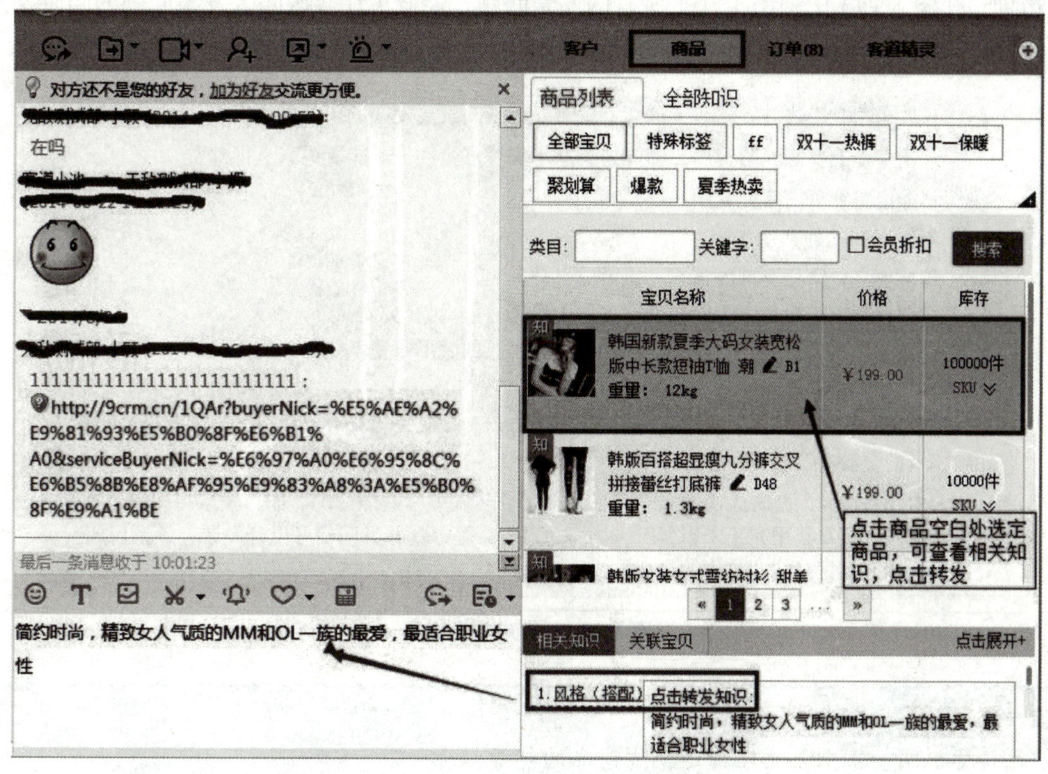

图 1－12　千牛商品插件

图 1－13　淘宝规则

卖家在销售过程中违背淘宝相应规则构成违规行为的，会受到相应的惩罚。发生在客服岗位的违规行为一般有违背承诺、泄露他人信息等，发票、信用卡、包邮问题等都是客服工作的高压线，需要客服在上岗之前仔细了解相关规则，对这些行为的界定与处理进行了解，避免在工作中陷入骗子的陷阱。如图 1－14 所示，这是某一家店铺对客服关于发票问题的规则培训。在图 1－14 中列出了几乎所有的发票问题，能避免让客服陷入发票问题的陷阱，发生违规行为。

（1）只要买家有支付过货款，天猫商家就需要无偿向索要发票的买家提供发票，不能拒绝。

（2）开发票不能要额外的费用，不能要买家承担税点金额，不能要买家承担邮费。

（3）不能说是特价商品，无法提供发票。

（4）不能说满××钱开发票。

（5）顾客要开发票抬头可以是个人也可以是公司。

（6）发票开具人需要与店铺所属公司名称一致。

（7）开具的发票类目需要与商品一致。（如顾客买的隐形眼镜不能开办公用品）

（8）客户要发票，不能说只能给收据。

（9）发票金额是顾客实际支付的金额，若是顾客付款用了天猫积分、集分宝，开票金额需要扣除相应的金额。

（10）由于各种原因暂时无法开具发票的时候需要告知顾客具体情况。如“发票打印机器维修中”“当月限额发票用完还未申领”“财务不在”，等等。并且明确可以开发票，发票后期会补寄，并明确补寄时间。

图 1－14 客户常见问题

想一想

请你说明一下七天无理由退换货商品的邮费归责。

2. 操作技能

客服人员一个很重要的工作职能就是顺利地帮助客户完成交易。因此，在交易过程中，客服人员需要运用平台提供的交流沟通工具和顾客进行交流，帮助顾客选择商品，回答顾客的问题。客服人员还需要通过后台操作帮助顾客修改价格、备注留言等。所以，熟练使用聊天工具、进行后台操作是客服人员必备的操作技能。

（1）千牛工具

千牛是阿里巴巴集团于 2013 年 6 月推出的专为淘宝、天猫商家提供服务的卖家移动工作平台。千牛是从阿里旺旺卖家版的基础上升级而来的，集成了大部分店铺管理、商品管理、订单处理以及与顾客交流的工作。我们以 PC 版千牛为例，了解一下千牛工具的使用。

PC 版千牛的核心功能主要有两块：千牛工作台和旺旺接待中心。千牛工作台首页以模块的形式呈现，店铺根据自己的需要进行随机模块组合，打造属于店铺独有的工作台内容，如图 1－15、图 1－16 所示。工作台最上方的搜索框可以根据输入的服务名称打开对应的页面，例如输入客户服务就可以打开店铺订购的软件服务客户服务平台，完成相应的页面操作。单击工作台右上角的 ，打开接待中心，进入客服主要的工作界面，在这里完成与买家的沟通交流工作，如图 1－17 所示。

旺旺接待中心主要分为三部分，左边显示当前客服接待的所有客户，中间是客服和买家的聊天界面，右边是旺旺的插件区，商品推荐、订单处理等所有的客服操作都是在插件功能的支持下完成的。

（2）卖家后台

卖家后台是指店铺的卖家中心，商家所有关于店铺经营的操作都可以在卖家中心完成。虽然千牛平台已经集成了大多数的后台功能，但是客服还是需要掌握卖家中心里面一些和交易相关的功能。点击交易管理，在这里完成对订单的插旗、备注、发货、评价等操作，如图1－18所示。

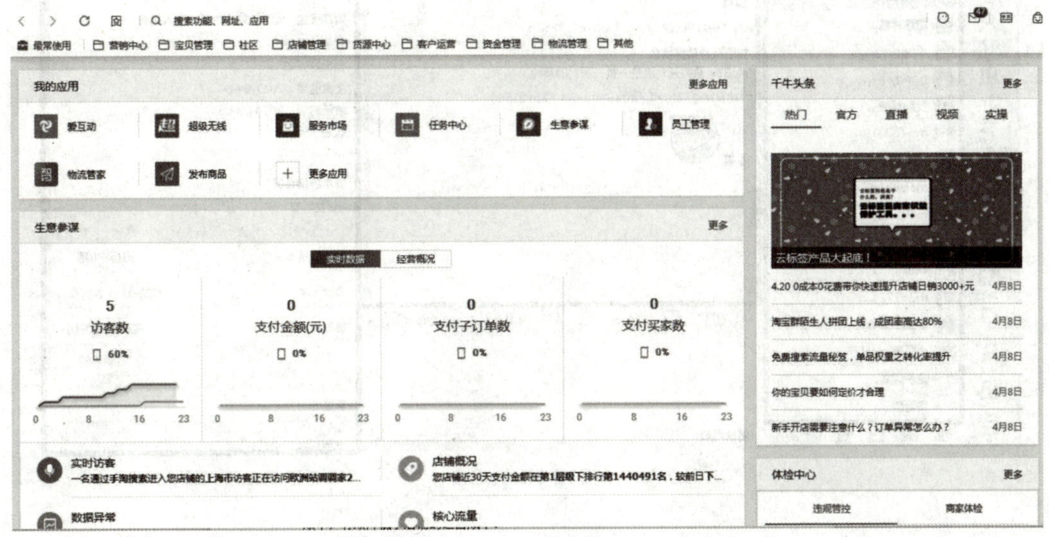

图1－15　千牛工作台

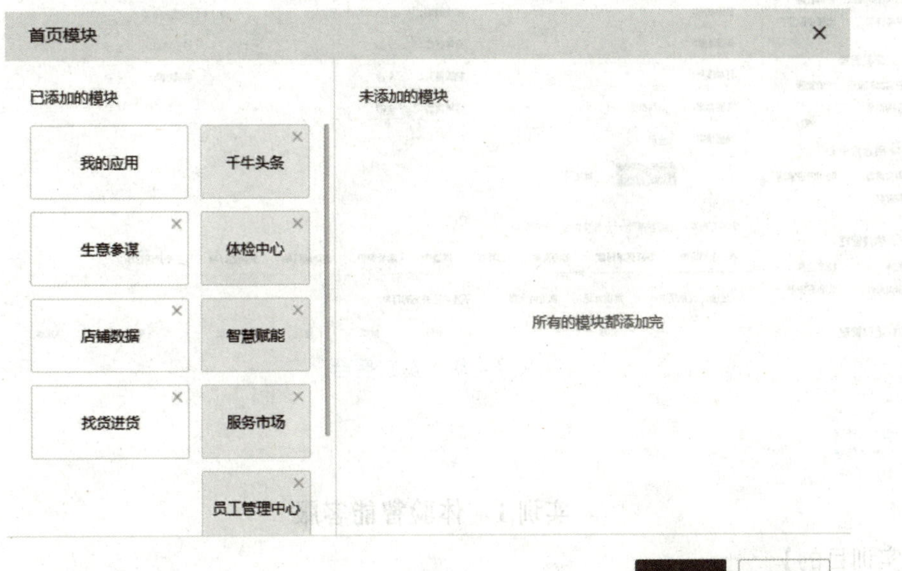

图1－16　首页模块

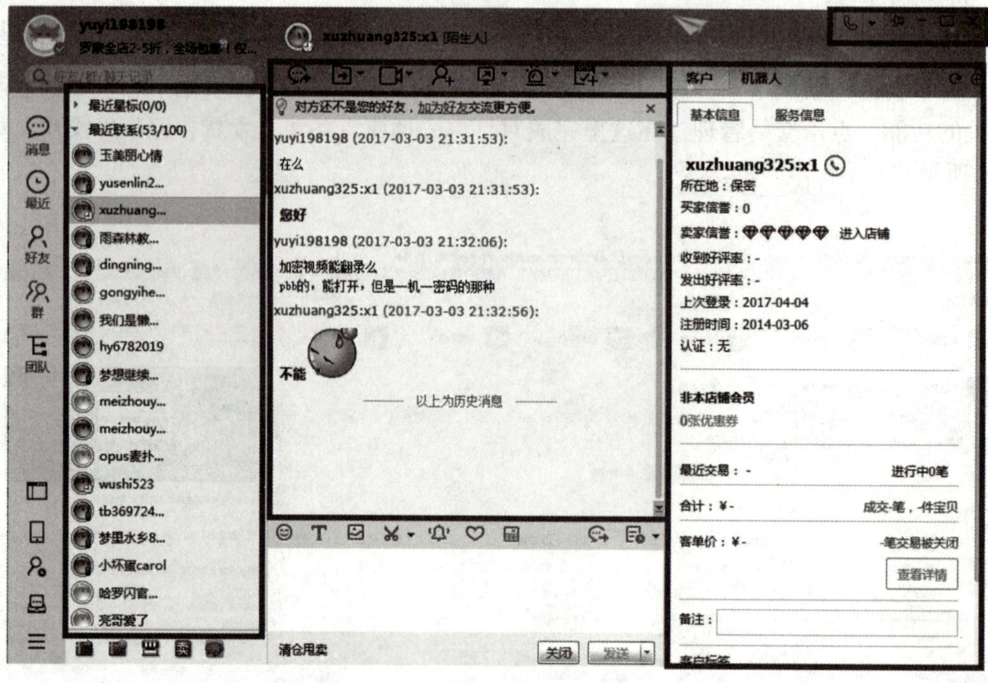

图 1－17

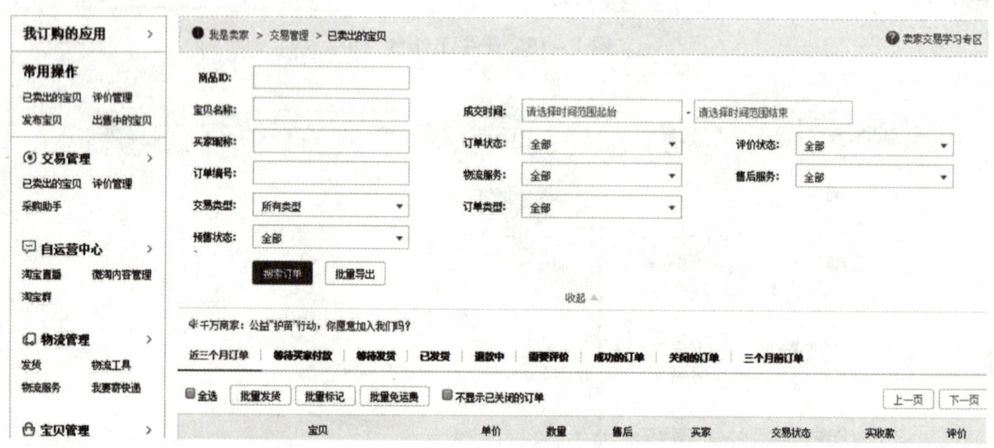

图 1－18 卖家后台

【同步实训】

实训 1 体验智能客服

【实训目的】

通过本次实训，我们能够了解智能客服的工作原理，能够比较分析智能客服和人工客服的优、缺点，能够掌握应用第三方智能客服工具开展客户服务的具体操作过程。

【实训内容与步骤】

1. 打开智齿科技网站 http://www. sobot. com/，填写相关信息进行用户注册，如图 1－19 所示。

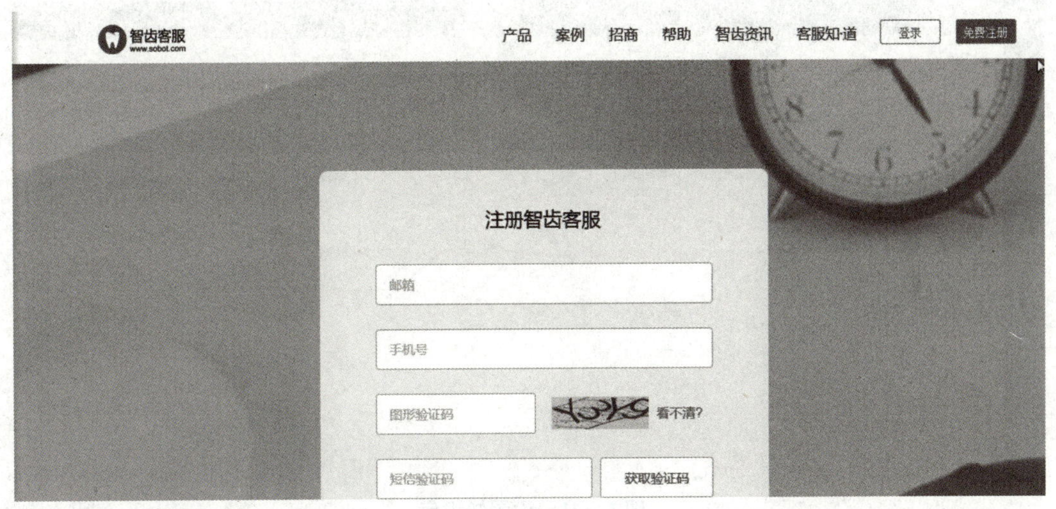

图 1－19　注册网站

2. 登录进入控制台首页，熟悉相关操作功能，如图 1－20 所示。

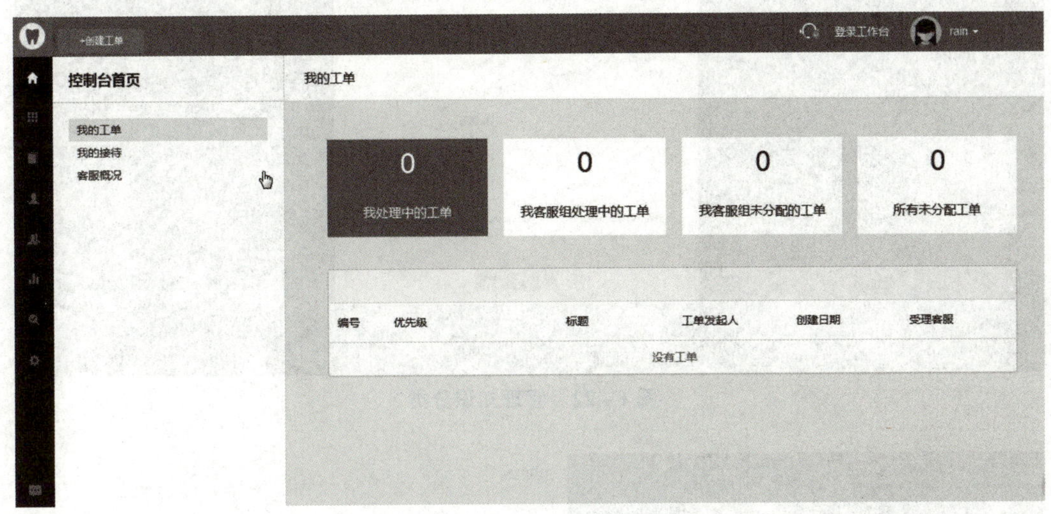

图 1－20　登录控制台首页

3. 在智能客服知识库中设置问题分类，例如从网店运营角度，可以把问题分为“店铺活动”“退换货”“快递物流”等几类，如图 1－21、图 1－22 所示。

4. 在知识库中设计问题，并保存在相应的分类中。例如常见问题：店铺多少钱包邮？可以设想客户的其他提问形式，放在相似问法中，如店铺的包邮条件，多少钱包邮，包邮门槛等，如图 1－23 所示。

5. 单击在线接入测试，测试你设计好的问题，如图 1－24、1－25。

6. 当客户觉得智能客服的回答不满意，可以单击右下角的转人工服务。如果人工客服不在线，可以留言，如图 1－26；如果人工客服在线，就进入了在线服务模式，如图 1－27 所示。

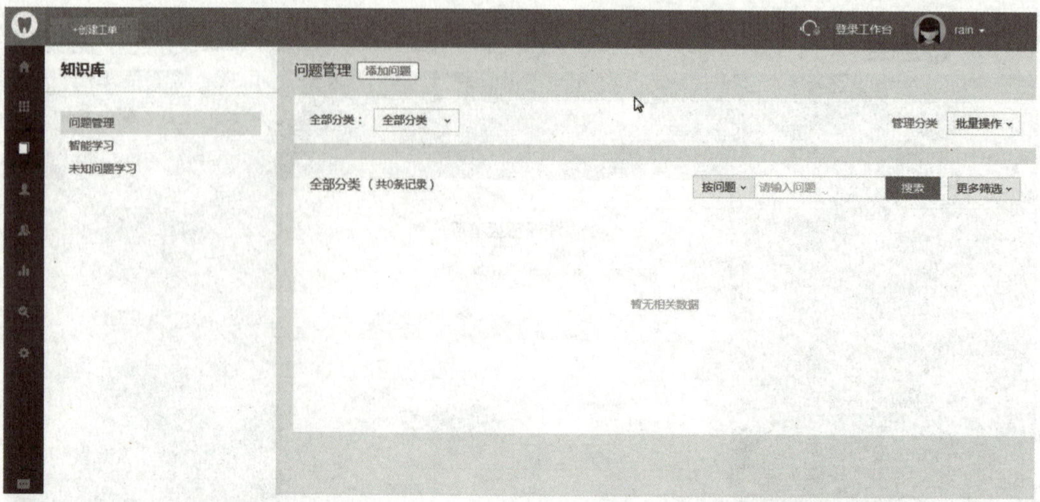

图 1－21 设置知识库

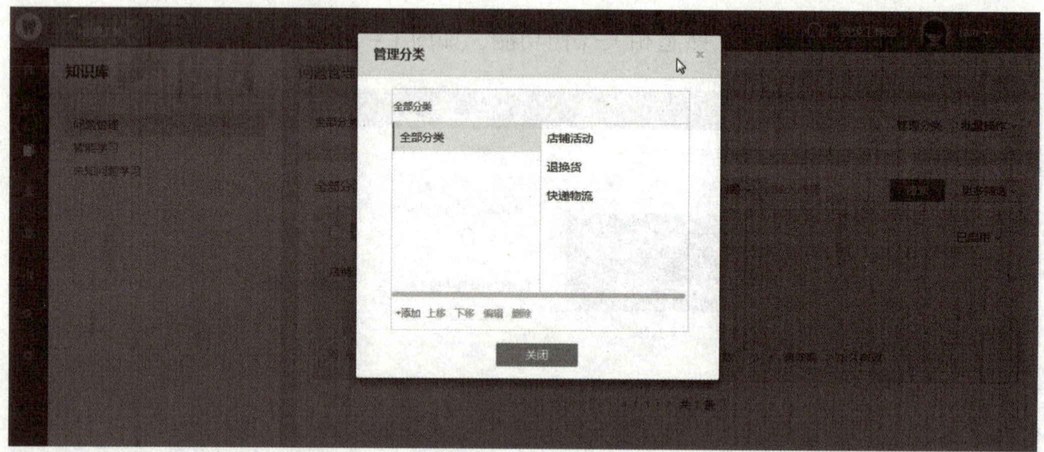

图 1－22 管理知识分类

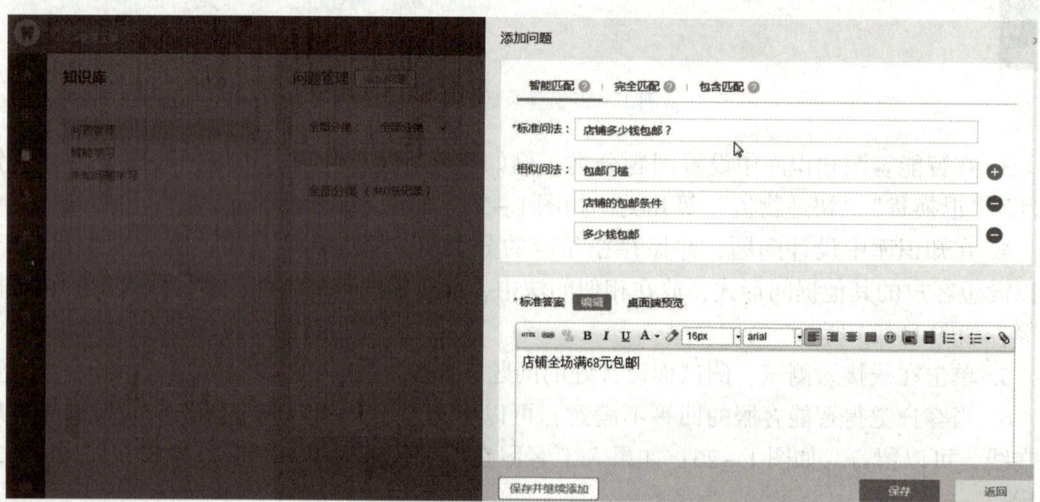

图 1－23 添加问题

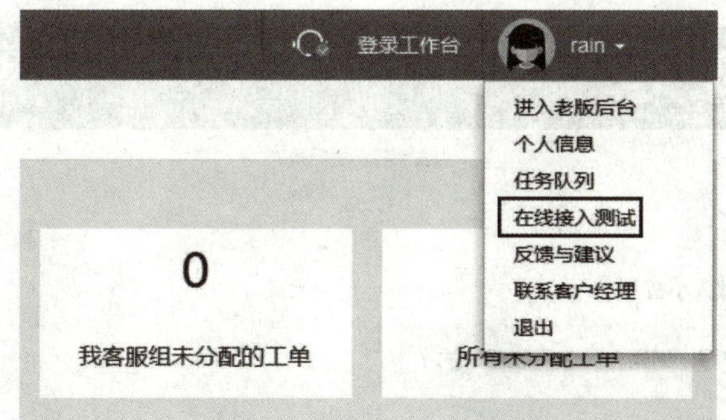

图 1－24　在线接入测试

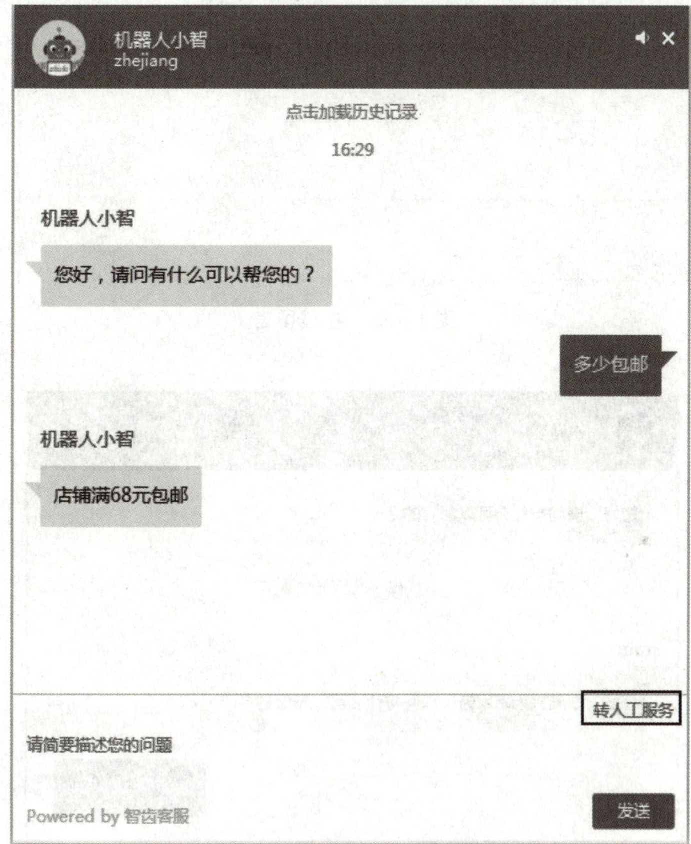

图 1－25　智能客服接待

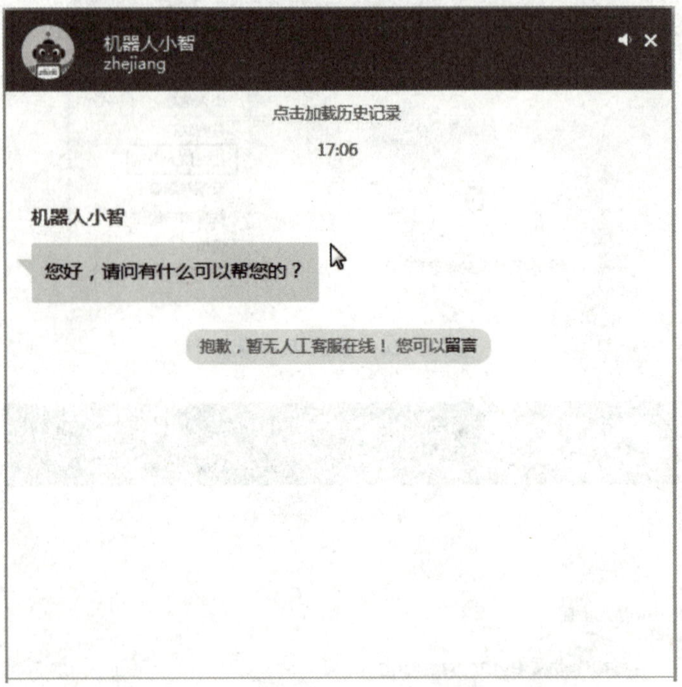

图 1－26　在线留言

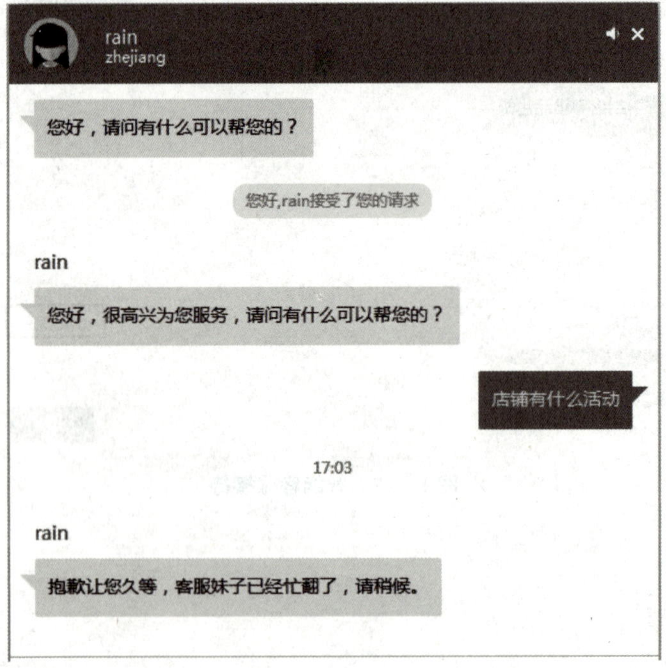

图 1－27　转人工服务

7. 客服人员登录右上角的客服工作台，进入工作台模式，如图 1－28 所示。客服可以了解和记录客户信息，实时与客户沟通问题。

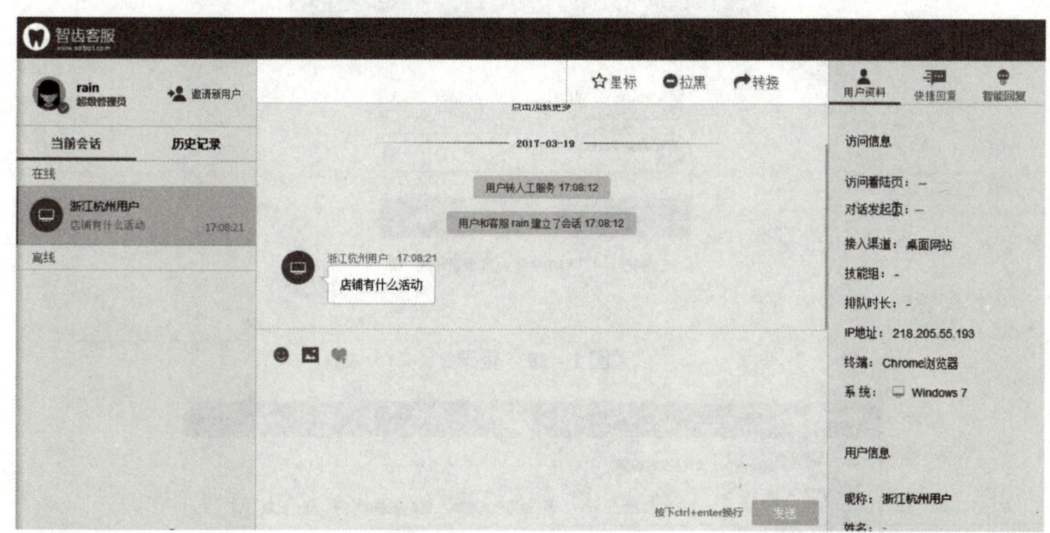

图 1－28　人工客服工作台

【实训提示】

智能客服＋人工客服是当下主流的客户服务形式。智能客服好不好用，服务能力强不强，关键在于企业是否构建了强大有用的知识库。一个强大的知识库可以提高客户服务效率，节省人工客服的应用成本。

【思考与练习】

假设你现在是学校的招生工作人员，以文字配截图形式记录完成操作过程，并思考相关问题：

（1）设计 3～5 个招生常见问题解答。

（2）第三方智能客服软件可以应用在哪些渠道应用中？

（3）在此次实训中，你能体会到智能客服和人工客服比较具有哪些优势与劣势？

实训 2　千牛工具使用

【实训目的】

通过本次实训，客服能够熟练掌握千牛工具的使用，熟悉常用的基本设置和插件工具的运用，能够利用千牛工具开展网络客户服务。

【实训内容与步骤】

1. 安装千牛软件，用淘宝账号密码登录，如图 1－29 所示。

2. 设置旺旺个性签名，内容可借鉴淘宝店铺的设置，如图 1－30 所示。

3. 设置旺旺自动回复，内容可借鉴淘宝店铺的设置，如图 1－31 所示。

4. 设置自动回复关联问题。

步骤一：找到千牛右边插件界面中的机器人，如图 1－32 所示。

图 1－29　登录

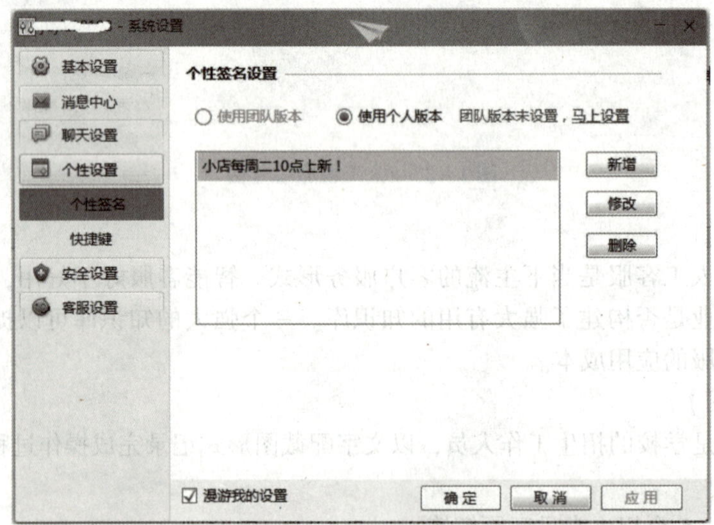

图 1－30　个性签名设置

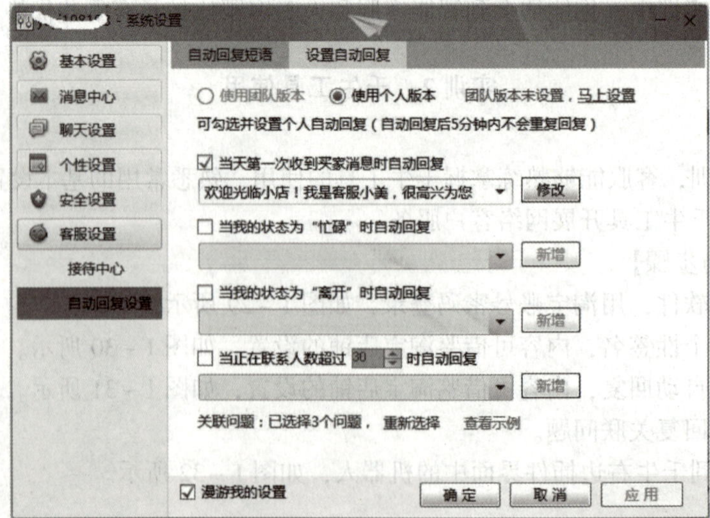

图 1－31　自动回复设置

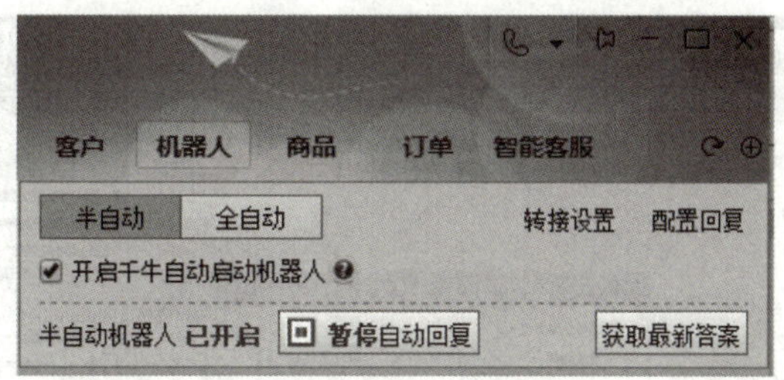

图 1－32　机器人

步骤二：单击配置回复，打开淘宝智能机器人配置页面，如图 1－33 所示。

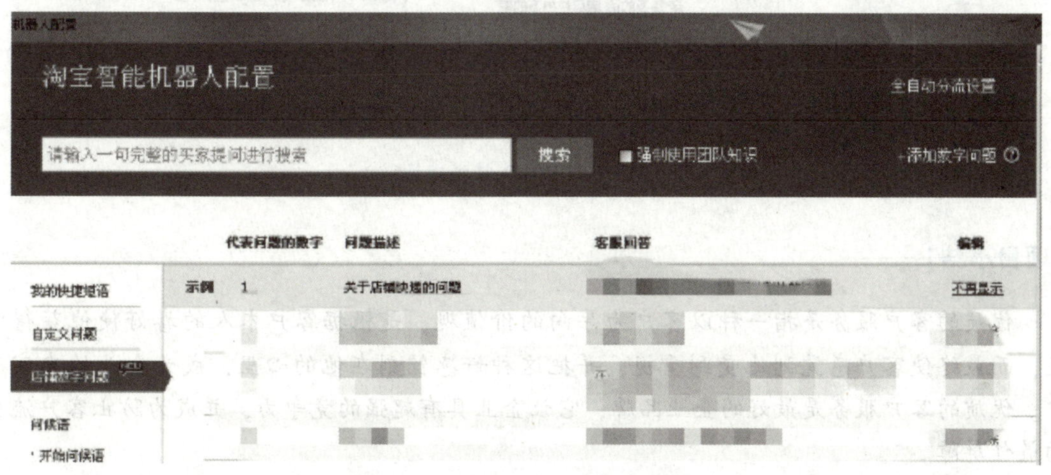

图 1－33　淘宝智能机器人配置

步骤三：设计 3～5 个店铺的常用问题。

步骤四：单击重新选择，应用智能数字问题回复，如图 1－34 所示。

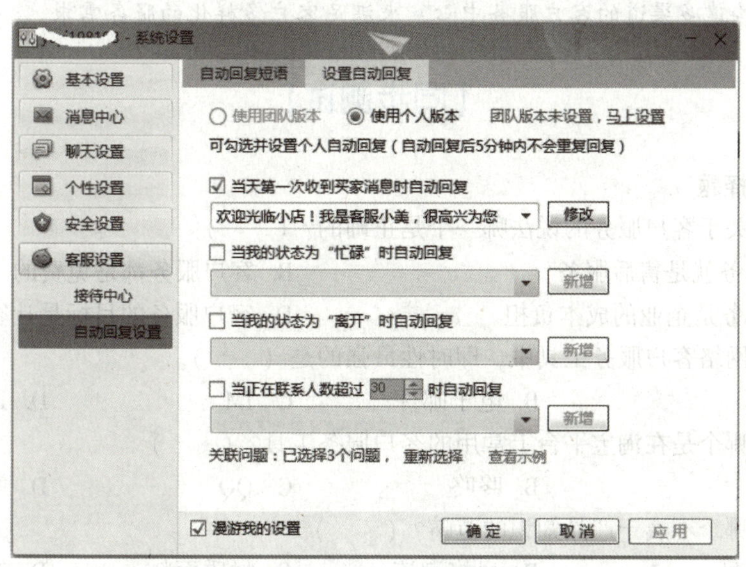

图 1－34　系统设置

5. 在千牛中导入快捷短语，如图 1－35 所示。

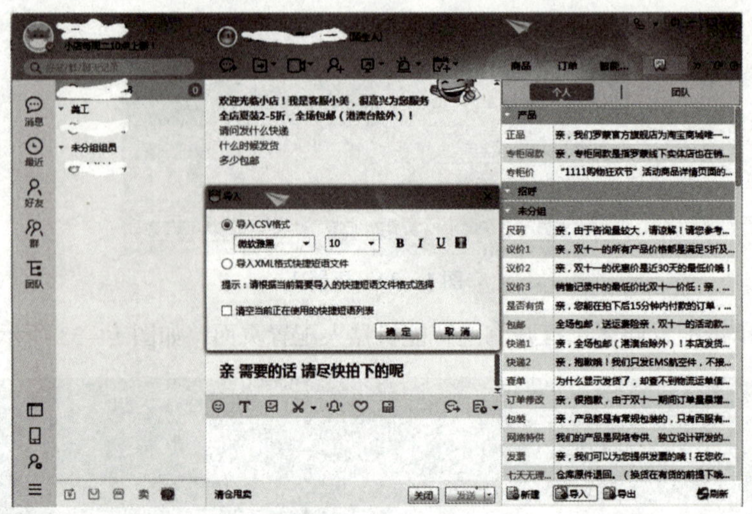

图 1－35　导入快捷短语

【项目小结】

优质的客户服务是指一种以客户为导向的价值观，是根据客户本人的喜好使他获得满足，而最终使客户感觉到他受到重视，并把这种好感铭刻在他的心里，成为企业的忠实客户。优质的客户服务是最好的企业品牌，它让企业具有超强的竞争力，并成为防止客户流失的最佳屏障。

伴随着互联网的发展，人们赋予了客户服务新的内涵，显示出对传统客户服务的比较优势。客户服务效率提高，客户服务成本下降，客户服务内容更丰富，客户服务手段更多元。企业要掌握呼叫中心、微信、App、电子邮件、在线 IM、微博、FAQ 等各种网络客户服务工具的使用，构建多渠道的客户服务中心，来满足客户多样化的服务需求。

【同步测试】

1. 单项选择题

(1) 以下关于客户服务的说法哪一个是正确的？(　　)

A. 客户服务就是售后服务　　B. 客户服务都是免费的

C. 客户服务是企业的成本负担　　D. 客户服务的目标是让客户满意

(2) 下列网络客户服务工具中，即时性最强的是 (　　)。

A. 微博　　B. 电子邮件　　C. IM　　D. FAQ

(3) 以下哪个是在淘宝平台上常用的客户服务工具？(　　)

A. 千牛　　B. 咚咚　　C. QQ　　D. 站内信

(4) 下列哪个不属于产品知识的范畴？(　　)

A. 规格型号　　B. 风格潮流　　C. 材质面料　　D. 功能功效

(5) 下列哪个不属于事务性邮件？(　　)

A. 注册欢迎　　B. 消费提醒　　C. 店铺活动　　D. 服务确认

2. 多项选择题

(1) 优质的客户服务需要具备以下哪些特点？(　　)

A. 始终以客户为中心　　B. 帮助客户解决问题

C. 迅速响应客户的需求　　D. 提供个性化服务

(2) 网络技术的应用使客户服务的内容更加丰富，其体现在（　　）。

A. 详细的产品信息　　B. 个性化的服务内容

C. 多样化的服务工具　　D. 多形式的信息展示

(3) FAQ 的组织形式包括以下几种（　　）。

A. FAQ 分类目录　　B. FAQ 搜索

C. FAQ 社区　　D. FAQ Robot

(4) 网店客服对店铺的重要性体现在（　　）。

A. 提升客户的购物体验　　B. 提高商品的转化率

C. 提高客户回头率　　D. 降低店铺的经营风险

3. 分析题

(1) 分析 FAQ 自助服务在淘宝网店运营中有哪些应用？

(2) 请举例说明网店客服需要具备什么样的心理、综合素质？

做好客户接待和沟通

【本项目重点难点】

了解客户接待的基本流程，学会接待客户，学会沟通和催付的技巧，掌握客服话术的编制。

【项目导图】

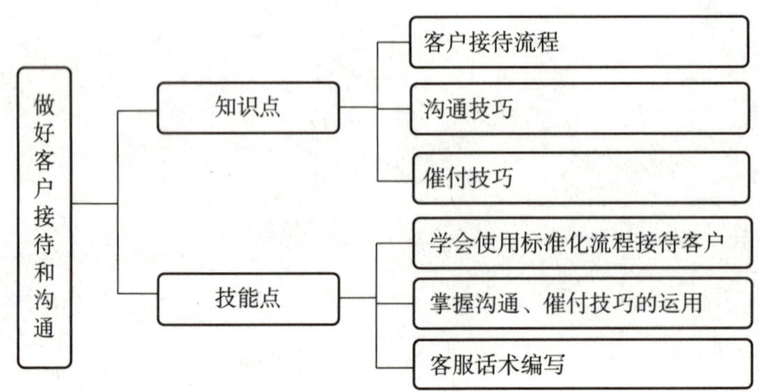

【引例】

下面是某天猫店铺的客服接待情况，请评价客服接待的效果。

** 旗舰店：amy（10：52：51）

* 除了爱，还有 ** 温暖你！

（1）满 198 元包邮（港澳台海外除外），发顺丰或申通快递，不接受指定快递；北京、新疆区域性限制，物流暂停，请考虑后下单。

（2）发货时间：12 月 12 日—12 月 18 日的订单，现货的会在 12 月 22 日前完成发货；有预售款单按指定预售时间发货（预售时间显示在宝贝尺码处）。

(3) 付款前请核对尺码、颜色、收货地址。发出后若需改动，会产生二次费用，需要买家承担。付款前请一定注意，避免更改不便。

** hanxue (10: 52: 51)

亲在吗?

** hanxue 10: 52: 54)

http://item. taobao. com/item. htm? id=559382247442

** hanxue (10: 53: 10)

我 163 cm、90 斤穿多大合适?

** 旗舰店: amy (10: 54: 25)

您好~很高兴为您服务！有什么可能为您效劳的呢~

** 旗舰店: amy (10: 54: 27)

根据您提供的数据 大多数客户选择 S/M 码的哈，亲也可以按胸围、腰围、肩宽等尺寸参考下尺码表喔。

** hanxue (10: 54: 54)

是羽绒服吗?

** hanxue (10: 55: 15)

毛领是真毛的吗?

** 旗舰店: amy (10: 56: 09)

我们家是专业做羽绒服的哦，填充物为 80% 的纯天然白鸭绒。都是经过消毒处理的。具有轻、软、蓬松、舒适等特性，我们的衣服保暖效果很好的哈。

** 旗舰店: amy (10: 56: 12)

帽子的毛领是高仿的，毛领可以拆卸，不易掉毛却有真毛领的垂顺和色泽~

** hanxue (10: 58: 24)

是橘色吧?

** hanxue (10: 58: 36)

有个红色备用是什么意思

** 旗舰店: amy (10: 59: 40)

颜色备用是指第一个颜色拍完以后，再拍备用库存哦，质量是一样的哈 您放心呢

【引例分析】

在网络交易过程中，买家和卖家无法实现面对面交易，整个交易过程，买卖双方只能通过文字、聊天表情来表达彼此的想法、需求等，这样对在线客服人员的接待咨询及沟通能力都提出了较高的要求。并且买家和卖家因为地域、文化层次、环境等差异，在线客服如何利用相关技巧快速有效地促成交易，是值得我们思考和总结的问题。本项目主要了解在线客服售前接待流程，需掌握的沟通及催付的技能、技巧。

任务1 规范售前客服接待流程

一、客服流程标准化的作用

标准化的作用主要是把企业内的成员所积累的技术、经验，通过文件的方式来加以保存，而不会因为人员的流动，使整个技术、经验跟着流失。跟线下的其他客服一样，在线客服同样具有标准化的流程。规范在线客服的标准化流程，对企业来说意义重大。

1. 提高在线客服的工作效率

在线客服工作流程的标准化为客服工作的有序开展指明了方向，使客服的工作能够有的放矢，可以减少在工作中的失误，提高工作效率。

2. 体现客服工作的规范和专业

统一的标准化流程，可以让客户感受到客服工作的规范和专业，从而使客户建立一种信任感，给客户留下良好的印象，为客服工作的开展奠定良好的基础。

3. 有利于企业对在线客服的管理

有了统一的标准流程，可以帮助企业对新员工进行有效的培训，减少企业的管理成本。同时，有利于企业对在线客服的考核和管理，提升店铺的整体绩效。

想一想

结合你的生活经历，谈一谈你所经历过的客户服务流程是怎么样的，请举例说明，并进行评价。

二、售前客服接待基本流程

接待客户是客服的主要工作，也是最重要的工作。在与客户的沟通中，客服人员要学会善于快速地捕捉客户的需求，从而进行精准有效的推荐，促成交易的成功。

（一）客服的接待流程

客服接待的基本流程为：迎接问好—答疑提问—产品推荐—促成交易—信息核实—礼貌告别。

1. 迎接问好

迎接问好是在线客服人员接待客户时的第一个工作流程，问好虽然简单，但是却有着很深的学问。具体需要注意以下事项。

（1）及时问好，防止客户流失

在产品同质化日益严重的今天，服务质量的好坏将直接影响客户的停留与否。因此，作为客服需要快速、热情的响应才能给客户留下良好的初始印象，继而为后面的交易奠定良好的基础。如果在线客服长时间没有响应，会使客户另选商家，对企业来说会是一个很大的损失，如图2-1、图2-2所示。

通过案例，我们可以发现，在线客服人员能够及时、快速、积极地迎接问好，并且做出正面的回复，就很有可能留住客户，甚至有可能成功促成交易。

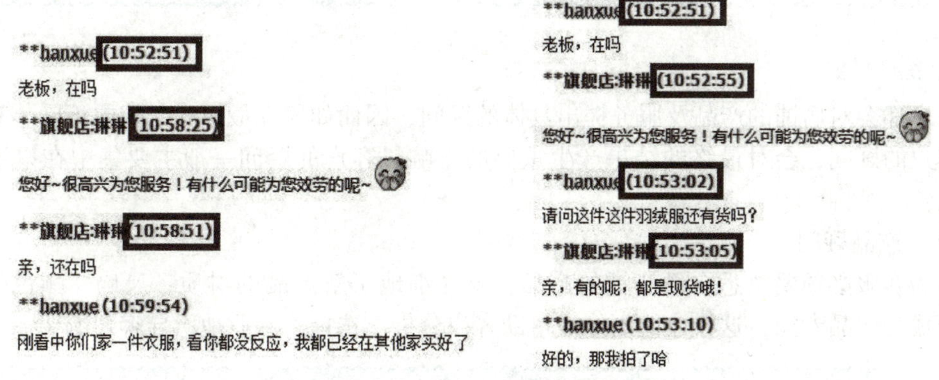

图2-1　迎接问好案例1　　　图2-2　迎接问好案例2

（2）问候语要体现店铺特色

好的问候语不仅能带给客户不一样的感受，而且容易吸引客户继续交流，加深客户对店铺及客服人员的印象。比如大家都非常熟悉的三只松鼠店铺，对客户的称呼是主人，非常有特色，如图2-3所示。因此，优秀的客服要学会根据店铺及产品的定位提炼具有店铺特色的问候语，以给客户留下良好的第一印象。

图2-3　三只松鼠的客服问候语

做一做

结合店铺产品及目标客户的特点，编写一条有特色的问候语。

2. 答疑提问

客户都会对店铺的产品及服务提出具体的疑问，因而如何在最短的时间内正确、有效地解答客户的疑问，会对最终的结果产生重要的影响。客户的疑问一般主要集中在以下几个部分。

(1) 产品疑问

作为客服必须要熟悉自己店铺的产品，要详细地了解产品的材质、尺码、颜色、质量等，要成为产品专家，这样才能更好地帮助客户分析、选择，专业地引导客户购买。

想一想

客户对产品的疑问主要集中在哪些方面?

为更好地服务客户，提高店铺整体的服务效率和服务质量，商家会根据客户对产品不同的疑问，制定统一规范的标准话术，以达到事半功倍的效果。下面我们列举了常见产品疑问的参考话术。

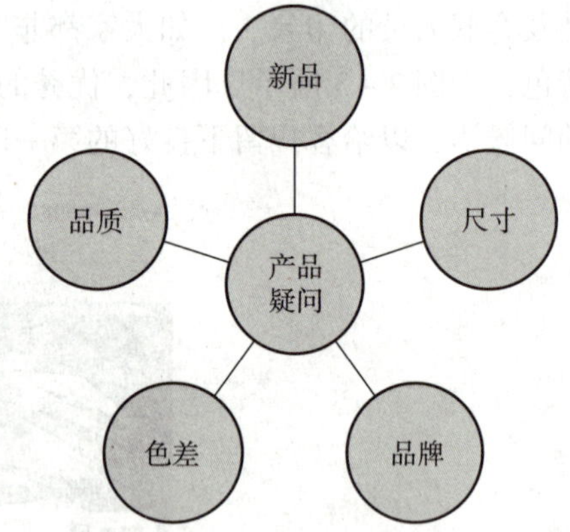

图 2-4 客户关于产品方面主要问题

①关于是不是新品。

话术:

【是】亲，这款是我们设计师最新设计并准备主打的××系列××产品的新品哦。(如果新品有相应的活动的话也可以加上)

【否】亲，您看的这款是我们设计师之前设计的经典产品，不是新品哦，但是之前购买过这个产品的买家都很喜欢 (如这款是卖得很好则可以加上并且卖得也十分好)。如果您想看我们最近设计的产品请到我们的新品专区中 (附上链接)。

②关于商品尺寸及推荐。

a. 买家询问尺寸规格信息

话术: 亲，在我们每个宝贝页面中都会有我们产品详细的规格尺寸信息。您在浏览宝贝的时候可以查找一下，至于您这款的信息是这个，您看一下。(附宝贝页面的规格信息截图)

b. 买家可能会因为是我们推荐的尺寸信息而要求我们对推荐的产品进行负责，如果到时不喜欢、不适合的话则要求退换货，将责任归到我们客服身上。

话术: 亲，关于尺码，我们只是根据大部分人的情况来推荐，毕竟每个人都是有差异的！您也可以根据自己的实际情况，对照描述里的尺码表，自己选择的哦！

③关于品牌。

话术: 嗯嗯，是的，亲，我们×× (品牌名称) 是一个全新的品牌，我们立志做最有趣的××。希望有您喜欢的款式，同时也希望您能够多提提意见哦！

④关于色差。

话术：亲，请放心。我们所有产品都是按实物拍摄的，但可能会因为每个人的显示器等其他原因出现轻微的色差，属于正常现象哦。

⑤关于产品的品质。

a. 是正品吗

话术：亲，××品牌目前仅此一家旗舰店哦。旗舰店的申请需要公司的营业执照、商标注册证、税务登记证、产品质检报告等手续证明才能开具的。您大可放心。所有我们出售的产品上都会有我们的品牌 logo、相应的吊牌及字印，保证是正品。而且我们的宝贝都是我们设计师的独家设计，宝贝的外观、图片都是全网仅此一家，如果您发现有其他不法商家盗用我们的图片，欢迎举报哦。

b. 产品的质量问题

话术：关于质量问题您可以放心。我们的每一步生产工序都有专门的 QC（质量控制）做严格的品控，每一件货品都经过××质检，不会将有质量问题的货品上架。后期您在使用过程中出现任何疑问，也可以随时联系我们哦！

做一做

不同的产品类目，客户的关注点都不同。请搜集自己感兴趣的三个产品类目的相关知识，了解下客户对此产品的关注点是什么。

因此，对于客服而言，必须要非常熟悉公司的产品，这样才能为客户提供更好的服务。

（2）价格疑问

价格是交易过程中最为敏感的问题，针对客户对价格的提问，要学会价值传递的方法，通过客服的引导，让买家把对商品价格的关注引导到商品质量上，强调高性价比，降低买家的犹豫心理，同时也会让客户更加容易接受。另外，面对不同的客人，应该采取不同的应对策略，要学会具体事情具体分析。

①切忌生硬回绝。

反面案例：

买家：价格能不能再便宜点呀？

客服：我家从来不还价的！

在这个案例中，我们可以感觉到，这个店铺的客服很高傲，把自己店铺的位置摆得很高。当然如果你是国际大品牌，要维持自己的高贵形象，这也无可厚非。但在电商平台中的多数店铺，还没有把买家往外推的底气。其实能还价的才是真买家，不要轻易放过。就算实在是不能还价，也要做到语气委婉，切忌生硬回绝，所谓“买卖不成仁义在”。这时候客服可以利用自己的沟通技巧，来促成交易。

正面案例：亲，一分价钱一分货哦！这款我们店里卖得很好的，买家评价也很不错，您买了就知道啦，性价比超值的！

②切勿一口拒绝。

当前来购买的客人回复价格时，如果你还想促成这个交易的话，就算是不能卖的价格也不能一口拒绝。一口拒绝客人给出的价格，从购物体验上来说，这是个非常糟糕的，可能会赶走客人。所以，当议价时，切勿一上来就拒绝，而要委婉地回应。例如：

买家：价格可以便宜点吗？

卖家：亲，真的很抱歉呢

，我们的价格都是公司统一制定的，线上线下是完全一致的价格体系，并且有很高的性价比。除了特殊活动之外，收到的货品标签价格也就是实际物品价格，我们想做诚实的商家，不愿意给客户虚高标价再打折的印象，希望亲谅解呢！

③有条件地退步。

当议价达到最终阶段，可以通过有条件地退步促成交易。要懂得对顾客提出一些小要求：下次再来、介绍人来买或是给好评、立即付款，让顾客觉得这个优惠来之不易，产生珍惜的心理。例如我们可以这样来表述：

亲，既然您这么有诚意，刚小二帮您跟主管磨了好久才勉强答应了，但亲收到宝贝后一定要记得给五星好评哦，否则小二就无法跟主管交代了。感谢亲的支持哈。

④学会价值传递。

遇到实在无法便宜的商品，要让顾客明白商品本身的价值，商品好在哪里，要给顾客一个不能便宜的理由。无论是从质量还是性价比、功能上来说，一定要让顾客觉得这个价格实在是物有所值。

⑤搭配销售。

能议价的顾客，多少都是有心的购买者，当顾客看上一样商品而议价，可以推荐顾客购买优惠套餐或是相关的产品，一起购买优惠的组合能实现顾客的议价欲望，同时还能提高销售额，一举两得。

此外，在价格疑问中，我们也常常会看到客户提出是否有送小礼品、是否可以包邮等诸如此类的问题，我们同样需要耐心、细致、委婉、真诚地向客户去解释和说明，如表 2－1 所示。

表 2－1 参考话术

客户问题	参考话术
是否送小礼品	亲，实在是不好意思啊，我们店铺一般都是在节假日搞促销活动的时候才会送小礼物哦！平时的话只有一些老顾客、会员或是消费金额大于××的时候才会赠送呢。亲，您的每次购买都会累计积分，终身有效、不过期、不清零。而公司的礼品除定期积分换购外，还有专门为客户不定期定做的呢，以保证每一位客户的专享性和品质感。相信肯定会给亲惊喜哦
下次来是否有优惠	亲，只要您成功购买了我们的产品，按照不同的购买金额会得到不同价值的优惠券哦。在您下次购买的时候就可以使用哦
可以包邮吗	亲，真的很抱歉哦，这款宝贝已经是最低价格，实在无法给亲包邮了呢。请亲谅解哦！不过，店铺现在有满××包邮的活动，亲可以看看还有没其他喜欢的产品，达到这个额度都可以包邮哦

想一想

面对客户的议价客服应该保持什么样的心态？

(3) 物流疑问

在网络交易过程中，物流是一个重要的载体，也是客户非常关注的问题。问题大多集中于什么时候发货、今天能发货吗、使用什么快递、可否指定快递、几天能到等。由于大多数网店基于成本的考虑都不是自营物流，都会选择第三方物流，因此存在很多的不可控因素，这也给客服造成了很大的难度。面对客户有关物流的提问，客服应该站在客户的角度来说明问题，理解客户的心情，及时耐心地做好解释，帮助客户解决问题。

反面案例：

买家：今天可以发货吗？

买家：今天能发圆通吗？

卖家：按照下单的顺序先后发货。不能接受任何备注和留言，默认发天天快递。天天快递不到的地区请勿拍。

买家：加钱可以吗？

卖家：不能接受任何备注和留言，默认发天天快递，天天快递不到的地区请勿拍。

在案例中，虽然实际情况有可能是店铺产品价格优惠，无法满足客户自行选择快递的要求，但是在线客服在沟通中却直接表明不接受任何备注、留言，无法接受的，请勿拍。暂不说这样的做法是否妥当，首先看到这一行字时，相信很多客户都有一种受到不公平待遇的错觉，大大降低了交易的愉悦感和乐趣，客户体验度直线下降。

其实对于同样的情况，客服完全可以换个角度来进行说明。如果能够和客户说清楚合作物流取货快、运输放心、无丢失等，所以暂时没有办法让客户自行选择，客户的心理感受会更舒服，也更愿意接受这样的结果。另外，客服在答疑的同时也要学会善于提问，能够主动引导客户，掌握沟通交流中的主动权，如表2－2所示。

表2－2　参考话术

客户问题	参考话术
使用什么快递	亲，为了能够让您能够尽快地收到宝贝，并为了保证宝贝在运输过程中的安全，我们默认使用发货速度快的顺丰，并且对宝贝进行保价。如果顺丰不到的地方则使用EMS邮政速递。亲那边顺丰能到吗
我这边顺丰不到，你给我发申通或其他快递吧	亲，实在是抱歉，EMS相对于××快递会更安全。您放心，我们给您发的是EMS航空快件，不是平邮哦，所以速度还是很快的
什么时候发货	亲，我们一般每天×点前完成支付的订单，当天可以发货；×点之后支付的订单就要第二天发货了，星期天是不发货的哦
如果真的情况十分特殊，是否可以优先发货	亲，鉴于您情况特殊，为了保证您能早日收到宝贝，小二已与仓库进行沟通确认，我们会在今天为您安排发出，请您注意查收哦

想一想

假如你碰到图 2－5 的情况，你会如何处理？

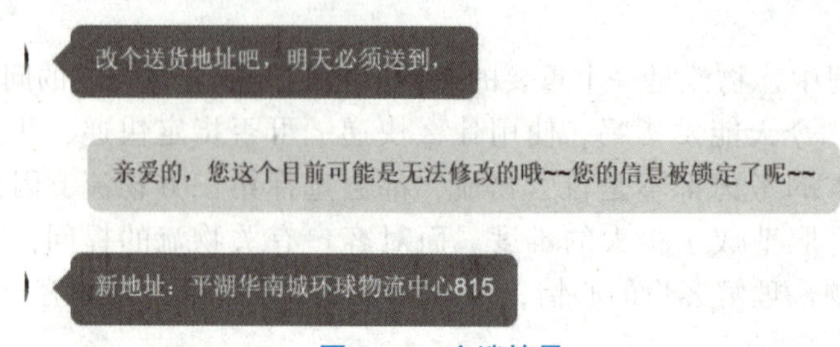

图 2－5　交谈情景

3. 产品推荐

在完成客户答疑后，在线客服会进入一个新的工作流程——产品推荐。通过产品推荐，客服可以帮助客户快速锁定需求产品，提高服务效率，促进成交。同时，在线客服可以利用关联推荐的技巧，关联更多客户需求的产品，刺激客户新的需求，提高客单价。产品推荐相比产品答疑更为复杂，也对在线客服提出了更高的要求，在线客服必须要在了解客户需求的基础上，才能进行有针对性的推荐。两者缺一不可，否则都将无法达到要求。

(1) 学会挖掘客户需求

在网络交易中，很多时候客户的需求不会直接告知，需要客服通过询问的方式对客户进行深入挖掘。因此，客服的询问需要有针对性，这样才可以更加贴近客户的真实需求。同时，客服可以利用千牛即时聊天工具中的商品足迹、订单、客户等栏目，搜集客户的相关信息，为自己的需求挖掘提供数据支持，如图 2－6 所示。

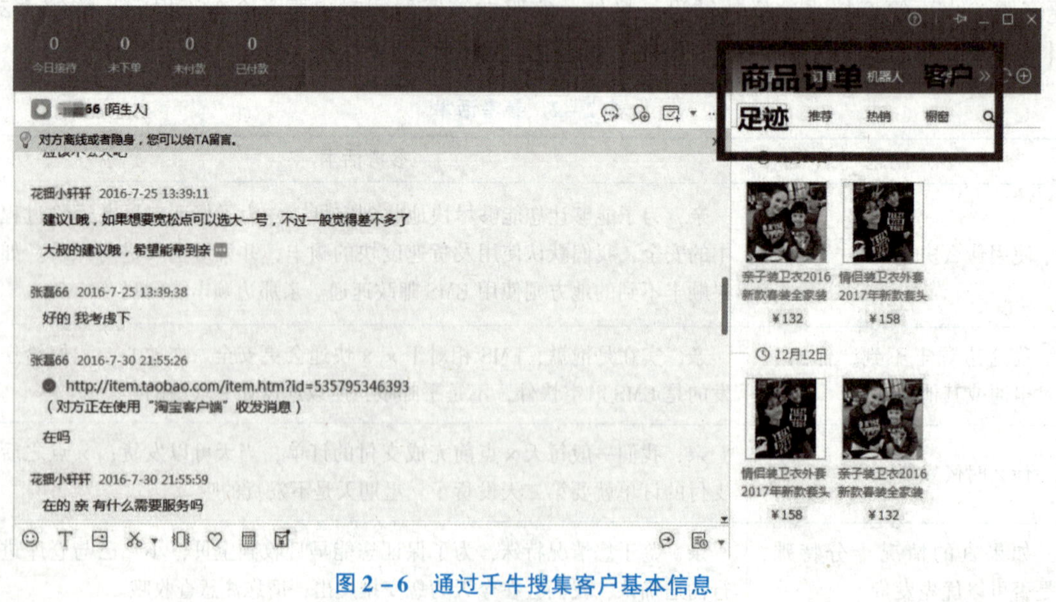

图 2－6　通过千牛搜集客户基本信息

想一想

如何更好地挖掘客户的需求？

(2) 学会有效推荐

有效推荐不是把产品最显性的规格、价格、功能等方面直接告知客户即可，而是要学会挖掘产品的卖点，让客户深度了解产品的属性、优势以及能够带给客户的利益。这样可以有效地提升客户的体验度和信任度，打消客户的顾虑，让客户认可本店的产品，从而提高转化率。

【同步阅读3-1】

挖掘产品卖点的十个技巧

产品卖点的策划，是产品成功上市前最为重要的营销策划工作，可以没有定位，但不能没有卖点。那如何做好产品卖点的策划呢？

产品的卖点可以来自产品自身，也可以来自人们对产品的认知或需求，好的产品卖点不仅可以满足需求，更要引导需求。下面，我们就为大家详细讲解关于产品卖点策划的十大方法及相关技巧。

1. 卖概念

概念是表现产品卖点的一种形式，概念炒作会对产品销售产生巨大威力。这一点在汽车品牌上体现得淋漓尽致。汽车只是一种代步工具，只要性能好便可。可汽车品牌众多，这是因为它们的概念各有千秋，契合着不同人的胃口。

奔驰将产品概念塑造为精确是生活驾驭自如的关键，于是在它的车中，处处都是考究的品质体现，而开奔驰车的人也总被认为是一个精致生活的成功人士。而驾驶宝马的人，总被认为是一个热爱生活、有激情的人，这是因为宝马的产品概念中试图创造完美的驾乘快感。

2. 卖感觉

所谓感觉，就是企业以服务或者产品为载体，为消费者创造出的一种心理舒适与精神满足。如今，这种心理舒适与精神满足已经超越物质成为消费者渴望得到的最重要的价值。

这种创造感觉的卖点提炼，可口可乐一马当先。2016年，为了摆脱销量的颓势和日益增长的健康问题，可口可乐将广告语“Open Happiness（畅爽开怀）”更改成“Taste the feeling（品味感觉）”。可口可乐期望通过这样的洞察，刺激生活在高压快节奏环境下的消费者的享乐心理，强调活在当下、及时行乐，抓住The moment，使可口可乐融入日常生活，给每一位消费者带来心理与精神的感觉享受。

3. 卖情感

所谓情感营销，就是把消费者个人情感差异和需求作为企业品牌营销战略的核心，通过借助情感包装、情感促销、情感广告、情感口碑、情感设计等策略来实现企业的经营目标。

2013年，农夫山泉的“标准门”事件，引发了消费者对其饮用水质的担忧。而2016年，农夫山泉成功运用洞察，推出了全新宣传片《最后一公里》，重新谈及这个品牌发展过程中的负面事件，不仅做出了澄清，更令消费者明白一瓶矿泉水背后所蕴含的故事，展示并保证了它的品质，博得了消费者的好评与认同。大打“情感牌”之后，农夫山泉打响了一场漂亮的营销战役。

4. 卖形象

形象化的销售主张能够在消费者心目中留下美好的印象。这可以理解为，为什么那么多品牌会创造出一个形象代言人。

AFLAC 是美国一家专门销售额外补充险种的保险公司，以前公司大部分的业务都集中在美国佐治亚州哥伦布市和日本，在这两个地区之外，该公司几乎不为人知。而 2000 年之后，好像一夜之间所有的人都知道了 AFLAC，现在 AFLAC 在美国消费者中的品牌知名度已经达到了 90%。

这一切都应该归功于那只想让人人都知道自己，而没完没了在电视广告里嘎嘎大叫的鸭子，如图 2－7 所示。这只长着明黄色嘴巴、穿着蓝色上衣的白色鸭子除了歇斯底里大叫之外什么也不干。AFLAC 公司让它在所有的电视广告、平面广告、慈善活动、产品植入广告中亮相，它现在已经成为大众文化的标志，让公司在美国的销售额增长了 30% 左右。

图 2－7 鸭子

5. 卖品质

产品品质的完整概念是顾客的满意度。一方面，在科技进步、产品严重泛滥和同质化的今天，对产品品质更全面的理解除了包括可用、实用、耐用，更注重的是好用、宜人。另一方面，在卖品质的过程中，经常可以卖专家、卖故事、卖售后服务、卖专业（宣扬自己的专业化水准）。

当然这一类的产品在进行传播战役的时候，不是直接宣扬产品品质本身，而让那些本身代表着品质的专家、教授、学者等人士现身说法，引用权威言论、权威发表的文章，参考权威数据，借助权威品牌、权威机构认定、权威单位试用等方法来打动消费者。这在表面上以卖专家等为卖点，实质上也是以品质为卖点的，因为对专家们的信任也就是对产品品质的信任。

6. 卖名人

许多品牌在推出一个产品的同时，都会邀请一位名人进行代言。这是因为名人（包括行业名人、影视演员、歌手和球星等）都拥有很大数量的一群崇拜者，所以，把名人作为产品的“钩子”，能成功地钩住一大帮消费者。

1996 年，日本化妆品公司佳丽宝（Kanebo）破天荒地邀请了当时炙手可热的“小鲜肉”木村拓哉来拍摄口红广告，广告播出后此款口红也瞬间成为爆款，一再断货，如图 2－8 所示。当时的佳丽宝公司宣传部主管说：“当初大胆起用木村拓哉当代言人是正确的选择。在这个行业，口红只要卖出 50 万支就算是热卖商品了。那一次促销的口红，在两个月内就卖出约 300 万支。”不仅如此，这款广告的海报甚至接二连三被偷走，从高中女生到公司男职员，都会偷偷在地铁站将海报带走，佳丽宝迫不得已只能加印了平时的 10 倍的数量。这次的卖名人产品战役，无疑为佳丽宝带来了巨大的成功。

图 2－8 佳丽宝口红广告

7. 卖服务

服务包括体验，是对产品本身的体验和生产过程的体验，如推出工业旅游、服务承诺、服务差异化、服务品牌的打造、个性化服务、衍生服务等。

正如在排队等位时能美甲，过生日时会送上小礼物，服务员总是面带微笑……海底捞这一系列在服务上的极致体验，或许比它的火锅本身的口味更能给客户留下深刻的印象。

8. 卖特色

即以特色作为 USP（亦称功能性诉求、独特的销售主张）的营销，并不主要突出消费者的行为特性，也不过分强调产品的核心精神文化内涵（比如产品的一种主张或者倡导的一种文化），它直截了当，一针见血。

如“国际抗饿大品牌，谷粒多燕麦牛奶”“时尚时尚最时尚的美特斯邦威”“今年过节不收礼，收礼只收脑白金”“金嗓子喉宝，入口见效”等品牌产品推广语，简单粗暴地将产品的特性告诉消费者，在这快节奏的生活中，不失为对产品信息的有效传递，如图 2－9 所示。

图 2－9 燕麦牛奶广告

9. 卖包装

卖产品更要卖包装，在相同质量的前提下，那些内在质量好、产品包装好的商品更具市场竞争力，更能赢得消费者的喜爱和青睐。

对于包装卖点的提炼，自然绕不开无印良品（MUJI）。它的产品包装多以素雅为主，没有多余的色彩。这使它在一众色彩斑斓的包装中脱颖而出，极具识别度。同时，从它的产品风格中，我们能感受到那份源于和式文化中极具代表性的禅意、思辨的美学理念，展现了一种生活哲学，受到了消费者的喜爱，如图 2－10 所示。

图 2－10 无印良品实体店

10. 卖文化

历史或文化使商品促销市场巨大无比，且越来越巨大，因而其卖点更为商家所看重，值得策划者大力关注，大力利用。

苹果公司所带来的颠覆性创新，获得了广大果粉的追捧，而其品牌文化也已经具备了一定宗教特征，这是为什么呢？究其源流，头把交椅非它的经典广告《1984》莫属。它以极其叛逆的方式宣告 *Think Different*，以此突破精神控制者的“老大哥”即当时在 PC 界如日中天的 IBM 的禁锢。由此苹果公司向众人宣判：现在是打破传统，异类崛起的时刻！

广告内容：在一个电影院里，200 名群众演员被剃了光头，无精打采地等待着一个身穿白色苹果 T 恤的女模特冲进片场，用铁锤砸碎大银幕上那个象征着精神控制者的“老大哥”。

低沉的男声在此时缓缓道来："1 月 24 日，苹果电脑公司将会发布麦金托什电脑。而你也将明白，为什么 1984 不会成为'1984'。"

总的来说，卖点是消费者关注的核心，在产品的营销与策划过程中，应该站在消费者的角度，换位思考，提炼产品卖点。产品将因卖点的策划使得营销更加精彩，更容易被客户接受、追求。

(3) 学会关联推荐

关联推荐分为推荐同类产品、推荐配套产品、推荐促销产品。

①推荐同类产品。

当客户主动询问是否有同类产品时，客服可以根据客户的要求向其推荐同类产品。如果客户没有主动提问，一般客服不推荐同类产品，以免造成冲突，使客户产生不信任的心理。

②推荐配套产品。

在销售有配套的产品时，客服一定要向客户推荐配套产品。一方面，可以增加销量；另一方面，可以避免客户因为没有配套产品而产生不愉快的购物体验，最终导致差评。比如客户购买台灯，往往理所当然地认为是有灯泡的，但这往往是两个产品，是分开销售的。因此，客服向客户推荐灯泡，一方面可以提高销量，另一方面可以避免一些粗心的客户产生误会，从而影响店铺评价。对于这类产品的适时配套推荐，可以达到一举两得的效果，如图 2－11 所示。

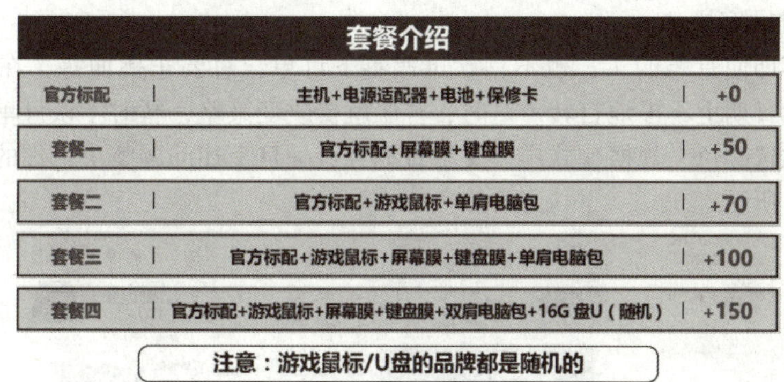

套餐介绍

套餐	内容	加价
官方标配	主机+电源适配器+电池+保修卡	+0
套餐一	官方标配+屏幕膜+键盘膜	+50
套餐二	官方标配+游戏鼠标+单肩电脑包	+70
套餐三	官方标配+游戏鼠标+屏幕膜+键盘膜+单肩电脑包	+100
套餐四	官方标配+游戏鼠标+屏幕膜+键盘膜+双肩电脑包+16G 盘U（随机）	+150

注意：游戏鼠标/U盘的品牌都是随机的

图 2－11 电脑产品搭配推荐套餐

③推荐促销产品。

对于没有必要配套商品的产品，客服可以选择性地向客户推荐促销商品。通过促销利益的刺激，挖掘客户的潜在需求。

想一想

在关联推荐中我们应该注意哪些问题？

4. 促成交易

促成交易阶段是非常重要的阶段，优秀的客服往往能在这个阶段把握好临门一脚，有效地抓住客户的心理，促成其购买，这也是优秀客服必须具备的技能。促成客户交易的技巧主要有以下几种。

(1) 假定准顾客已经同意购买

当准顾客一再出现购买信号，却又犹豫不决时，可采用二选其一的技巧。譬如，客服可对准顾客说："请问您要那件浅灰色的还是银白色的呢?"此种二选其一的问话技巧，只要准顾客选中一个，其实就是你帮他拿主意，使其下决心购买了，如图 2－12 所示。

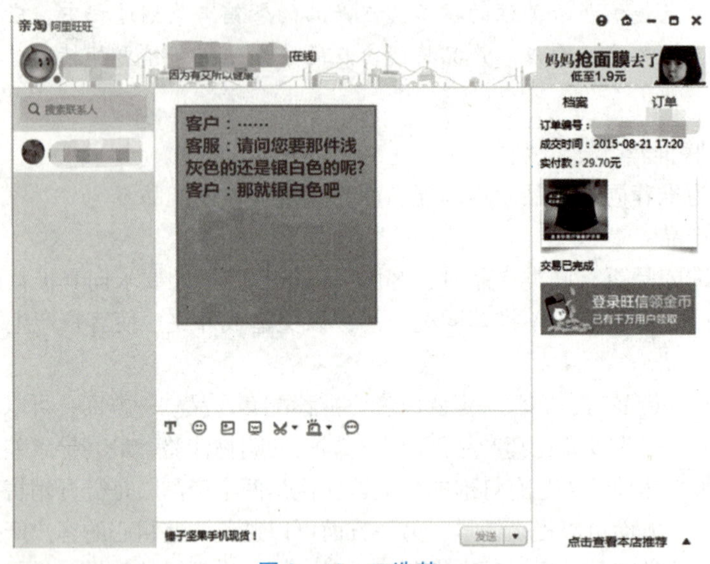

图 2－12　二选其一

（2）帮助准顾客挑选

许多准顾客即使有意购买，也不喜欢迅速签下订单，总要东挑西拣，在产品颜色、规格、式样、交货日期上不停地打转。这时，客服就要改变策略，暂时不谈订单的问题，转而热情地帮对方挑选颜色、规格、式样、交货日期等，一旦上述问题解决，你的订单也就落实了，如图 2－13 所示。

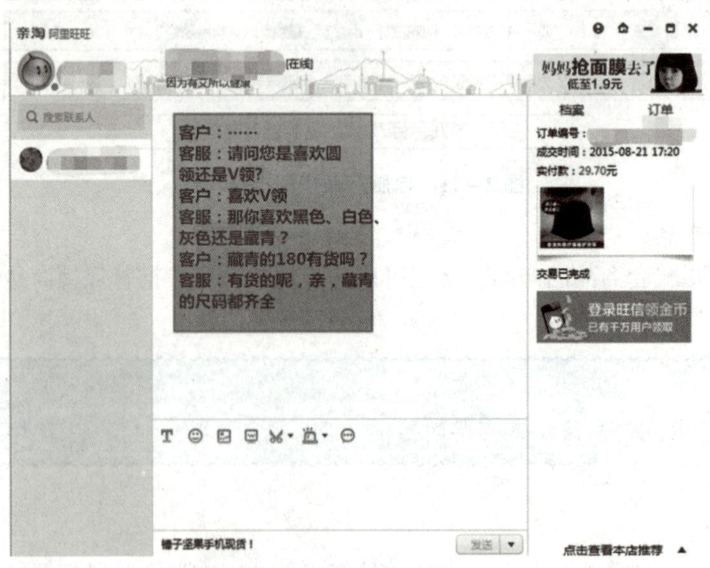

图 2－13　帮助准顾客挑选

（3）利用怕买不到的心理

人们常对越是得不到、买不到的东西，越想得到它、买到它。客服可利用这种怕买不到的心理，来促成订单。譬如说，客服可对准顾客说："这种产品只剩最后几个了，短期内不会再进货，您不买就没有了。”或说：“今天是优惠价的截止日，请把握良机，明天您就没有这种折扣价了。”如图 2-14 所示。

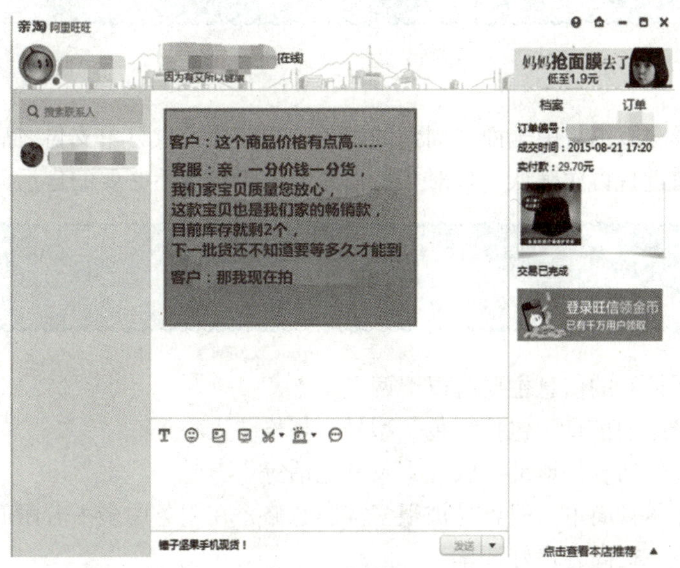

图 2-14 利用顾客怕买不到的心理

(4) 先买一点试用看看

准顾客想要买你的产品，可又对产品没有信心时，客服可建议对方先买一点试用看看。只要你对产品有信心，虽然刚开始订单数量有限，然而对方试用满意之后，就可能给你大订单了。这一试用看看的技巧也可帮准顾客下决心购买。

(5) 反问式的回答

所谓反问式的回答，就是当准顾客问到某种产品，不巧正好没有时，就得运用反问来促成订单。举例来说，准顾客问：“你们有粉红色的柜子吗？”这时，客服不可回答没有，而应该反问道：“抱歉！我们没有生产，不过我们有白色、棕色、米白色，在这几种颜色里，您比较喜欢哪一种呢？”如图 2-15 所示。

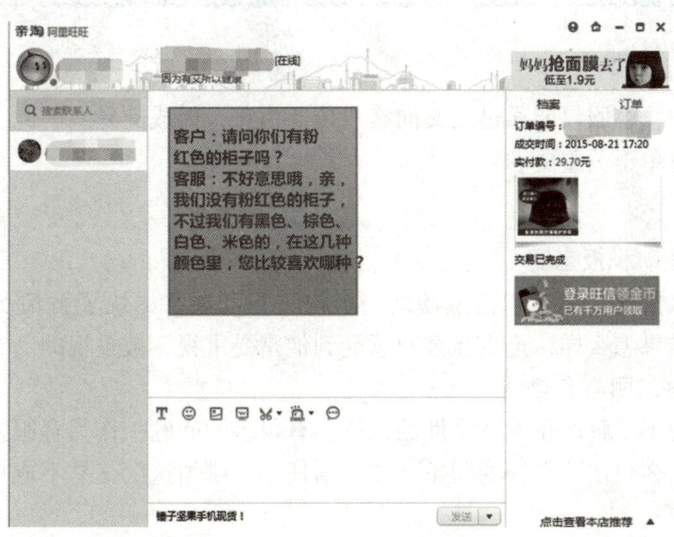

图 2-15 巧妙反问

做一做

编写两条促成交易的话术。

5. 信息核实

为了体现在线客服销售中全面、周到的服务，在客户完成订单支付之后，在线客服需要对每一笔付款订单进行再次确认，核对相关信息，避免出现不必要的售后问题。

想一想

在线客服需要核对哪些信息？

在线客服需要核对的信息主要有以下两点。

①有关购买产品的信息，包括颜色、型号、规格、大小等。

②收件信息，包括收件地址、收件人及其电话等。

信息核实工作尽管简单，但容易被很多客服忽略，在服务中多一分耐心和细心，便可以避免出现售后纠纷，提高客户好评率。

6. 礼貌告别

售前的主要工作虽然已经完成，但是作为在线客服同样需要贯彻始终，体现客服工作的完整性和礼貌性。

想一想

礼貌告别包含哪些内容？

做一做

请你编写两条告别信息。

（二）掌握沟通技巧

在网络交易中，客服仅能通过图文向客户传递信息，促成交易。因此，客服沟通交流技巧的运用对促成订单至关重要。

1. 态度方面

（1）树立端正、积极态度

无论遇到什么情况，都要积极主动地与客户进行沟通，尽快了解情况，不要回避、推脱。不管最后的结果怎么样，至少让客户感受到他是受重视、被重视的。

（2）要有足够的耐心和热情

不少客户因为不了解产品或者个性的缘故会有很多的问题，作为客服人员要有足够的耐心和热情，从而给客户留下良好的印象，建立信任感，哪怕这次交易不成功，下次还会主动上门询问。

（3）学会换位思考，多倾听客户声音

让客户满意，就是能够想客户所想，处处站在客户的角度为客户考虑，让自己成为买家助手。在与客户的沟通过程中，不要断章取义，要给客户足够表达自己想法和意愿的时间，等充分了解客户的需求，再有针对性地进行推荐，如图 2－16 所示。

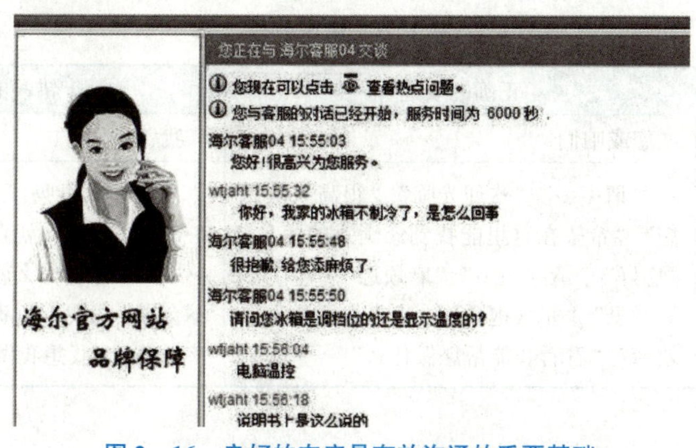

图 2－16　良好的态度是有效沟通的重要基础

2. 表情方面

在和客户沟通中，适当地使用表情可以降低文字沟通的枯燥感，提高交流的乐趣，使整个沟通更加的生动，可以很好地帮助客服完善地表达对客户的热情。但是，要善于正确地使用表情符号，且使用的表情符号应该是积极向上的，不能随意使用负面的表情符号，以免给客户造成不满或困扰，或造成客户的误会，如图 2－17 所示。

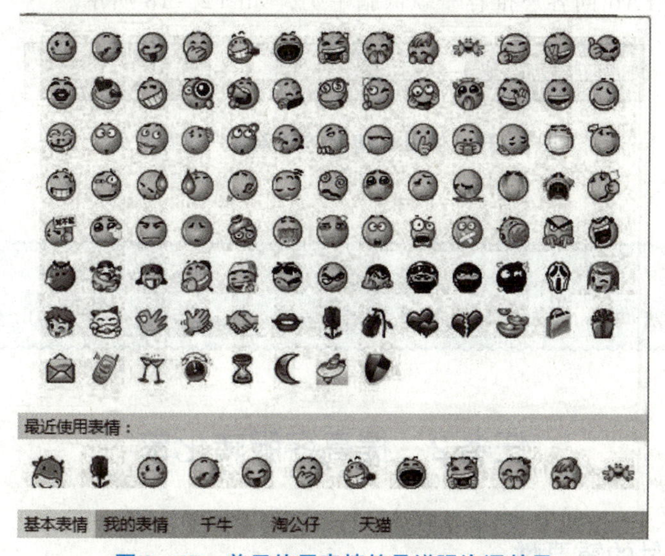

图 2－17　善于使用表情符号增强沟通效果

3. 礼貌方面

与线下沟通一样，线上沟通也需要注意跟客户沟通的礼貌问题。一句“欢迎光临”“谢谢惠顾”，虽然很简单，但会让客户听起来很舒服，觉得非常亲切。哪怕拒绝客户，也要学会使用“不好意思”“抱歉”“给您添麻烦了”等礼貌的语言，谦和的语气更能让人接受，也能较顺利地与客户建立起良好的沟通。

4. 语言规范

客服人员需要加强自身内功修炼，规范地使用语言来表述，因为同样的一件事不同的表达会传递不同的意思，也会产生不同的结果。这需要引起客服的注意。如表 2－3 所示。

表 2－3 语言规范

序号	表达内容	正确的表达	错误的表达
1	称呼	您或咱们	我、你们
2	常用语	“请……”“欢迎光临”“很高兴认识您”“希望在这里能找到您满意的商品”“您好”“请问……”“麻烦您……”“不好意思”“非常抱歉”“我非常愿意为您效劳”“看看我能帮您做什么”	“有什么事吗?”“现在没时间，等一下”“有什么就直接说吧，实在太忙……”“喜欢什么就直接付款吧”“我不会做”“我不负责这个，这不是我应该做的”“我想我做不了”

5. 方法方面

学会使用 FAB 的方法向客户推荐产品。

①F—Feature，就是属性（特点），即你的产品所包含的客观现实，所具有的属性。比如，讲台是木头做的，木头做的就是产品所包含的某项客观现实、属性。

②A—Advantage，就是作用（优势），即你的产品能够给客户带来的用处。

③B—Benefit，就是利益（客户），即你的产品给客户带来的利益。

比如，我们用 FAB 向客户推荐一款低脂牛奶，如图 2－18 所示。

图 2－18 使用 FAB 的方法向客户推荐商品

做一做

用 FAB 的方法向客户推荐店铺的产品。

任务 2 提高客服转化率

一、订单催付的重要性

客服除了接待顾客，回答顾客咨询的疑问，一位优秀的客服还应该做到主动催付订单，促成订单的成交。

所谓催付，就是客户拍下商品后没有付款，客服了解原因引导买家付款的行为。客服本身就是一门很有技巧的工作，在和顾客的交谈过程中要熟知顾客的购物心理，熟悉顾客心理的细微变化。有效的催付，对店铺意义重大。

①在淘宝常规交易中，当买家拍下商品后，如果在72小时内都没有付款，订单就会被平台自动关闭，那就意味着卖家并没有卖出商品，将会蒙受销售额上的损失。

②店铺的销售额跟访客数、支付转化率和客单价有直接的关系。

销售额 = 访客数 × 支付转化率 × 客单价

其中支付转化率 = 下单且支付的买家数/下单买家数。

很明显，下单且支付的买家数最大，最终的支付转化率就越高。因此，有效的催付可以提高支付转化率，亦可以提升店铺的销售额。

③除上述显性的作用外，假若订单未支付流失，店铺也将承受很多无形的损失。如在免费的搜索权重及付费流量的计算公式中，没有支付成功，都无法产生最终的转化率，也将会影响店铺及产品的流量。

除此之外，很多企业也把转化率作为考核客服业绩的重要指标，这直接关系到客服自身的经济利益。因此，不管对店铺还是对在线客服来说，催付的重要性显而易见。有效的催付，可以大大地降低订单的损失，对店铺综合发展是一个有效的提升。

二、订单催付的技巧

（一）分析原因

客服在催付之前，首先一定要明白，客户最终未付款的原因有哪些。未付款的原因可以看作是买家遇到的问题，这些问题都需要我们去思考。想让买家付款，我们要做的事情就是把买家的问题解决了，这就是对症下药。如果只是一味地催买家付款，反而会适得其反。因此，我们当前要做的事情就是去了解买家遇到的问题。

所有的问题都需要在线客服通过与买家的沟通去获取，了解情况后再帮助买家解决问题。下面我们从客观和主观两个方面进行归类，去了解客户未付款的原因，如图2-19、图2-20所示。

1. 客观原因

（1）余额不足

应对：我们一定要了解买家方便充值时间，提前再次催付。或者可以建议买家使用其他支付方式进行支付。

（2）操作不熟

我们在接单过程中，不免也会遇到一些新手买家，这些对购物流程不熟悉的买家，在第一次支付时，一般都会遇到各种问题，比如插件下载、密码混淆等。

应对：告知买家遇到不明白的地方，截图说明，直观简单，帮助解决买家的问题。

（3）忘记支付密码

还有一些买家会忘记支付密码，并且不知道具体操作。

应对：帮助买家了解找回密码的方法，主动热情，跟踪催付。

2. 主观原因

（1）对商品存在疑虑

应对：喊出买家利益，告知我们的优势，告知提供相关服务保障。

(2) 议价不成功

应对：了解顾客心理预期值，强调性价比，找到情感共鸣，赠优惠券、赠品满足顾客心理。

(3) 货比三家

应对：从产品本身以及服务商去寻找差异化，为店铺产品加分，吸引客户在本店铺下单。

(4) 服务未完善

应对：态度亲切，用语得体，多笔订单合并修改邮费。

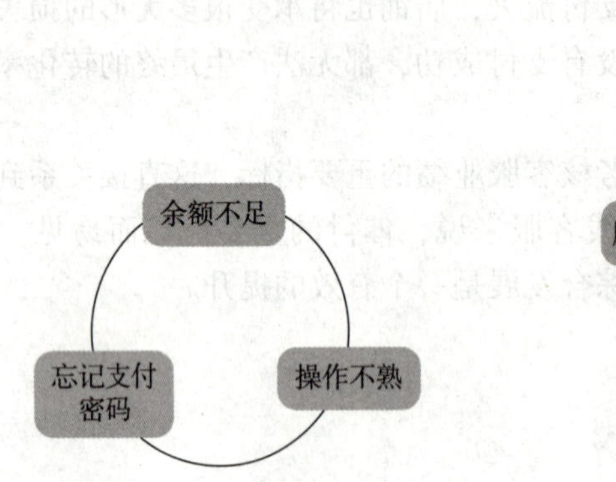

图 2-19 客户未付款的客观原因

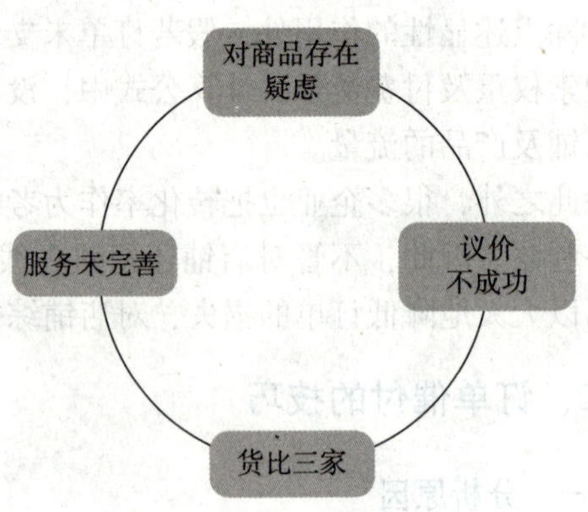

图 2-20 客户未付款的主观原因

(二) 催付的步骤

1. 催付人选

催付人选最好由接单客服本人进行催付，如电话催付，尽量讲普通话，声音温婉亲切。

2. 催付时机

根据自己店铺所售商品情况，选择合适的时机。拍下后10分钟还未付款的，可直接联系在线旺旺采用核对地址方式进行隐形催付。

静默下单：

①上午单，当日12点前催付。

②下午单，当日17点前催付。

③傍晚单，次日10点前催付。

④半夜单，次日10点后催付。

3. 催付时间和频率

大单不要用同一种方法重复催付，把握分寸，催付频率不可过高。

4. 催付技巧

(1) 旺旺催付技巧

①核对信息。

亲，看到您上午拍了一件衣服，跟亲核对下地址：地址无误的话，亲支付后我们就马上安排发货啦，明天就可以收到了呢。

②系统消息。(改价)

发系统消息如改价的成功率非常高。

(2) 短信催付技巧

①话术要点：前七个字出现卖家的名字，简明扼要一条说完体现店铺名字或购买商品。

②适合时间：上班族（午休、下班前），学生及其他（晚上10点前）。注意发送频率不要过高。

(3) 电话催付技巧

提高声音各方面的感染力；带着微笑的表情，用语言表达服务热情；发掘和有效利用自己的语言特点。

5. 结果备注

①催付后及时备注结果，是否付款，未付款原因或者大概什么时间付款。

②大单可进行二次催付。

（三）催付的注意事项

①要记住时间点非常重要。如果一个顾客咨询之后，你一个小时才给他催付，那么基本没有任何作用了。如果他想买某款宝贝，基本上已经在其他店铺买好了，再催也没有意义了。

②顾客咨询后迟迟不下单需要催付的心理主要分为两大类，一类是存在疑虑，一类是价格因素。对存在疑虑的这类客户，客服问出疑问具体问题具体分析即可。对于价格因素，客服重在从商品品质出发尽力打消顾客疑虑。如果顾客实在接受不了价格，但又非常喜欢，可以先加好友，若以后店铺有活动再通知。

（四）催付效果

①根据店铺情况，选择出重要的订单催付。

②根据产品利润空间，选择性价比最高的催付工具。

③旺旺催付多用表情，可以通过核对地址来委婉催单。

④电话催付人员应普通话标准、声音好听易接受。

⑤催付话术言简意赅，注意技巧，考虑到顾客的情绪。

参考话术：

第一种：催。

话术： 亲，这件宝贝的库存只剩×件了，我不能保证在您付款前有没有其他的买家进行购买。您看您是否可以找您的朋友代付一下，我们这边也可以给您及时发货。

第二种：买家表示目前没有人帮其付款，但是非常喜欢这个产品。

话术： 亲，这样吧。鉴于您十分喜欢这个产品，我现在去和主管申请一下是否可以给您直接留一个。请稍等。

申请下来后：亲，您久等了。刚刚我们主管和经理同意把这个产品给您留一天，您一定要在这一天内付款哦。如果付款中有遇到什么问题您也可以直接联系我。（如果到时没有付款，客服应进行旺旺及电话跟进。）

做一做

请编写两条催付技巧。

【同步阅读 2－2】

快速掌握催付技巧

如何在不引起买家反感的同时又能在合适的时机利用巧妙的文案做好这临门一脚促成商品成交，接下来就给大家支着儿啦！各类目付款率对比如图 2－21 所示。

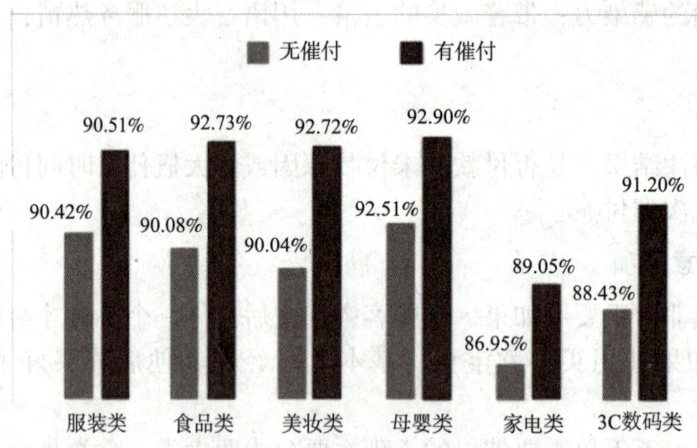

图 2－21 各类目付款率对比

案例 1——食品类目

区分新老客户催付

①新客催付：1 000 万吃货的选择～买零食来×××就对了！相信自己的直觉，我就是你想要的！快快带我回家吧，爱你么么哒～退订 N。

②老客催付：1 000 万吃货的选择，就该对自己好一点！还在犹豫什么？我就是你想要的！喜欢就该当机立断，快快带我回家吧，爱你么么哒～退订 N。

新、老客催付成功率如图 2－22 所示。

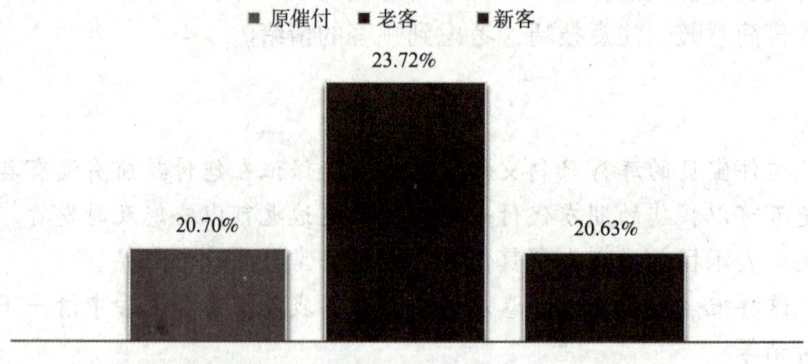

图 2－22 食品类目催付成功率对比

(1) 新客特征

特征：对产品及店铺均不太了解。

策略：提出品牌加深品牌印象，同时利用直觉的说法肯定客户的选择，提高付款可能性。

(2) 老客特征

老客特征：回购客户，对店铺比较熟悉，对商品比较认可。

策略：以朋友的语气，抓住回购就是喜欢的点，引导客户付款。

案例 2——3C 数码类目

区分商品催付

背景：品牌专营店，在开学季活动中，5C 手表是活动主推款，作为本次活动销售的主要目标。

策略：针对购买该款商品的客户做单独的催付，利用商品特殊优惠吸引，提升付款率。

特殊商品催付：亲爱的，360 儿童 5C 手表领券减 20 元，远程拍照、智能问答等丰富功能！顺丰包邮！还有多重豪礼等您来抢哦！

通用催付：亲爱的，360 店铺天猫开学季活动火热进行中，领取优惠券更加优惠！更有机会抽取豪华大礼及现金红包哦！

3C 数码类目商品催付成功率如图 2-23 所示。

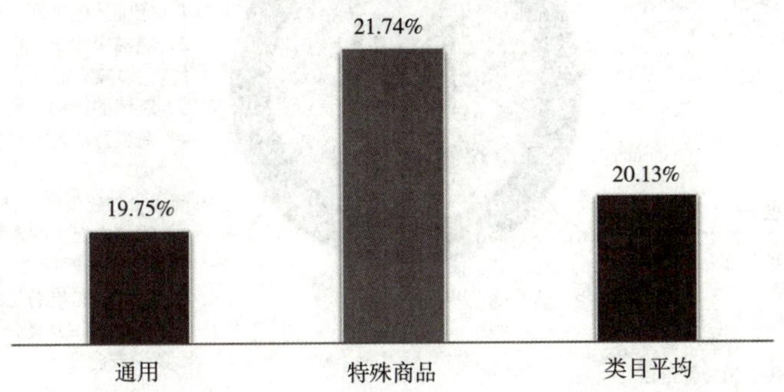

图 2-23　3C 数码类目催付成功率对比

案例 3——男装类目

区分会员等级催付

首次到店会员、店铺客户：老公大大！您钦点的爱衣臣妾已预留，为防止蛮族掠夺，请尽快下定决心结账，贱内们随时等候老公您调遣。

普通会员、高级会员、VIP 会员、至尊 VIP 会员：温馨提示：老公！您拍下的宝贝还未付款，臣妾已经等不及了非要找你，快来收了我吧～

统一策略：根据店铺风格，对客户采用独特的称呼，特色的语言引导付款。

特殊策略：区分会员等级，根据不同等级客户对店铺的熟悉情况，变化称呼及自称。增加高等级客户的归属感，以撒娇的方式带动付款。

男装类目催付成功率对比如图 2-24 所示。

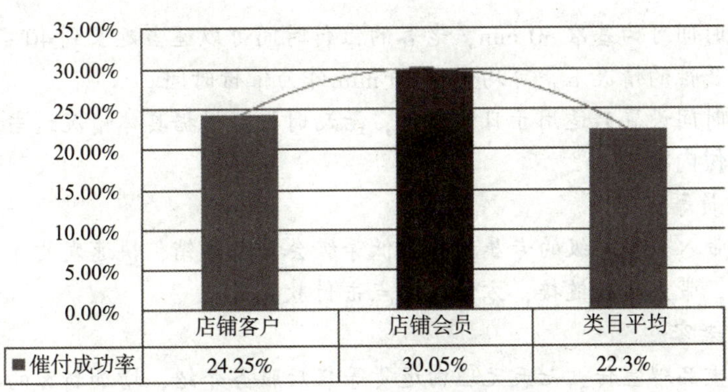

	店铺客户	店铺会员	类目平均
■催付成功率	24.25%	30.05%	22.3%

图 2-24　男装催付成功率对比

如何做到个性化催付？如图 2-25 所示。

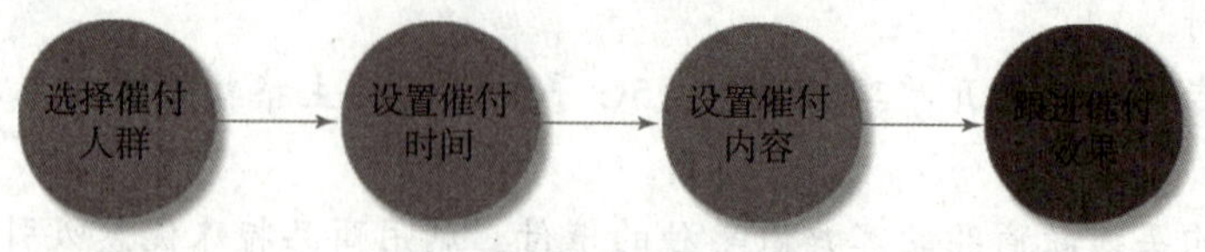

图 2-25 个性化催付

如何选择催付人群？如图 2-26 所示。

图 2-26 选择催付人群

如何设置催付时间？如图 2-27 所示。

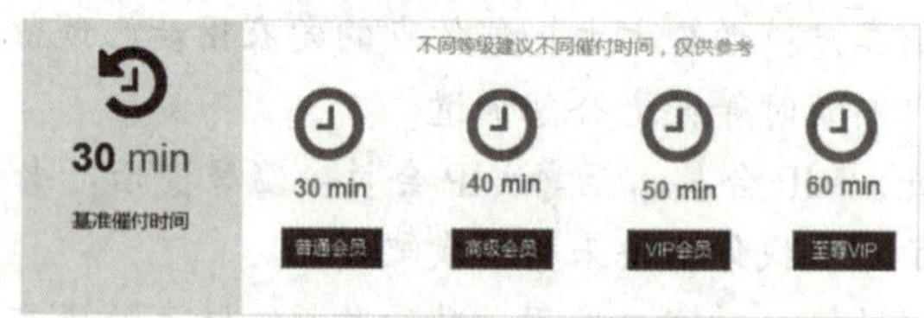

图 2-27 催付时间

对店铺忠诚度越高的客户，付款的可能性越高，所以针对高等级或高忠诚度的客户催付时间可以适当延长。

新客的催付时间可为基准 30 min，老客的催付时间可以适当延长到 40～50 min，如划分客户未使用会员属性的情况下，可均使用 30 min 作为催付时间。

注：此处的时间设置只适用于日常催付，活动时期可根据具体情况适当缩短催付时间。

如何设置催付内容

(1) 区分会员等级

催付内容中带入会员等级的专属称呼，低等级会员做热销、快速发货等引导；高等级会员直接提醒付款，带上付款链接，方便客户点击付款。

(2) 区分新老客

新客户：注重品牌宣传、七天无理由退货等售后服务介绍，增加新客的品牌意识，消除客户对售后服务的疑虑。

老客户：使用店铺客户的专属称呼，加入付款链接，直接提醒付款。

(3) 区分商品/品类

购买主推商品、热销商品的客户催付内容中点名商品，注重介绍商品热销情况或者功能功效，引导客户进行付款。

购买不同品类的客户在催付内容中点名客户所买的品类，拉近与客户的距离。

(4) 区分订单金额

购买订单金额高的客户催付内容中可增加些利益刺激，付款后赠送礼品或者优惠券等，来引导客户付款。

如何跟进催付效果

①催付成功率/ROI。

②催付链接点击 UV/催付链接点击 PV；各任务的催付效果/催付效果汇总。

跟进各催付任务的效果数据，关注催付成率变化趋势及与同行业数据对比值，定时做催付任务的优化，保证催付成率保持或提升，如图 2－28 所示。

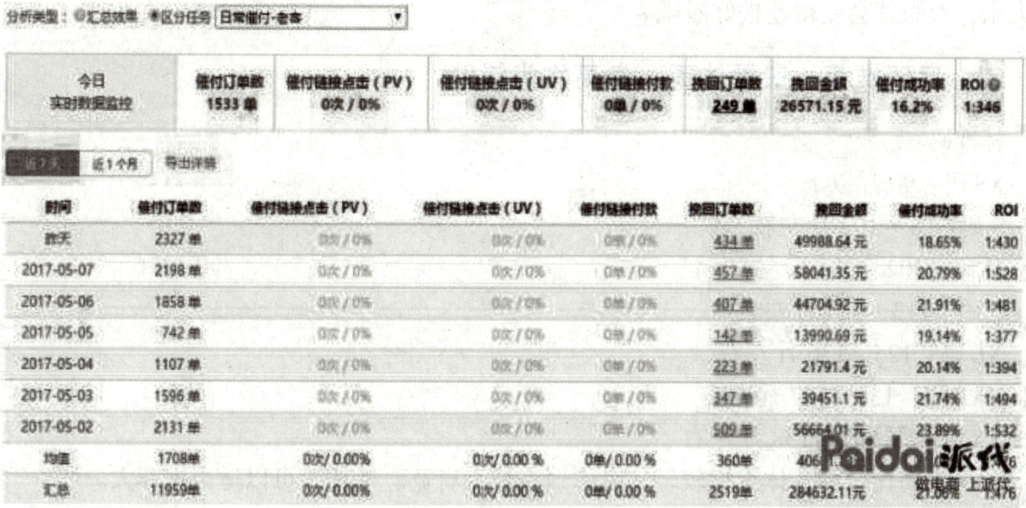

分析类型：◎汇总效果 ◉区分任务 日常催付-老客

今日 实时数据监控	催付订单数	催付链接点击（PV）	催付链接点击（UV）	催付链接付款	挽回订单数	挽回金额	催付成功率	ROI
	1533 单	0次 / 0%	0次 / 0%	0单 / 0%	249 单	26571.15 元	16.2%	1:346

近 7 天　近 1 个月　导出详情

时间	催付订单数	催付链接点击（PV）	催付链接点击（UV）	催付链接付款	挽回订单数	挽回金额	催付成功率	ROI
昨天	2327 单	0次 / 0%	0次 / 0%	0单 / 0%	434 单	49988.64 元	18.65%	1:430
2017-05-07	2198 单	0次 / 0%	0次 / 0%	0单 / 0%	457 单	58041.35 元	20.79%	1:528
2017-05-06	1858 单	0次 / 0%	0次 / 0%	0单 / 0%	407 单	44704.92 元	21.91%	1:481
2017-05-05	742 单	0次 / 0%	0次 / 0%	0单 / 0%	142 单	13990.69 元	19.14%	1:377
2017-05-04	1107 单	0次 / 0%	0次 / 0%	0单 / 0%	223 单	21791.4 元	20.14%	1:394
2017-05-03	1596 单	0次 / 0%	0次 / 0%	0单 / 0%	347 单	39451.1 元	21.74%	1:494
2017-05-02	2131 单	0次 / 0%	0次 / 0%	0单 / 0%	509 单	56664.01 元	23.89%	1:532
均值	1708单	0次/ 0.00%	0次/ 0.00 %	0单/ 0.00 %	360单	[illegible]	[illegible]	[illegible]
汇总	11959单	0次/ 0.00%	0次/ 0.00 %	0单/ 0.00 %	2519单	284632.11元	21.06%	1:476

图 2－28　催付效果图

（资料来源于派代网）

【同步实训】

客服话术编写

【实训目的】

通过本次实训，能够了解客服话术编写的基本要求，掌握客服话术编写的技巧，切实提升客服沟通能力。

【实训内容与步骤】

案例背景：

A 店铺是一家主营女款羽绒服的天猫 7 年老店，拥有自主品牌，定位在中高端的消费人群，羽绒服的平均售价是 1 500 元，但产品质量有保障，经过严格的 QC 质检，客户好评率高。正常情况下店铺是不还价的，除非客户很磨人，一般可以便宜 50 元，但需要向客服主管申请批准才可以。羽绒服没有标预售的都是现货，发货也比较快，正常当天4点前的订单基本是当天发，预售按预售时间发，星期天不发货。店铺默认发顺丰快递，顺丰不到的地方提供邮政EMS航空件。正常江浙沪皖1～3天到货，其他省份2～4天到货，偏远地区再晚1～2天。2017年店铺羽绒服款式进行了重大的调整，2017年的羽绒服全部都是全新设计的品种，并且款式多样，同类型的都有长款、短款羽绒服。

一、关于羽绒服产品温馨提醒

①新羽绒服针眼少量出绒属于正常现象，不属于质量问题，把跑出来的羽绒处理掉即可(因为衣服走线时会带出一点点羽绒哦)。

②羽绒服经过快递包装挤压会变形，通风处挂一天，衣服就会变得蓬松好看；带有皮草部分的羽绒服，刚收到时候可能会有些浮毛或者断毛留在上面，有皮草刷的可以用皮草刷先刷下，或者可以用手轻轻拍掉或用吹手机小风先吹掉，以免沾到打底衣服上。

③羽绒服生产出来就直接包装，加上密封运输，可能会压扁或者有点气味，放通风处晒晒太阳，衣服就会变得蓬松好看哦～

二、尺码推荐一般看体重，身高作为辅助

标准码

XS码：90斤以下

S码：91～102斤左右

M码：102～113斤左右

L码：113～124斤左右

XL码：125～136斤左右

XXL码：136～147斤左右

XXXL码：147～158斤左右

如果身高比较高，体重比较轻，考虑到衣长、肩宽、袖长，可以适当推荐大一码。

根据上述案例背景，请完成以下话术的编写。

1. 客户：亲，在吗?

客服：

2. 客户：亲，这款羽绒服是新品吗?

客服：

3. 客户：亲，身高 175 cm，体重 110 斤穿什么码？
客服：

4. 客户：亲，你们是新店铺吗？
客服：

5. 客户：亲，这款羽绒服的价格有点高，质量怎么样？
客服：

6. 客户：亲，价格可以再便宜点吗？
客服：

7. 客户：亲，你们用的是什么快递？
客服：

8. 客户：亲，我已经拍了，什么时候可以发货啊！（客户拍的时间是下午 4 点 30 分）
客服：

9. 客户：亲，有没同类型的短款的羽绒服啊？

客服：

10. 客户：亲，我已经拍了，尽快发货哦！

客服：

11. 客户了解了产品的特点，并且也表示对产品很喜欢，但可能价格有点高一直没拍，有点犹豫，客服该如何促成交易？

客服：

12. 客户：亲，我收到衣服了，感觉皱巴巴的，衣服没有图片上有质感啊 。

客服：

【项目小结】

在客服服务过程中，需要把握好每一个细节，问候迎接时的热情、礼貌，推荐产品时的细致、周到，客户遇到问题时的耐心、细心……，每个看似简单的环节，都是客服综合技能的运用。掌握销售的技能并不是一件难事，但要成为一名金牌客服，需要用心为客户服务，想客户所想，全面提高客户的购物体验，让客户变成店铺的忠诚客户。

催付无论对店铺，还是对在线客服本身，都有着重要的影响及作用。在催付的过程中，我们要学会分析和掌握客户未付款的原因。知道原因后，要及帮助客户去解决问题。同时，我们要把握好催付的时间及频率，要注意语气，要学会催付话术的编写。催付的过程永远都以客户为中心，让客户体会到我们的目的不是催付，是帮助其解决问题。

【同步练习】

一、单选题

1. 网络客服在处理价格异议过程中，不能出现的语言是（　　）。
A. 售价是公司出台规定的，我们客服是没有权利议价，希望理解哈
B. 这个是我们的最低价了，您爱买不买啊
C. 不好意思，公司一般在节假日搞促销活动才会有礼品哦
D. 我们都很希望老顾客多多光临我们店铺哦，碰到有活动，一般都有优惠哦

2. 如果客户购买商品被快递弄丢了向客服提出异议，正确的处理方法是（　　）。
A. 对不起，我不知道
B. 这是快递公司弄丢的，你去找快递公司
C. 你电话先查一下什么原因，我们会协助您处理
D. 货物已经出仓库，公司不负责

3. 客户问客服：还有其他款式吗？这时，客服应该（　　）。
A. 发送催付信息　　B. 礼貌告别
C. 推荐关联产品　　D. 适时提醒下单

4. 订单确认的信息，一般是（　　）。
A. 收货地址　　B. 顾客 ID
C. 顾客性别　　D. 商品价格

5. 在淘宝后台中，顾客在哪里可以看到需要付款的订单？（　　）
A. 购物车　　B. 已买到的宝贝
C. 收藏夹　　D. 淘宝网首页

二、简答题

1. 客服接待的流程有哪些？
2. 简述客服的沟通技巧？
3. 客服为什么必须要跟下单客户进行订单确认？
4. 催付的重要性体现在哪里？

项目三

完成售后服务

【本项目重点难点】

售后服务的重要性；处理常规售后的一般方法；产生售后纠纷的主要原因；通过分析纠纷产生的原因，正确处理纠纷售后。

【项目导图】

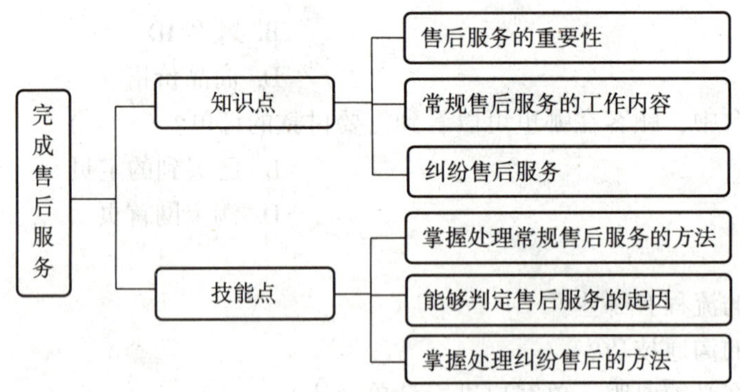

【引例】

张小姐有一家两个皇冠的女装淘宝店，这家店铺能够一步步走到今天获得两个金冠的信誉有很大一部分原因是他们有一个非常专业的售后团队。这个售后团队分为两组：一组专门负责处理顾客在线售后问题；另外一组负责回复买家评价，一旦在评价中发现中差评就马上登记相关信息，安排在线售后客服进行回访解决。两组售后的相互配合让所有客户的问题都能在第一时间得到解决，及时地沟通让客户感受到了卖家的诚意和重视。在进一步地问题解决过程中，客服会以专业的服务及友好的态度跟客户进行沟通，在多数情况下，买家都会在客服的劝说下做出改变。

【引例分析】

在客户进行售后咨询或投诉的过程中，客服人员处理的及时与否，是能否让顾客做出改变的决定性因素。大多数情况下，售后问题搁置的时间越长就越难处理。如果客服能够在顾客提出售后问题的第一时间进行反馈，则能避免这种情况的出现。这需要售后客服有着多方面的客户经验及专业知识。本项目将带读者了解电商售后服务以及处理顾客纠纷的一般方法，使售后服务更加完善。

任务1　了解售后服务

一、售后服务的重要性

在竞争日益激烈的电商市场里，价格战已经成了过去时，服务已经成了各大网店的又一竞争点。服务逐渐成了产品的一部分，它是网店产品价值的延续。网店客服所提供的服务，除帮助客户了解产品信息、推销商品外，还有一项更为重要的服务，那就是帮助客户处理售后问题。优质的售后服务可以有力地降低顾客的投诉和店铺的纠纷率，帮助店铺树立良好的品牌形象，提高客户满意度。

1. 售后服务的概念

我们将顾客进入店铺完成付款后到使用产品过程中卖家所提供的各种服务活动称为售后服务，它比售前服务过程更加复杂。售后服务的本身也是一种销售活动，它利用帮助顾客解决产品、物流等问题的机会，给顾客带来良好的售后体验，从而达到让顾客重复购买的目的。

2. 做好售后服务的意义

随着电子商务平台的竞争日益激烈和网店顾客维权意识的增强，网民对网上店铺的售后服务要求逐渐提高。这促使网店管理者的目光从对产品价格的重视转移到对售后服务质量的重视上来。良好的售后服务可以保障每一位消费者的权益，同时也可以提高网店的盈利，使生意源源不断而来，网店的信誉也会日益兴隆，最终达到消费者和店铺共赢的效果。在电商行业完全竞争的背景下，优质的售后服务具有十分重要的意义。

（1）有利于建立买卖双方良好关系

优质的售后服务有利于创建买卖双方的和谐关系。优质的售后服务是网店勇于承担责任的表现，是产品价值的延伸。店铺想要真正做到以顾客为中心，就不应该把售后服务当作包袱，而是应该将提供售后服务当作店铺的责任与义务。如果店铺拒绝履行义务，就会造成买卖双方的矛盾，从而影响买卖双方的关系。因此，店铺需要提供优质的售后服务，而不只是将以顾客为中心的口号挂在嘴边。

（2）提升品牌形象

优质的售后服务可以提升店铺的品牌形象，好的品牌形象可以为店铺带来公众的支持，获得源源不断的利润，进而使店铺在强烈的市场竞争中立于不败之地。在产品同质化日益严重的今天，很多店铺都将塑造品牌形象的重点放到客户服务上，而客户服务最被关注的就是售后服务。同时，售后服务作为企业与客户直接联系的纽带，可以通过售后服务加强与客户的联系，提高产品的信誉度，树立良好的品牌形象。

（3）提升企业竞争力

优质的售后服务可以提升企业的竞争力。很多店铺对客户的热情仅仅停留在售前推销产品的过程中，为了销售产品，对客户承诺连连，但当产品真正出现问题时却又推卸责任，在买方市场到来的今天，这样的店铺必将被消费者抛弃。只有好的售后服务，才能真正赢得消费者的认可和信赖，才能做得长久。当其他店铺仍把目光集中在产品销售上时，售后服务可以作为店铺与竞争对手的有效差异，并形成一个有力的竞争优势。

(4) 掌握产品反馈信息

售后服务作为与顾客沟通的信息纽带，可以为店铺提供直接、准确的产品反馈、市场及竞争对手信息。作为与客户直接、持久保持交流的客服部门，在提供服务的过程中，通过与客户的交流不仅可以第一时间掌握客户对产品的反馈，还可以了解到客户对其他产品的使用对比，这些信息对于店铺来说都是无比宝贵的。

二、常规售后服务的工作内容

1. 售后服务流程

从顾客在店铺拍下产品的那一刻起，随后的一系列过程都称为售后服务。与售前服务相比，售后服务要更加复杂，如图 3－1 所示是从顾客完成付款到商品使用的整个售后服务环节流程图。

图 3－1 售后服务环节流程图

2. 常规售后工作处理

常规售后工作处理步骤包括确认订单、及时发货、订单跟踪、引导评价。

(1) 确认订单

确认订单是售后工作的第一步，客服要在顾客完成付款后及时与顾客核对订单信息，订单信息包括产品信息、收货地址、快递信息和发货时间。客服通过后台查看顾客的订单详情，与客户进行信息的核实，如果出现问题，客服可以及时修改订单，尽可能地避免不必要发生的麻烦与纠纷。

(2) 及时发货

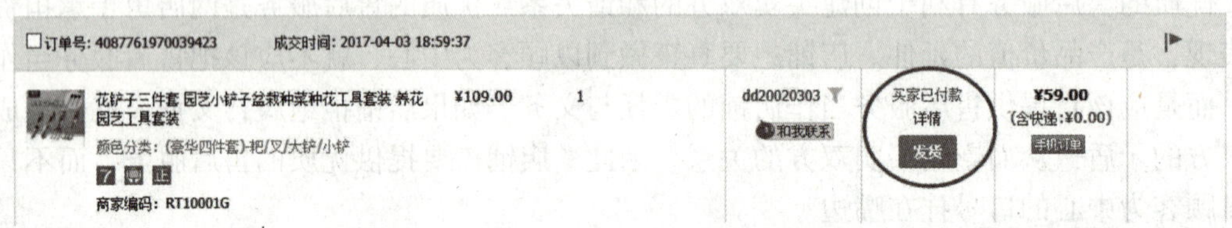

图 3－2 订单页面

如图 3－2 所示，在客服确认订单信息无误后，就需要为顾客及时发货以减少顾客等待产品运送的时间。发货时需注意顾客的备注信息，如地址更改、包装要求、物流要求等。若不能满足顾客的备注需求，客服需及时联系顾客沟通解决，如图 3－3 所示。

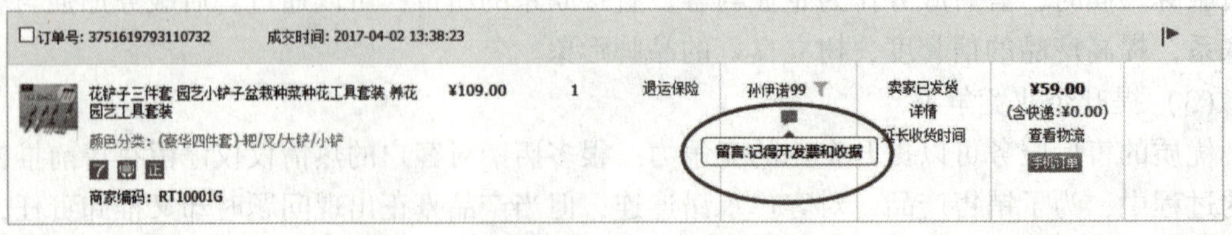

图 3－3 备注需求

(3) 订单跟踪

在客服完成发货之后，需及时跟踪物流信息，如发生意外，要尽快查明原因并跟顾客解释、说明情况，如图 3－4 所示。

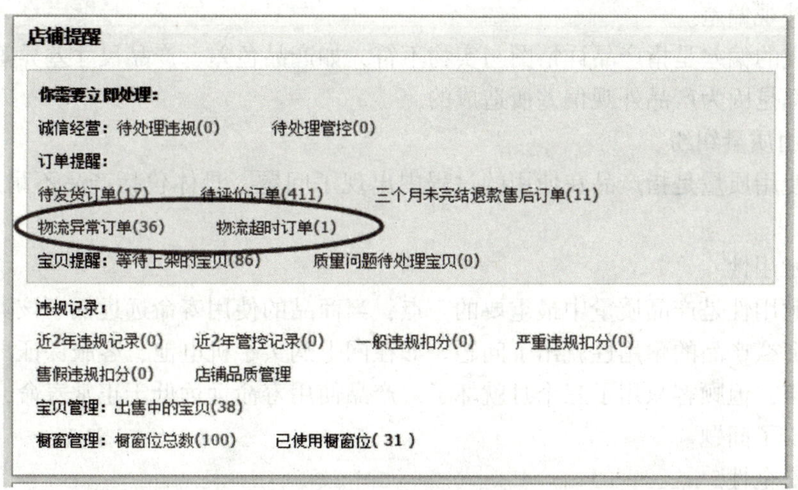

图 3－4　订单跟踪

订单的跟踪可以用短信的形式通知客户，特别是对订单发货信息、配送信息及签收信息的告知，短信可以更便捷地告知客户。

(4) 引导评价

在收到产品后，客服可以对顾客进行电话回访，请顾客对产品、物流、服务等进行评价，若顾客反馈良好，客服可以提醒顾客给予好评。其次，店铺可以在产品包装内放置小卡片，邀请顾客给予好评。

任务 2　解决客户纠纷

一、纠纷产生的原因

1. 产品质量纠纷

产品质量纠纷是指顾客因不满产品品质、外观、尺寸、使用方法等，而导致的纠纷。一般产品质量纠纷分为外观质量纠纷、使用质量纠纷、顾客心理预期三个方面。

(1) 外观质量纠纷

①产品做工问题。

产品的做工问题存在于各类商品中，如产品边缘坑坑洼洼、商品上色不均匀、服装类产品缝线不平整等。产品做工问题反映的是产品制作过程中的粗糙、不细致，很容易造成产品问题的纠纷，如图 3－5 所示。

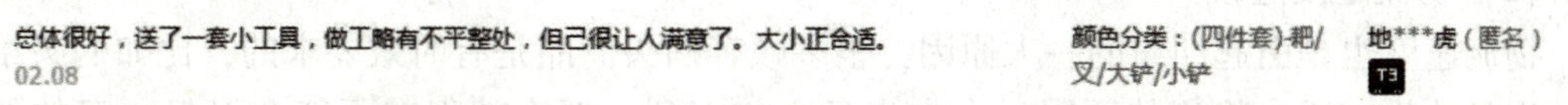

总体很好，送了一套小工具，做工略有不平整处，但已很让人满意了。大小正合适。　颜色分类：(四件套)-耙/叉/大铲/小铲　地***虎（匿名）

02.08

图 3－5　买家反馈

②产品局部瑕疵。

产品局部瑕疵是指商品外观上出现小面积伤痕、褪色、污迹等，但并不影响商品的正常使用，如电子产品上的刮痕、书籍上的污渍等。

③产品外观偏差。

产品外观的偏差是指产品详情图与实物不符，如产品色差、产品尺寸差异等。网上很多幽默买家秀都是因为产品外观偏差所造成的。

（2）使用质量纠纷

产品的使用质量是指产品在使用的过程中出现了问题，具体包括产品不耐用、不安全、没有功效。

①产品耐用性。

产品的耐用性是产品质量中最重要的一点，当商品的使用寿命远远低于该类产品平均使用寿命时，那么产品的耐用性就出了问题。如在网上购买手机电池，客服保证出售的电池至少能使用五年，但顾客只用了三个月就坏了，产品使用寿命远远低于正常寿命，那么该产品的耐用性就出了问题。

②产品安全性。

产品的安全性是指在使用的过程中，产品对人身安全、健康、环境以及产品本身是否可能带来危害。如手机在充电过程中过烫、食品即将到期、玩具甲醛超标，这些都有可能对人身安全或者健康带来危害，所以这些产品是不安全的。

③产品功效性。

产品功效性是指产品的性能在使用过程中未能发挥作用，如保温杯并不保温、防晒霜不防晒等。当顾客在使用之后，发现产品并没有达到预期效果，那么顾客就很有可能发起产品质量纠纷。

（3）顾客心理预期

当产品质量和外观都没有出现问题时，顾客依然可能会因为对产品的心理预期造成产品质量的纠纷。如顾客因对其他相似产品的对比，从而认定该产品有质量问题，或顾客对该产品的预期太高，而真实产品并未达到顾客心理预期，给顾客造成了心理落差。这两种情况是主要的心理预期带来的质量问题，客服需要在引导过程中适度地降低顾客心理预期，才能避免这种质量问题的发生。

2. 物流因素纠纷

在订单完成付款后，产品进入物流环节，在顾客等待产品的过程中发生的纠纷我们统称为物流因素纠纷，通常包括发货延迟、物流速度过慢、商品破损。

（1）发货延迟

发货延迟是指店铺在顾客拍下产品后未能按约定时间发货，一般出现这种纠纷会有两种原因：第一种原因是库存问题，产品的断货、缺货导致的发货延迟；第二种是售后遗漏问题，售后的退换货可能在店铺单量增多的情况下导致漏发，尤其是产品的补发或者更换。

（2）物流速度过慢

物流速度也是引起纠纷的一大原因，很多顾客购买商品是有时效要求的，比如购买给家人的生日礼物，因为物流的原因没有在生日之前寄到，那么就很有可能会引起顾客的纠纷投诉。

（3）商品破损

在商品邮寄的过程中，避免不了磕磕碰碰，如果产品包装得不好，就可能导致商品的破损。当顾客心心念念终于收到期待的商品时，却发现是破损的，那么就会导致纠纷投诉。

3. 产品价格纠纷

产品价格的变动也会带来售后的纠纷。当顾客刚购买完产品就突然降价，并且降价幅度还很大时，顾客就会有被欺骗感，从而导致纠纷。所以，客服应该在顾客咨询时提前告知客户即将有的打折优惠活动，让顾客选择时间进行购买，以避免纠纷的发生。

4. 服务纠纷

凡是因为客服的人为失误造成的纠纷统称为服务纠纷，如客服在服务过程中给顾客提供了错误的建议、信息或给了客户不能完成的承诺等。客户在购买过程中，因对产品的不了解，所以选择相信客服能以专业的眼光帮助他们挑选适合自己的产品。但有些客服为了私人利益只给顾客推荐贵的产品，当顾客收到产品时发现并不适合自己，就会引起服务纠纷。

二、如何规避纠纷

1. 避免客户投诉的基本方法

作为网店客服除了认真对待每一位客户，耐心处理每一个投诉纠纷外，最重要就是尽量避免任何可能会发生的客户投诉。为避免投诉通常有以下几点做法。

①客服在进行产品介绍时尽量详细准确，不光要介绍产品的优点，还要对产品的缺点进行提醒，以免片面的信息给顾客造成误解带来不必要的投诉。

②在顾客拍下产品后，与顾客核对订单信息，查看顾客留言是否有特殊要求，如果不能满足顾客需求，则需及时与客户进行沟通解决。

③不要轻易承诺顾客，一旦承诺无法实现，很容易引起顾客的投诉。

④如果产品不能按时发货，客服需联系客户告知实情，与顾客协商是否愿意继续等待或是退款。

⑤产品在寄送时一定要注意包装，尽量包装紧实以免物流损坏，提醒顾客在签收时开箱验货。

⑥如若遇到“双十一”、节假日等物流压力较大的时候，客服需要提醒顾客物流速度可能较慢，询问顾客能否接受，希望顾客可以耐心等待。

2. 客户投诉处理注意事项

贯彻党的二十大精神，在处理客户投诉时要坚持问题导向，不要把投诉的消费者看成是站在对立面的敌人，而是切实站在消费者的角度去发现问题，解决问题。

（1）快速反应

相比售前客户更在乎处理售后时客服的反应速度，因为只有在产品货物出现顾客难以解决的问题时，顾客才会咨询售后，而这时顾客的心情一定是着急并且不悦的。如果售后服务反应迟缓，客户就会感到不被重视，认为店铺不负责任，很有可能导致更严重的纠纷。

（2）热情接待

售前客服为了引导顾客购买产品，往往表现得非常热情，而当顾客遇到了售后问题来找客服，很多店铺却变得很不耐烦、爱答不理，这是非常错误的做法。售后的顾客更需要热情的接待，只有让客户感受到你无论任何时候都愿意提供帮助，才不会让顾客失望，才能让店铺可持续发展，新老客户源源不断。

(3) 认真倾听

当顾客投诉产品问题时，心情一定是不悦甚至愤怒的，所以这时候顾客来找客服大部分会去抱怨或发泄情绪，在这个时候客服不能着急着去辩解，而要充分地理解客户的情绪，给予客户一个发泄情绪的机会，耐心听清楚问题的所在，并记录下来。在顾客愤怒的时候急着辩解，不但解决不了问题，还有可能激化矛盾，所以仔细聆听，才能有针对性地找对解决问题的方法。

(4) 认同顾客的感受

在处理纠纷时，对待顾客的不良情绪，客服要给予理解，并且要让顾客感到你非常认同他的感受。只有站在客户的角度上，才能真正了解客户的问题，找到最适合的方式与他交流，最终帮他解决问题。

(5) 引导顾客的思绪

客户在愤怒中的投诉往往是思绪不清的，很多时候客户因为太生气，无法理性地描述问题的关键，所以客服要帮助顾客厘清思绪，了解顾客投诉的主次缓急，找出客户投诉的中心点。

(6) 安抚和解释

在顾客差不多发泄完不良情绪之后，客服要对顾客进行适当的安抚与解释，尽量与顾客站在同一角度看待问题，让顾客感觉到你是在帮他处理问题，从而加深顾客的信任。同时，要对问题做出适当的解释，这里的解释并不是推脱责任或找借口，而是站在客观的角度，解释问题发生的可能原因。

(7) 诚恳道歉

无论纠纷问题原因是否出在店铺身上，客服都应该向顾客进行诚恳的道歉，对未能给顾客带来良好的购物体验感到抱歉。只有认识到自己的不足，才能让客户感受到你的真诚，才会感动客户不继续为难你，从而处理好问题。

(8) 提出补救措施

提出补救措施是解决纠纷的关键，一个及时有效的补救措施，往往能让顾客的不满变成感谢和满意。首先，客服应该弄清纠纷的责任方，寻找利益的平衡点，针对不同的问题，要提出不同的解决方案。其次，客服提出补救措施时，需要提供多个方案以供顾客选择，让顾客感受到尊重以及主动权。最后，在解决问题之外，可以适当地给客户额外的补偿。

(9) 跟踪并调查顾客对纠纷处理的反馈

在双方确认补救措施后，客服应该将补救过程的每一步及时告知顾客，让他了解处理情况，同时也让他认同客服的工作。最后纠纷问题解决完成后，还要询问顾客对此次纠纷解决是否满意。用这些行为打动顾客，能让他感受到店铺的诚心与责任心。

三、纠纷处理技巧

1. 普通售后处理

普通的售后处理是指在正常交易的情况下，顾客因主观原因对产品、物流、服务表示不满，但愿意通过交流与协商解决问题的售后。在日常纠纷中，处理普通的售后问题是最主要的工作内容之一。

（1）产品投诉处理

产品投诉是指顾客对商品质量不满、产品与心理预期不相符或产品与描述不符导致的售后问题。在遇到此类投诉时，客服一定要高度重视，并且使用自己的专业知识耐心引导，真诚地帮助客户分析解决问题。客服需要在与顾客的沟通中，理智地区分出造成纠纷的原因到底是什么，然后快速地做出解决策略。

当产品质量出现问题时，客服需要联系顾客提供产品图片，认真倾听顾客的抱怨，然后积极沟通，尽可能地满足顾客的需求，可采取退货、换货、赠送小礼物等方式进行解决。如果不是质量问题，因顾客的原因导致纠纷的，如对产品的误解、使用不当或期望太高时，客服可以用专业知识进行解释，引导顾客正确理解或使用产品，但切勿指责顾客，要用真诚的态度帮助客户解决问题。

（2）物流投诉处理

物流投诉主要包括物流时效过慢、发货延迟、物流导致的产品受损等，无论哪种原因造成的纠纷，卖家都有义务做好解释说明工作，绝不能与物流互相推诿。为了更好地客户体验，客服要勇于承担责任，认真查找原因，帮助买家联系物流，解决问题。

为减少物流投诉，店铺可以在包裹上贴一些温馨提示，希望派件小哥能尽快将产品送到顾客手中，也可以在跟顾客交流的前期，提前告知顾客物流的时效以及可能会发生延迟的情况，请顾客耐心等候。当发货延迟时，客服应该第一时间联系顾客，真诚道歉并说明原因，也可以通过赠送小礼品、优惠券等方式弥补客户。为避免产品破损导致的纠纷，客服可以在收货之前提醒顾客当面验收包裹，如发现破损可拒签退回。若未能当面签收，买家可以将破损商品拍照发给客服，进行退换货处理，如果破损并不影响使用，客服也可以跟顾客协商，进行适当的赔偿补偿。

（3）服务投诉处理

服务投诉是指顾客对客服的服务态度、服务效率以及专业程度产生不满，所导致的纠纷。面对买家对服务提出的不满，客服一定要用正确的态度积极处理，站在顾客的角度上考虑问题，以良好的心态进行及时有效的沟通，真诚道歉才是解决问题的根本。

为了避免顾客对服务的投诉，客服首先必须做到服务态度热情，回复及时，多用礼貌用语，让顾客感到客服的善意。其次，客服需要对店铺产品了如指掌，拥有专业的产品知识，能够帮助客户选择最适合的商品。

2. 恶意投诉处理

随着电子商务的竞争日益激烈，有些店铺或居心不良的人会使用一些卑鄙的手段进行不良竞争或勒索财物。恶意投诉就是指这类别有用心的人假扮客户进行投诉，最终目的是为了降低卖家信誉、影响卖家销量，使店铺降权扣分、甚至关店等。

对一些店铺而言，恶意投诉会带来非常严重的损失，即使通过申诉最后能够平反，在被处罚的时间里，已经造成了店铺销量下降等不良影响。面对恶意投诉，店铺一定不要惊慌，要积极取证，通过投诉渠道进行申诉，并提供聊天记录等证据进行维权，切勿听信投诉者的要挟，用给钱来换取撤销投诉。遇到异常的买家，如要求 QQ 或微信上进行交流的，要坚持原则，查看客户的身份信息是否异常，最好做到提前取证预防恶意投诉。其次，苍蝇不叮无缝的蛋，店铺要经常查看自己的商品设置是否有漏洞，若有应及时调整。

3. 中差评处理

买家在确认收货之后，有权对交易的情况做出一个评价，当买家对产品的质量、物流、服务任何一个方面表示不满意时，就很有可能给卖家中评或差评。在这个时候卖家应该积极应对，找出顾客的不满所在，真诚道歉，可以尝试给予补偿让顾客修改中、差评。

在处理中差评的过程中，首先客服应该做到时效第一，尽量在中差评产生的第一时间里联系客户，如果在事后进行联系，则需考虑适当的沟通时间，如下班、周末等。中差评的沟通首选电话联系，相比文字沟通更快捷直接，也比较容易达到理想的处理效果。最后，在沟通过程中要真诚道歉，尽量帮买家处理出现的纠纷问题，然后在跟买家的沟通中判断买家是否会更改评价，就算客户拒绝也要继续处理客户的售后问题，做到礼貌结束。对于无法更改的中差评，客服要做好评价解释工作，解释问题出现的原因，并真诚道歉，表现出对每一位客户的重视。

【同步阅读】

电商平台都是怎么做售后服务的?

据 VentureBeat 报道，2016 年亚马孙英国上线了名为 Amazon Protect 的服务。当用户在线购买家电时，会在添加到购物篮页面看到延长保修的选项，可加钱延长保修期（即延保服务）。不同的产品，延长保修期的价格也会有所不同。

据亚马孙官网介绍，原产品保修期外的服务，是由和亚马孙合作的家电维修品牌美延保修集团（Warranty Group）提供的。

类似的服务已在国内电商平台中存在多年了。2014 年，京东商城和天猫均已推出了相关的服务。这些电商自己不会建立庞大的维修部门，而是和亚马孙英国一样，选择和第三方合作来完成。例如，天猫的延保服务由一家名为英睿得科技的公司提供，亚马孙中国的服务商则为新可安。

这些服务期限多为 1~3 年，而且被拆分成了多个服务。比如天猫电器城会把针对手机意外摔落造成的人为损坏归入电保包服务，正常的保修延期则成为延保服务。京东则要更细，还单独区分出了只换不修的服务，价格则比一般延保服务更贵一些。

除了让消费者直接购买，延保服务也会作为电器的赠品。据一位和天猫合作的保修服务商透露，消费者近期在天猫上购买部分型号手机时，将免费获得增值保修服务。

类似于退货的运费险，这种服务也是一种平台和保险公司合作产生的保险类型。据该服务商透露，手机在发生故障后，由保险公司向他们递交维修订单和结算费用。如果在延保期间，产品没有出什么故障，保险公司就可以赚走这笔延保费。

在电商平台之外，手机厂商也在普及这一服务。如今，苹果、华为、联想、小米、魅族等品牌都在自己的在线商城中推出了诸如手机延保和碎屏险之类的服务。

手机摔碎屏幕免费换，听上去很划算？确实，如果你摔碎的话。反正保险公司总会确保赔出去的钱低于自己的收入。

［资料来源：好奇心日报（北京）］

【同步实训】

售后服务

【实训目的】

能够掌握客户服务的基本技能，并能合理处理店铺的售后服务。

【实训内容与步骤】

(1) 对于一般的纠纷，常见的处理方法是，快速响应、了解情况、及时道歉、寻求解决办法、跟踪落实。

案例一：对商品不满意产生的纠纷。

买家：你们怎么回事？我明明拍的是小耙子，怎么寄过来是铲子？铲子我不需要！你现在怎么给我处理？

纠纷原因：客户拍了园艺工具中的耙子，仓库人员粗心大意，给客户错发成了铲子。收货后，客户非常不满意。

请就此纠纷原因，模拟买家与客服合理解决该问题，并把沟通的内容记录在表3-1中。

案例二：对物流不满意产生的纠纷。

买家：我明明要求发圆通，你们为什么还是发的天天？我都说了天天寄不到我们这，我要退款！

纠纷原因：客户要求发圆通，但由于失误寄了天天，导致客户要求退货。

请就此纠纷原因，模拟买家与客服合理解决该问题，并把沟通的内容记录在表3-1中。

案例三：服务态度纠纷。

买家：在吗？我想能不能帮我看一下快递到哪里了？
(五分钟之后)
买家：跑哪去了？怎么都没人理？买完东西就不管了吗？

纠纷原因：客户向买家查询物流，可是客服好久都没有回应。顾客感到很不满意，认为自己没有受到重视。

请就此纠纷原因，模拟买家与客服合理解决该问题，并把沟通的内容记录在表3-1中。

表3-1　沟通记录

	买家	客服
产品纠纷		
物流纠纷		
服务态度纠纷		

(2) 当客户给了差评，处理办法是快速反应、联系客户、了解情况、及时道歉、寻求

处理办法（退货或补偿）、跟踪落实（如果没有修改差评，做好差评解释）。例如，顾客收到包裹后发现产品受损，于是给了差评，如图 3－6 所示。

杨***0（匿名）
不满意，收到货后打开包装就发现是坏的，换了还不够快递费呢
2016年03月10日 20:15 颜色分类：绿色

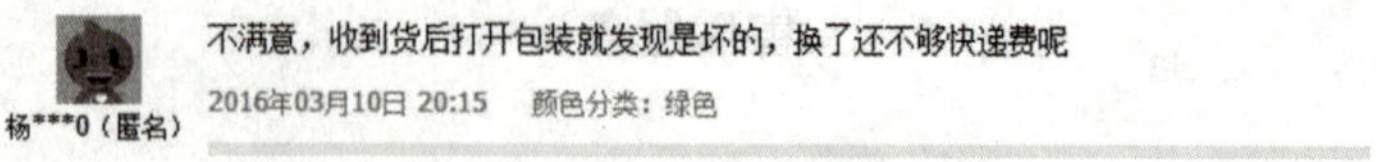

图 3－6 顾客差评

作为客服，肯定希望顾客能修改差评。请模拟顾客与客服，如何劝说顾客修改评价。请将话术填写到表 3－2 中。

表 3－2 客服话术

买家	客服

（3）顾客给出差评后拒绝修改，这时就需要做评价解释。

请根据图 3－6 中的顾客差评给出适合的评价解释。

评价解释：

【实训提示】

售后服务除了能够给客户合理的解决方案外，还要及时、热情、耐心，不管是不是卖家的问题都要表示抱歉，以让顾客感受到卖家的诚意。

【思考与练习】

售后服务的主要流程有哪些？

【同步测试】

1. 单选题

（1）做好售后服务的意义有（ ）。

A. 有利于建立买卖双方良好关系　　B. 提升品牌形象

C. 提升企业竞争力　　D. 找到优质客户

（2）常规售后的流程是（ ）。

A. 打单发货、查看物流、邀请好评、处理异议

B. 确认订单、查看物流、订单跟踪、引导评价

C. 确认订单、及时发货、订单跟踪、引导评价

D. 打单发货、订单跟踪、确认收货、引导评价

(3) 产品质量纠纷不包括（　　）。

A. 外观质量纠纷　　　　B. 使用质量纠纷

C. 顾客心理预期　　　　D. 物流选择纠纷

(4) 以下纠纷处理注意事项中错误的是（　　）。

A. 认真倾听　　　　B. 认同顾客感受

C. 避免电话沟通　　　　D. 提出补救措施

(5) 纠纷产生的原因包括（　　）。

A. 产品质量纠纷　　　　B. 使用质量纠纷

C. 物流原因纠纷　　　　D. 产品价格纠纷

2. 判断题

(1) 好的售后服务是锦上添花，大型的淘宝店铺可以考虑提高售后质量，小型店铺可以暂时忽略做好售前即可。（　　）

(2) 顾客进入店铺完成付款后到使用产品过程中卖家所提供的各种服务活动称之为售后服务。（　　）

(3) 客户投诉是无法避免的。（　　）

(4) 在处理完客户投诉以后要尽量避免与客户再次沟通，以免节外生枝。（　　）

3. 简答题

(1) 什么是售后服务？

(2) 中差评的处理方法是什么？

(3) 如果顾客拒绝修改中差评，客服应该怎么做？

项目四

分析目标客户

【本项目重点难点】

市场细分、客户细分及客户生命周期的概念；进行客户细分的关键点；能够比较市场细分及客户细分的异同点。

【项目导图】

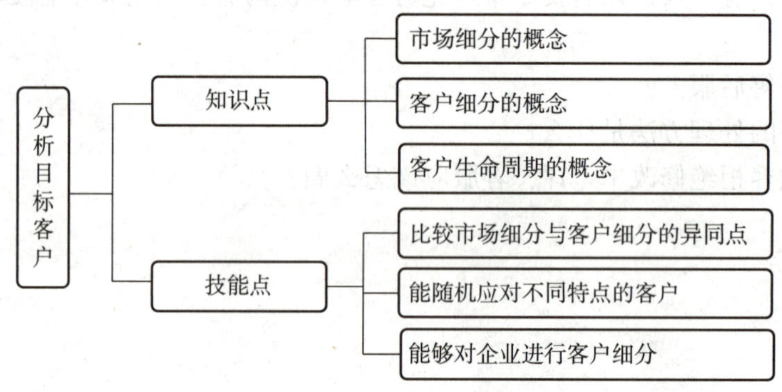

【引例】

双翼家居专营店是一家以销售园林工具为主的天猫店，店铺主打产品是一款精装园林工具套盒，售价 399 元。店铺内其他普通园林工具均价在 100 元左右，月销量都在 200 ~ 600 单，而这款主推产品月销量却只在 20 ~ 50 件徘徊，无论怎么推广，销量总是上不去。经过店铺运营组多次开会讨论，决定改变策略，将产品标题中加入了送父母长辈、送礼、家居礼品等类似词语，面向的客户群体不再是花农、果农、家里养花及热爱园艺的人群，而是有需求向父母师长送礼但却不知道送什么的人群。

自从产品标题优化以后，产品浏览量剧增，销量也慢慢从原本的几十单增加到了月 300 单左右。随后，店铺又对此产品进行了淘宝直通车推广，分别设置了乔迁送礼、父母礼物、长辈礼物等关键词。之后产品销量进一步提高，还会时不时有客户同时购买店铺的洒水壶、肥料等产品，使店铺总销量突飞猛进。

【引例分析】

本案例中双翼家居专营店销售的园林工具多面向于农民，产品价格平均在100元。一般有种植需求的客户只会购买简单的一到两种常用的种植工具，对产品要求以实惠、耐用结实为主，不会在乎产品是否精装。而店铺主打产品精装园林工具套盒，价格偏高、套盒内无论常用与否工具齐全、外表精致这些特质都与一般种植客户的需求不符，所以如果依然将原来的客户群体作为目标客户必然是不符的。所以，运营团队对目标顾客重新进行了调整，将目标瞄准了准备向父母、长辈、乔迁朋友送礼的人群。一般老年人退休后闲来无事多喜欢摆弄一些花花草草，搬新房有花园或喜欢植物的人都会对园艺工具有所需求。选择精装园艺套装送人，首先，送到了人的心坎上；其次，送精装产品有面子，送399元的礼品又不是很贵，所以很多人作为送礼者选择了这款产品。而作为运营团队，更改产品策略的过程其实就是分析目标客户的过程。本项目将帮助读者了解网络客户的心理，满足客户的心理需求，明确目标客户定位以及客户细分。

任务1　了解网络客户心理

一、网络客户的性格特征

随着互联网的高速发展，电子商务在企业的发展中起到越来越重要的作用，并为企业带来了大量的成本节省与销售量的增加，研究网络客户的心理特征作为电子商务运营的重要部分日益受到关注。

1. 电子商务环境特点

在互联网开放的网络环境下，电子商务使全球各地的买卖双方无须谋面便能进行各种商贸活动，它开放性、全球性、低成本、高效率的优越性是传统媒介无法比拟的。与传统商业方式相比，电子商务的特点如下。

（1）无场地限制

电子商务使传统商务极大地减少了人力、物力，降低了成本，同时也突破了时间和空间的限制，使交易冲破了时间和地点的限制，从而大大地提高了效率。当今社会我们只需要一台联网的电脑或者手机就可以跟世界任何角落的个人、公司或者机构取得紧密的联系，以达到信息共享、资源共享、智力共享等。

任何企业或个人都可以在网络上进行营销活动，不需要实体店面，只要有网络就可以开展商务活动。例如淘宝、京东、速卖通等第三方购物平台，他们都没有实体店面，但通过互联网，他们的商品被销往了全国各地乃至全世界。

（2）降低库存及成本

在网络市场中我们看到的商品只是网页中一张张产品图片以及相关数据，很多企业都是在接到顾客的订单后，才开始采购生产的。这样不但减少了企业库存，同时还可以最大限度地满足客户的个性化需求。在网络市场中，企业或个人可以通过网络实施7×24小时的经营模式，并且不外加任何经营成本，顾客完全可以通过网络自主咨询、下单和采购。同时，实体企业经营中需要的店面租金、装潢费、水电费等在网络世界中都可以省去，帮中小型企业降低了销售成本和管理费用，也在生产者和客户之间搭建了桥梁，减少了中间环节，给予客户更多的选择机会，使产品销售机会增加。

2. 电子商务环境下客户心理特征

在电子商务高速发展的今天，要想在网上成功地销售自己的产品，就一定要学会换位思考，把握客户的心理特点，总结客户的需求，并适当地将顾客进行分类，针对不同类型的客户组织不同的营销策略。这不但能够提高工作效率，还能够迅速把握客户需求，所以了解客户心理是很有必要的。常见的电子商务环境下客户心理特征如图 4－1 所示。

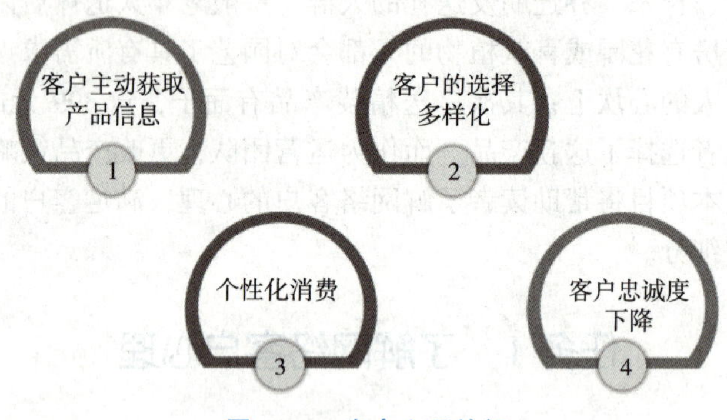

图 4－1　客户心理特征

（1）客户主动获取产品信息

在传统的商务活动中，大多数客户缺乏足够的专业知识对产品进行评估，只能被动地接收卖家提供的有限产品信息。随着人们维权意识的增强，客户开始主动地从各个渠道获取与产品相关的所有知识去进行分析，以减少购买的风险，同时也能增加对产品的信任。在电子商务活动中，信息资源高度共享，客户会主动检索与产品有关的信息，这些信息会影响顾客的购买行为，能加强顾客的选择行为，从而使过去客户在商务活动中的被动地位反转成了主动地位。

（2）客户的选择多样化

互联网虽然给企业带来了更多的销售机会，但也意味着有了更多的竞争对手。同样的产品在互联网上给了客户无限的选择机会，商品不再受地域或其他因素的影响而全部呈现在顾客眼前，面对选择客户的购物行为变得更加挑剔。客户开始不再单纯地看价格挑样式，而更加注重产品的服务及其他附加值。

（3）个性化消费

随着互联网不断地向低龄渗透，网民进一步年轻化，80 后、90 后已经成为网上消费的主力军，从消费需求上看模仿型、排浪式的消费阶段基本结束，个性化、多样化的消费模式渐渐成为主流，越来越多的人开始崇尚私人定制。客户通过网上购物平台参与产品的设计与生产，定制化的产品已经变得越来越普遍。

（4）客户忠诚度下降

电子商务的蓬勃发展为客户带来了无限的选择权，主动权在客户手中，他们可以选择点击任何网站，购买任何网站的产品，传统维持客户忠诚的方法已经不再适用。同时，客户追求新产品、新时尚的需求和购买的随机性在不断增强，进而引起客户忠诚度下降。

二、客户心理及应对措施

1. 网店顾客对卖家的期望

电子商务环境下企业正面临着前所未有的激烈竞争，消费者导向的营销时代已经来临。在互联网上，面临着纷繁复杂的商品和品牌选择，消费者心理与以往相比呈现出一种新的特点和趋势。同时，把握消费者心理需求，提供满意的消费体验也是电商企业取得成功的有力保障。

（1）热情的服务态度

服务作为产品的重要附加值，服务质量对产品能否成交有着重要的意义。一般顾客都同时有两种需求，一种是物质需求，另一种是精神需求。对于网店顾客来说，物质需求是在产品收到后才能被满足的，而精神需求则是决定买家是否愿意让你提供物质需求的唯一衡量标准。

电子商务平台上的沟通是存在着天生缺陷的，人们无法通过面对面的交流来拉近距离。买家只能以专业、热情的话术表达对每一位客户的友好、尊重，耐心解答顾客的每一个疑问，通过文字让顾客感到心情舒畅、满意。只有当顾客感受到买家的热情友好后，才能使交流融洽、交易顺利。

（2）诚实守信

在网络购物中，客户不能直接看到商品实物，所以对商品的质量和店家的诚信更加怀疑，客户实际上也就是在挑选最诚信的卖家。产品详情页需要如实反映产品的规格、特点、性能等信息，让顾客对商品有一个全面的了解，从而判定是否符合自己的购买需求。而有些卖家故意隐瞒产品缺点，将优点无限放大，导致顾客收到产品后非常失望。顾客的失望能在店铺中、差评数量上非常明显地体现出来，日后的潜在客户会因为中、差评而对店铺产生不信任感，从而放弃购买，这对卖家来说无疑是得不偿失。所以卖家应对产品的真实信息进行提前提醒，产品图片如实拍摄，最直观地将商品显示出来，而不要通过修图软件做过多的渲染，诚实守信，让顾客挑选最适合自己的产品。

（3）快速的解答

网店服务是非常讲究时效的，一般买家在遇到问题时都会第一时间找卖家咨询，希望能快速找到解决问题的方法。这时卖家的反应速度十分关键，卖家要考虑顾客急需解决问题的心理，力求以最短的时间、最有效的方法来帮助买家解决问题，这样就能在服务买家的时候让买家对店铺有好感，感觉自己在享受 VIP 式的服务。

2. 不同的网店客户心理及应对措施

客户心理是指客户在成交过程中产生的一系列微妙的心理活动，分析客户的心理，了解顾客的购买动机，并且给予恰当的处理可以增加交易成功的比率。常见的网络客户心理有以下几种，如图 4－2 所示。

（1）追求价廉

虽然现今网络购物已经变得非常普遍，但是消费者对线上产品购买的信任程度依然远低于线下实体店。不少人都曾为线上产品的图片与文字所迷惑，描述与实物的差异使很多消费者的权益都受到了侵害，这使顾客在网上消费变得更为小心。人们开始逐渐变得不愿意花与线下实体店同样的价格购买相似的产品，他们认为花同样的价格在线上购买风险更大，慢慢

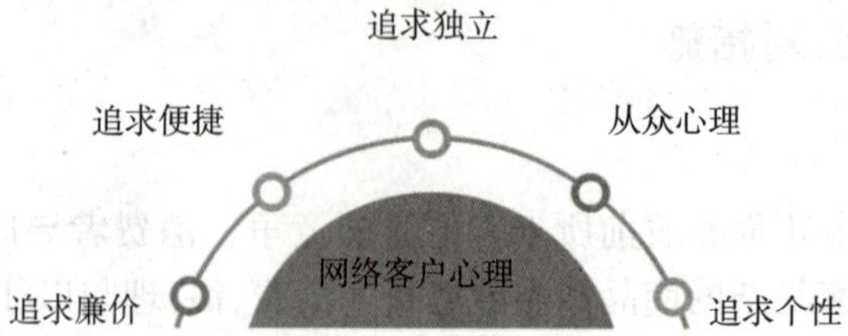

图4-2 网络客户心理

地，网络成了消费者寻求价格低廉产品的市场。网络顾客在购买的过程中往往会同时对比三到四家店铺的相似产品，从产品图片、详情、评价、价格四个方面进行对比，当前三个对比信息都相差无几时，顾客大概率都会选择价格最低的那款产品。

除去以上这种环境因素导致的大部分顾客都存在的求廉心理，还有部分顾客对产品价格有着敏锐的感知力。他们的购物习惯就是以最低的价格购买最多的产品，产品价格是他们关注的重点，打折促销产品是他们的最爱，获得超值的产品是他们的主要目的，即便是折扣商品他们也会要求客服再优惠一点，他们常会以不降价就不购买的理由来威胁客服。

(2) 追求便捷

网络给消费者们提供了一个24小时营业、全年无休的超级市场，通过网络人们不再被时间、距离等限制因素影响而放弃购买。现如今快速的生活节奏让很多白领阶层几乎没有购物的时间，白天上班、晚上加班的工作方式，让他们很难从中抽取一到两个小时去商场购买生活所需，这时网上购物便成为他们最好的选择。例如买书，消费者不必再寻遍各大书店找寻自己想要的图书，只需在网上搜索关键词，各类书目就能轻松地呈现在眼前，大大缩短了消费者的购物时间。除此之外，售前售后问题也能在线上得到快捷的解决，消费者只需滑动鼠标就能浏览到如同说明书一般的产品详情，最快地得到他们想要的产品信息。从寻找商品到决定购买最快只用三分钟的时间，对于视时间如珍宝的人来说，这恰好满足了他们求效率的心理。而在决定购买并线上支付之后，只需等待产品物流到达即可，如果出现售后问题也可以随时在线上与客服取得联系，得到技术支持和服务。

(3) 追求独立

每个人都有本能防范心理，在传统的信息不对称的线下市场里，消费者往往处于劣势地位。因为他们缺乏专业知识对产品进行评估，只能根据导购提供的有限信息进行选择，这种单项的填鸭式营销让很多消费者感到厌倦和不信任。以选购衣服为例，很多消费者偏向于H&M、Zara、优衣库这种自助购买模式，面对一对一式的过度服务，会感到被干扰、妨碍和有压力。网上购物买卖双方无法面对面交流，这反而使购物过程变得更轻松。消费者可以随便看、随便选，不被服务人员干扰，挑选也更自由。消费者也可以通过网络等其他渠道获取商品的更多信息，帮助比较分析再最终做出购买决定。这可以使消费者在购买过程中降低风险感和后悔的概率，增加顾客对产品的信任和满意程度。

(4) 从众心理

从众心理是指受到外界人群行为的影响，表现出附和多数人的行为方式。无论是线上还是线下都会有这种情况出现，例如两家相邻的餐厅，一家排队等位，一家空无一人；两个小时过后，排队的餐馆前队伍只会越排越长，而旁边空无一人的依然无人问津。线上交易表现在评价购买的人越多，新的购买者越多。在淘宝、天猫、京东等类似第三方在线购物平台上，都会把产品的月销量、购买评价等数据完整地挂在详情页上，让消费者一目了然。潜在消费者会根据这些购买数量和评价数量暗示自己销量好的一定质量优、评价多的一定服务好等，然后再在详情中阅读自己愿意相信的信息，最后做出购买的决定。越多的评价带来越多的销量，更多的销量带来更多的评价，这就是一个滚雪球的关系。这就是为什么很多网店都打造爆款，就是为了引起消费者的从众心理。

(5) 追求个性

统计显示，2016 年淘宝网店家已超过一千万，顾客的消费也不再是传统意义上的挑选以及购买产品的过程，而是追求时尚以及变化、表现自我个性的一种形式。他们选择商品时不仅仅是为了产品的使用价值，更多的是产品的创新和与众不同。当红的演员、电视剧、口头禅都有可能是消费的刺激点。实体店里无法买到的特色商品，在网上销售中都备受追捧，网上产品的快速更新不断满足消费者追求个性化的消费心理。

任务2 明确目标客户定位

一、市场细分和店铺定位

随着市场环境的多元化，电商市场的竞争愈演愈烈，一大波小而美的店铺出现在这个市场上，他们的品类细分、供应链深耕、运作创新都是行业发展的最新风向标。这类店铺大多网页精美简洁，有着鲜明的特色，聚焦于细分市场且受众精准。他们并不依靠广告来引流，而是运用独特的店铺定位和产品差异化来吸引顾客，满足细分市场的需求，所以这种店铺品牌忠诚度较高。从经营发展来看，市场细分角度下小而美的店铺已经成为电商未来发展的新方向，备受投资者青睐。

1. 市场细分的概念

市场细分理论是美国市场营销学教授温德尔·史密斯在 20 世纪 50 年代中期提出来的。随着以消费者为中心理念的深入人心，传统的将顾客划分为有着共同需求群体的做法已经无法满足现如今顾客的需求，而市场细分的关键就是了解消费者的特点，找出需求的差异性。市场细分认为每个市场都有不同的顾客需求，如果企业能够成功地将市场进行细分，发现顾客的潜在需求并精准将其加以界定，而不只是单纯地停留在产品差异化上，那么，在企业率先占领该细分市场后，就可以在激烈的市场竞争下赢得自己的生存空间，如图 4-3 所示。

图 4-3 市场细分

在过去十五年消费需求增长的年代里，广大消费者对电商巨头淘宝的普遍印象就是商品选择多、价格低廉，它满足了绝大多数消费者的需求。现如今消费者的消费习惯正在日益改变，人们开始逐渐注重商品的品质和服务，消费观也从商品基本功能转向服务消费、品质消费、品牌消费、个性消费等。传统电商的网站推广、信息陈列模式已经难以满足日益增长的多元化用户需求，马云所说的小而美的电商发展方向，开始引领传统电商逐渐转型。

2. 市场细分的作用

市场细分的作用有以下几点，如图 4-4 所示。

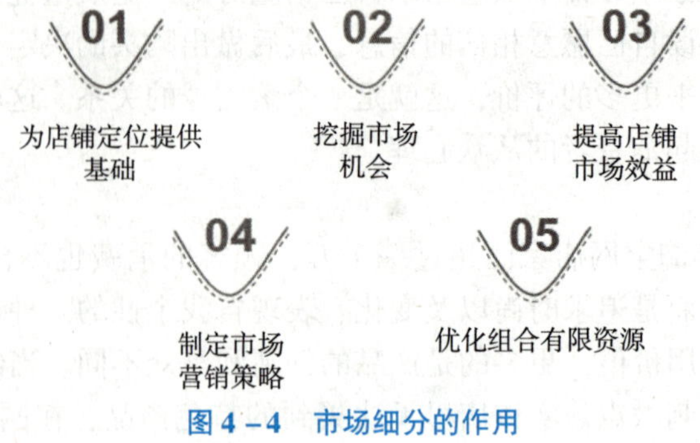

图 4-4 市场细分的作用

（1）为店铺定位提供基础

市场细分后可以将宏观的市场变得更为具体，方便店铺了解消费者的需求；店铺可以根据自己的能力及优势确定目标市场，从而帮助它在市场竞争中找到自己的定位。在明确市场定位后，店铺可以有针对性地塑造差异化的品牌形象，继而通过差异化的产品及策略占领市场。

（2）挖掘市场机会

细分市场将多样化市场划分为不同的细小规模市场，并将市场的购买力、购买习惯、竞争力等情况进行比较分析，从细分中寻找差异化蓝海市场，挖掘出更适合个人企业的市场机会。

（3）提高店铺市场效益

通过市场细分，企业对细分消费者的需求更加关注，生产出的产品能更好地满足目标市场的需要，需求的满足促进销量的提升，销量的提升带来企业收入的增加，从而使企业的经济效益不断提高。

（4）制定市场营销策略

针对小的细分市场，更便于企业制定适合的营销策略。同时，细小的市场上一旦出现任何的需求变化，都能够被及时地了解与捕捉。因此企业可以迅速调整营销策略，适应市场的需求制定出相应的对策从而提高企业的竞争力和应变能力。

（5）优化组合有限资源

任何企业的资源都是有限的，这要求企业必须有效利用人力、物力和财力等资源。通过细分市场，企业将市场进行划分，选择一个最适合的细分市场，然后集所有资源到该市场上争取优势，占领目标市场。

3. 如何店铺定位

随着电子商务的发展，越来越多的个人和企业开起了网店，然而真正赚钱的店铺却少之又少。开网店就像盖楼，有着结实地基的大楼才能结实长久，店铺想要经营得好就会涉及方方面面的问题，而网店的地基就是店铺定位。做店铺一定要找准定位，这样才能在同质化严重的网络市场上拥有竞争力。店铺定位所包含的内容有市场定位、目标人群、品牌调性和经营理念，如图 4-5 所示。这些看上去都是理念性的东西，而店铺项目的整个实施和运作就是一个由虚到实的过程，如果前期没有一些理念性的东西，那么后期的执行就会变得漫无方向、摇摆不定。

(1) 市场定位

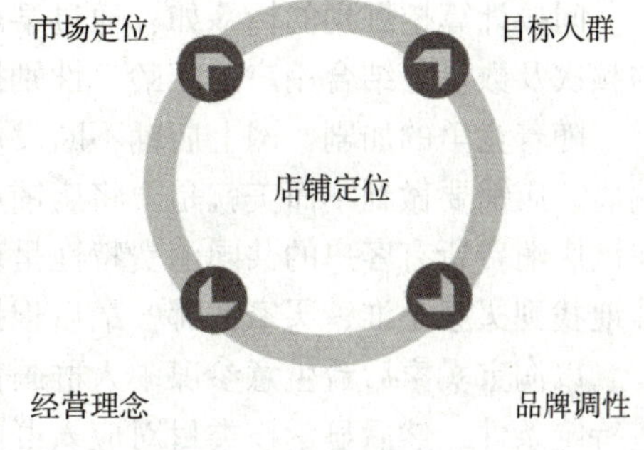

图4-5　店铺定位内容

市场定位是指店铺在目标市场上所处的位置，通过顾客对店铺所卖商品某种特质的重视程度，从而为店铺创造出与众不同的形象，最终在市场上确定适当的位置。比如，在初期，店铺需要考虑是做高端的市场还是低端的市场？市场的定位会直接影响到店铺后期的产品定价和运作。如果店铺选择了高端市场，产品售价一定是偏高的，那么相应的提供的产品质量、客户服务、用户体验和品牌附加值等也都要高于市场平均值，否则高价格和低产品的差距是无法支撑店铺继续经营下去的。所以市场定位要结合店铺自身情况，最好能与店铺优势相结合。

(2) 目标人群

人群定位也是店铺定位的重点之一，要缩小顾客群体范围，精简顾客群体。店铺的一切围绕着目标客户进行调整，顾客要什么店铺满足什么，而不是我们卖什么顾客买什么。店铺需要从不同维度对人群进行细分定位，如收入水平、受教育程度、男女比例、年龄层次等。在确定目标人群、了解他们的需求后，再将一切宣传围绕客户，达到精准营销的目的。目标人群定位需要越细越好，你的产品不可能满足所有用户的需求，只要能深入挖掘一个细分群体就足以支撑整个店铺的流量了。

(3) 品牌调性

品牌调性决定了店铺后期的视觉呈现方式，其中包括店铺的产品主图、产品详情页设计、首页设计、店铺装修、包装设计等的视觉风格。这种视觉风格往往是单一的，店铺需要根据市场定位、目标人群喜好来进行取舍，不能奢求所有人都喜欢，要尽力发挥店铺的长处，形成一种统一不变的风格。

举个例子，女装类目里的爱爱丸，标榜他们的品牌是“一半女生，一半女人”，所以，它的视觉系统里面，就有诸多俏皮、可爱又不失女人味的元素出现，包括它那标志性的女模特马尾辫，就是基于其品牌调性所衍生出来的视觉元素。

(4) 经营理念

经营理念是指透过产品品牌向消费者输出的价值观或者品牌印象。比如说，坚果类目里的大佬——三只松鼠的广告语“寻找原产地、寻找最新鲜、寻找最满意”就是其经营理念的一种体现。经营理念是企业追求利益、经营战术战略的核心，也是企业的发展方向和追求的目标，只有确定了与店铺实际接轨的经营理念，店铺才能不断发展。

二、用户画像

1. 用户画像的概念

用户画像是由交互设计之父阿兰·库珀最早提出的，它是根据用户社会属性、偏好习惯和消费行为等信息而抽象出来的标签化画像。构建用户画像的核心工作即是给用户贴标签，而标签是根据用户的行为数据直接或间接计算得到的。一般用户画像包含的元素有姓名、年龄、家庭情况、收入、工作、喜好等。其中直接得到的数据比较好理解，比如用户在网站注册时主动提供的数据，如 E－mail 地址、银行卡信息、电话号码等，这样的数据准确性较高。间接计算挖掘到的标签如：通过某用户突然开始购买婴儿用品的行为，并根据用户购买的频次及数量，结合用户的年龄、性别推断其是否为新妈妈或爸爸。

随着竞争的加剧，网上店铺不断发展使店铺风格日新月异，但其主题与格调定位却难以偏离。店铺要做到小而美就是要将店铺产品与店铺顾客精准地对应起来。而用户画像就是把在该店消费所有客户的共同消费特性呈现出来。聪明的店铺会不断完善自己的用户画像，精准地找到买家是谁、买家在哪？最后根据画像进行精准营销。

以淘宝卖家后台生意参谋中人群画像工具为例，该工具可以帮助店铺在其市场下圈定某些特定条件，然后显示该类目对应人群的占比情况以达到精准画像的效果。最终，卖家可以根据客户群体的共同性，有倾向性地销售商品，如图 4－6 所示。

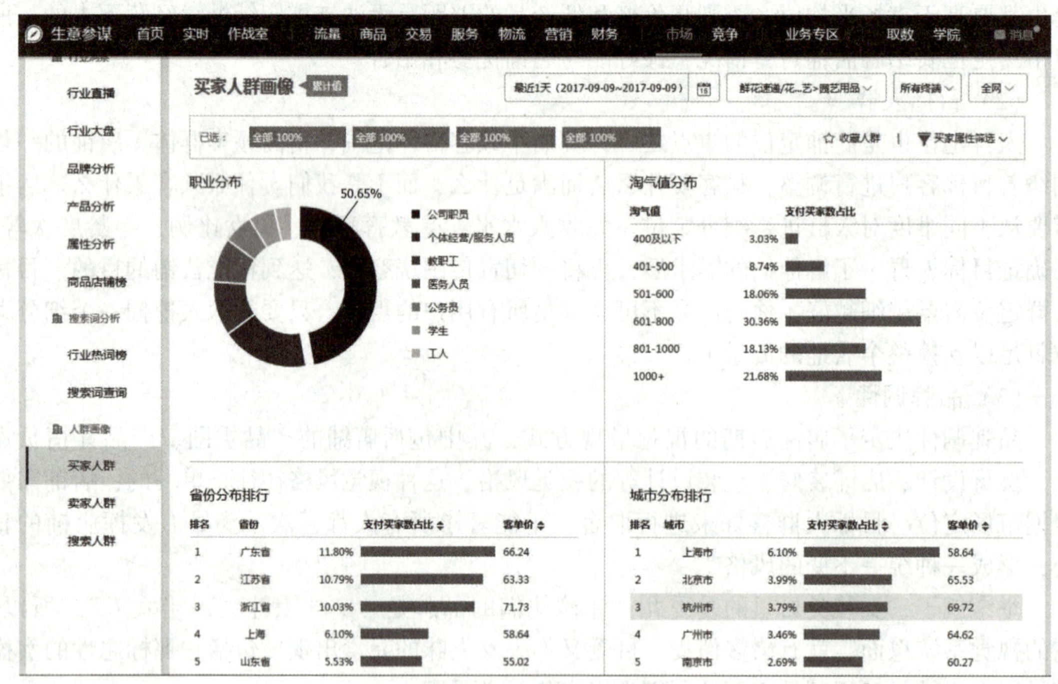

图 4－6　人群画像工具

2. 用户画像的属性构成

构建用户画像的核心工作就是给用户贴标签。店铺可根据买家的基本属性、购买能力、行为特征、兴趣爱好、心理特征、社交网络等属性提炼用户特征标识。这些用户特征属性多种多样，我们根据不同情况划分成以下四种类型。

(1) 用户静态属性

用户静态属性是用户画像建立的基础，它主要从用户的基本信息进行划分，如性别、年龄、学历、收入、婚姻等。然后根据不同的产品，有针对性地提取相关信息，并将信息按权重大小依次划分。比如奢侈品对购买者的收入、职业、学历比较看重，而对于婚姻、地域则不太看重。如图 4－7 所示我们可以看到，奢侈品购买者中 50.65% 的用户比例为公司职员，10.41% 为个体经营或服务人员，教职人员和医务工作者占 10% 左右，公务员、学生及工人只占 4% 左右。

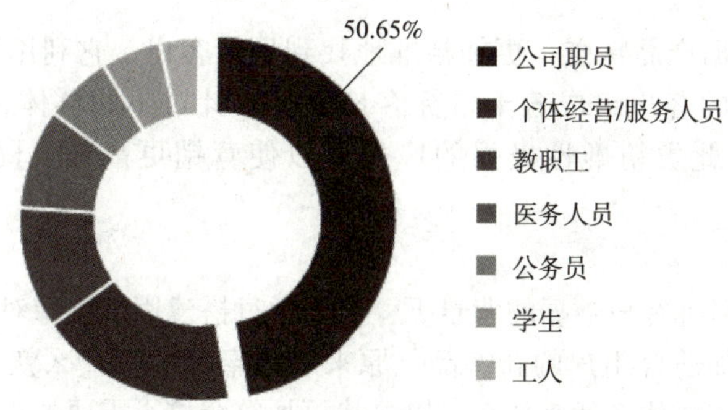

图 4－7　奢侈品职业分布

（2）用户动态属性

用户动态属性是指用户在互联网环境下的上网行为，如娱乐偏好、社交习惯、学习手段等，这些一定程度上能反映出一个用户是否会对你的产品感兴趣。根据淘宝生意参谋中人群画像，我们对鲜花园艺类产品做出了动态属性下单时段的分析，如图 4－8 所示，9 点至 16 点为该类目下单高峰期，17 点之后下单量明显下浮，直至 21 点单量小幅上升。

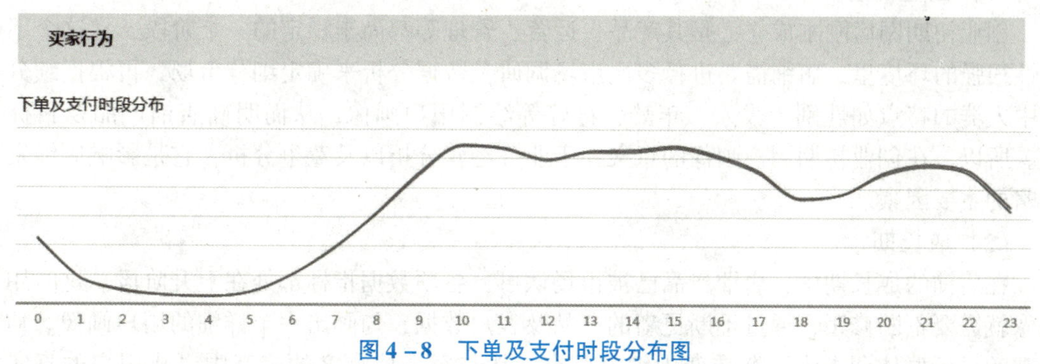

图 4－8　下单及支付时段分布图

（3）用户消费属性

用户消费属性是指用户对于花钱的看法，主要包括消费水平、消费心理、消费嗜好等。如图 4－9 所示为生意参谋中园艺市场近 90 天支付金额的消费属性，可见该市场客单价较低，大部分人群选择价位在 55 元以下的产品。

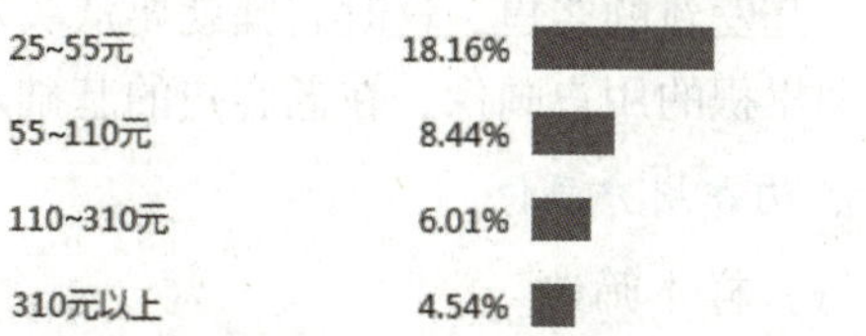

图 4－9　消费属性

（4）用户心理属性

用户心理属性是指从用户的生活、工作、感情、社交入手，分析这个人的价值观，并有针对性地改良产品。大部分用户心理属性无法通过数据直观地读出，需要店铺对用户行为进行更深入的调查分析。

3. 用户画像的价值

用户画像是店铺目标客户的真实写照，能够帮店铺明确解答用户是谁、用户需要什么、谁是潜在客户等问题，同时用户画像也在不同的决策环节中发挥重要作用，其作用主要体现在以下三个方面。

（1）精准营销

用户画像可以根据产品特点，更加精准地找到目标客户，它利用标签将客户进行智能分组，并将不同特性的客户组成若干目标客户群，并针对不同群体在其偏好的渠道上进行精准的广告投放。此类精准性极强的广告可以使营销更高效，同时也帮助企业节省成本。

（2）助力产品

在店铺拥有大量目标客户数据的背景下，店铺通过搭建用户画像对用户喜好、需求进行统计，从而制造出更加适合用户的新产品。原来店铺奉行的有什么就卖什么的闭门造车原则，逐渐转变成用户需要什么就卖什么，以寻找更加符合核心需要的产品，为用户提供更加良好的体验和服务。

（3）行业报告与用户研究

借助用户画像的信息标签可以挖掘行业动态，比如大学生消费偏好趋势分析、不同年龄段消费差异分析等。这些行业动态可以帮助店铺把握大方向，也可以挖掘更多细分市场。

4. 店铺用户画像的阶段目标

（1）创业初期

创业初期网店刚刚成立，是其产品、运营、管理等都尚未稳定的一个阶段，在这个不确定性很强的环境里，店铺需要进行多次市场调研及数据分析来确定细分市场，再根据细分市场中人群的特点如性别、收入、年龄、喜好等绘制用户画像，从而明确店铺产品及目标客户。所以，在创业初期用户画像的意义在于业务经营分析以及竞争分析，它是影响店铺发展战略的主要因素。

（2）成长期

在店铺的成长期中，店铺产品已被市场认可，各项数据指标都处在上升阶段。这时用户画像就需要不断修正，通过不断更新的产品及客户数据，勾画出一个详细的用户画像。初期宏观的目标群体调查将逐渐转变为细节调查，从与每一位顾客的交互中寻找用户的真实需求。更多、更精细的数据分析，会让用户画像越来越准确。在这个阶段用户画像会使店铺对服务对象更加聚焦、关注，更好地满足用户的需求，优化运营手段，提升店铺经营效益，从而达到精准营销的目的。

（3）成熟期

在店铺稳定期，店铺已经有了稳定的运作模式及成熟的产品，市场地位也趋于稳定，日常工作也大多以维护为主。这时用户画像可以帮助店铺寻找新的增长点和突破口，进行产品转型，开发新的客户。这时店铺就要从头对宏观市场进行调查，挖掘新的细分市场，并结合成长期累积的用户画像，在老客户的基础上开发客户新的需求。

5. 构建用户画像

（1）样本筛选

样本筛选是构建用户画像的第一步。首先，店铺须先确定出产品目标用户群所具备的基本特点，然后才能根据该需求搜索用户样本。以园艺产品用户为例，在生意参谋中我们可以限定购买价格、年龄范围、男女比例、城市分布等。最终确定一个用户样本范围，如图 4－10 所示。

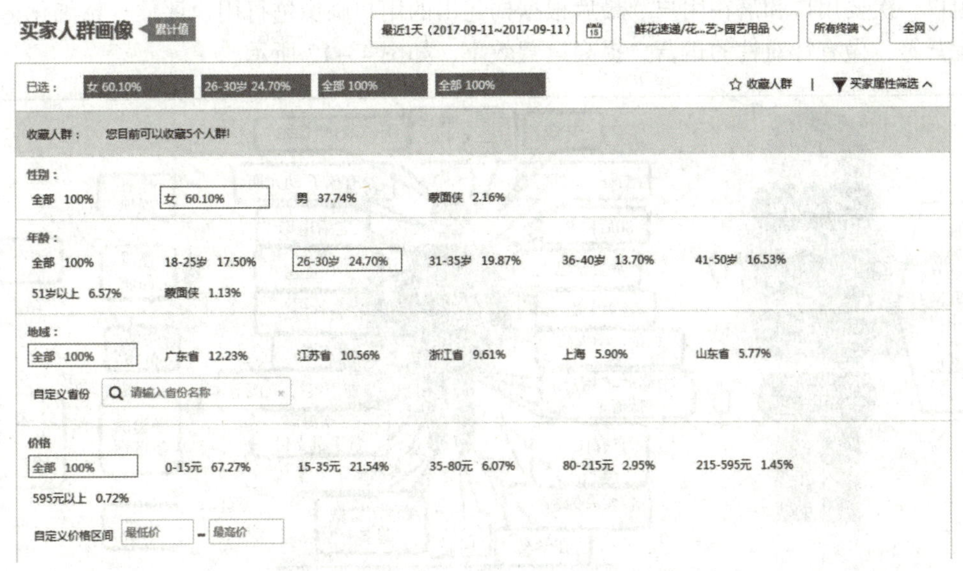

图 4 - 10　买家人群画像

（2）信息收集

在完成样本筛选后，企业需要在不同比例的属性客户中找出大多数用户的相似点，并有针对性地挑选用户进行访谈分析，并且尽可能地涵盖不同的特点类型。若能将分析过程中不同用户的产品体验进行综合，把顾客的意见带到产品改善中去，这样的信息收集往往是最有效的，如图 4 - 11 所示。

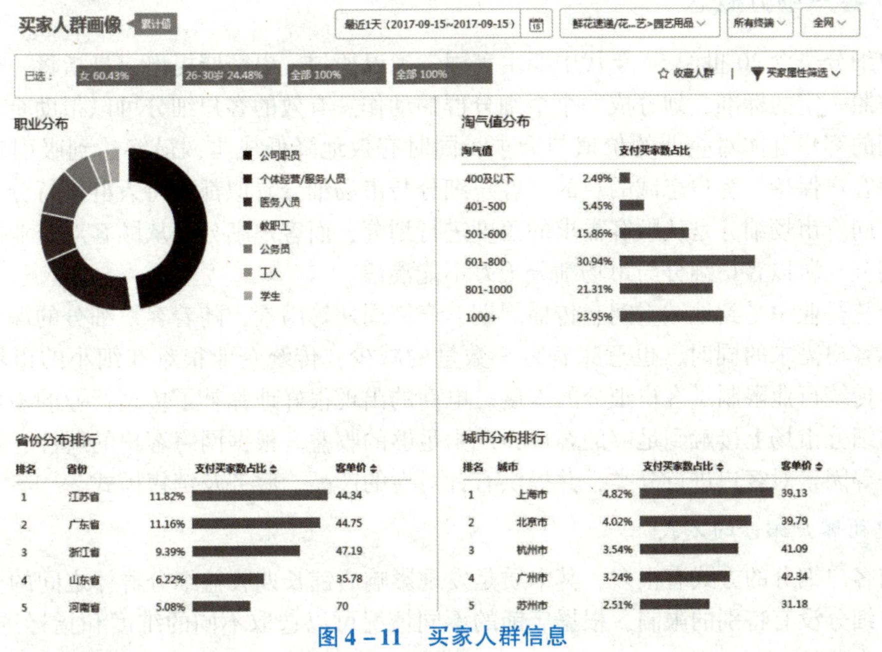

图 4 - 11　买家人群信息

（3）构建画像

最后一步是将收集到的信息进行整理和分析并归类，创建用户角色框架，然后根据产品侧重点提取出来，进行用户评估分级，并结合用户规模、用户价值和使用频率来划分，确定主要用户、次要用户和潜在用户。最后根据构建出的用户画像进行用户评估、精细化运营和分类运营等，做有针对性的运营，提高运营效率，如图 4－12 所示。

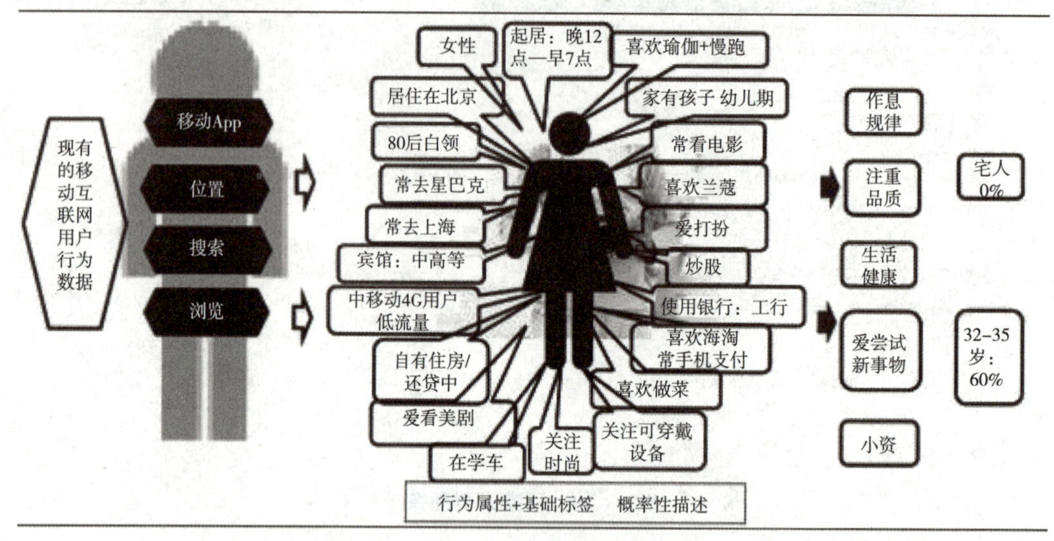

图 4－12 构建用户画像

任务3 做好客户细分

一、客户细分概念

客户细分概念 20 世纪 50 年代中期由美国学者温德尔·史密斯提出，是指将一个大的客户群体按照一定的标准，划分成一个个细分群的动作。有效的客户细分可以帮助企业更好地识别不同的客户群体对企业的价值与需求，同时有效地降低成本，最终达到吸引适合的客户，实现客户保持、客户忠诚的目的。客户细分与市场细分看似都是将人群进行分类，但其实完全不同。市场细分是从顾客需求的角度进行划分，而客户细分是从顾客对企业的价值角度进行划分，所以客户细分与市场细分千万不能混淆。

在传统行业中受到地域空间、传播周期、产销周期等因素，随着客户细分的深入，逐渐贴近目标客户需求的同时，也意味着客户数量的减少，传统企业很难在细小的市场持续盈利，所以传统行业限制了客户细分的深度。电商的出现很好地弥补了传统行业的不足，可以在极小的细分市场上接触到足够的客户，产生足够的收益。根据网络客户的属性、行为、需求和偏好等因素对客户进行分类，并提供有针对性的产品、服务及销售模式。

1. 电商客户细分的方式

店铺客户细分的方式有很多，其本质是发现影响店铺长期收益细分群体之间的差异。差异化客户细分没有特别的限制，根据店铺的不同情况可以选取不同的维度和指标进行细分，但主要分为两种。

（1）外在属性

外在属性是指直观的可以直接收集到的属性，如客户地域、购买产品等。这种细分最容易得到、很简单，但往往也比较粗糙，很难判断不同层面的客户价值，只能大概比较出哪一类客户价值更高，如图 4－13 所示。

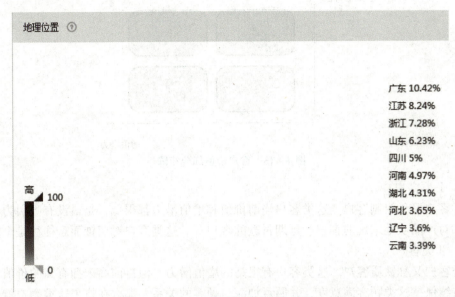

图 4－13　不同地域的客户价值

（2）内在属性

内在属性主要是指客户内在因素所决定的属性，比如信仰、爱好、性格、价值取向等。内在属性相比外在属性要更难收集，同时变化得也更快，但也更精准，能帮店铺更好地判断价值客户，如图 4－14 所示。

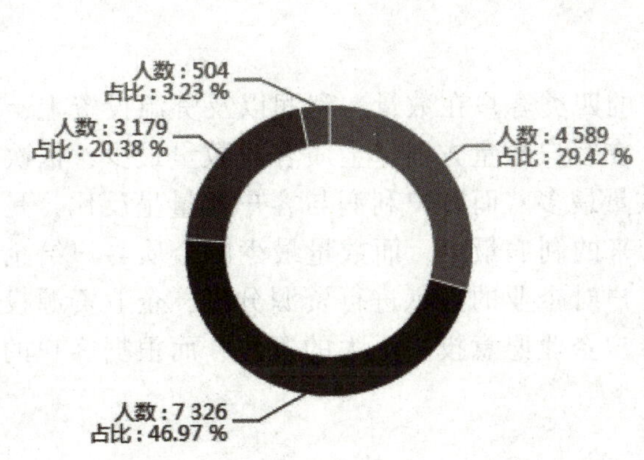

图 4－14　折扣敏感度

2. 客户价值细分矩阵

客户价值细分是一种基于客户生命周期利润的细分方法，它将细分划分为客户当前价值和客户增值潜力两个维度，并将每个维度分为高、低两档，由此划分出的四组客户类型的矩阵，称为客户价值细分矩阵，如图 4－15 所示。

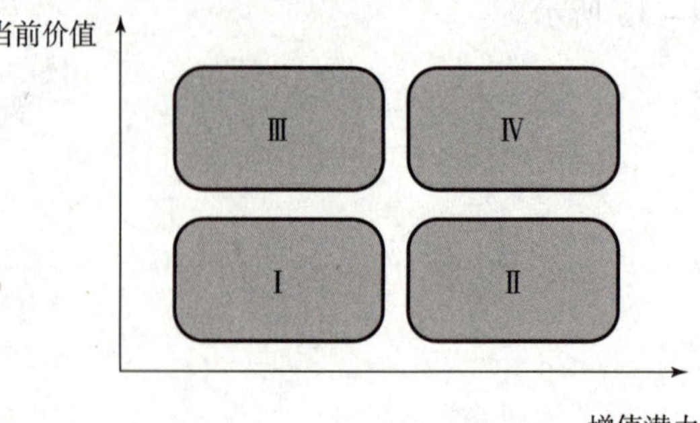

图 4－15　客户价值细分矩阵

（1）Ⅰ类客户

Ⅰ类客户又称铅制客户。这类客户当前价值和增值潜力都很低，是最没有吸引力的一类客户，如对产品吹毛求疵的客户、延期付款的客户等。这类客户对店铺而言往往是个负担。

（2）Ⅱ类客户

Ⅱ类客户又称铁质客户。这类客户有很高的增值潜力，但目前尚未拥有高的价值。如果店铺能持续保持这类顾客满意度，并愿意加深与顾客的关系，那么在将来这类客户就会给店铺带来可观的价值。

（3）Ⅲ类客户

Ⅲ类客户又称银质客户。这类客户的当前价值很高，但升值潜力很低。他们与店铺的关系已达到最大值，在未来已经没有更多潜力可挖掘。

（4）Ⅳ类客户

Ⅳ类客户又称金质客户。这类客户与银质客户一样都有很高的当前价值，但不同的是金质客户的增值潜力很高，他们依然在增加购买量和购买方面有巨大的潜力可以挖掘，是店铺最重要的客户。

3. 客户金字塔

客户价值细分矩阵的四类客户在数量、利润以及资源投资上，形成了一组客户金字塔，如图 4－16 所示。在客户数量方面，金质客户数量最少，依次是银质客户、铁质客户，铅制客户在塔基数量最多。而客户利润与客户数量呈反比，是一个倒金字塔，客户数量最多的铅质客户带来的利润最少，而数量最少的金质客户给企业带来的利润则是最多的。根据不同种类客户对企业的贡献进行资源分配，企业资源投入也呈倒金字塔，对带来巨大利润的金质客户企业愿意投入最大的资源，而根据客户的价值不断降低，企业的投入会随之减少。

4. 淘宝客户分群

我们通过以上模型的学习，已知店铺 80% 的利润来源于 20% 的客户，店铺要合理利用资源维护客户，就必须对客户进行等级划分。大部分店铺的分群标准根据客户价值进行细分，消费金额越高、消费次数越频繁的客户创造的利润价值越高，级别也就越高，得到的维系关怀也越高。根据每个店铺的销量情况及客单价的不同，客户分群的维度也有差别，在淘宝后台客户运营平台中的客户管理模块就可以根据不同店铺的自身情况，划分客户等级标准，如图 4－17 所示。

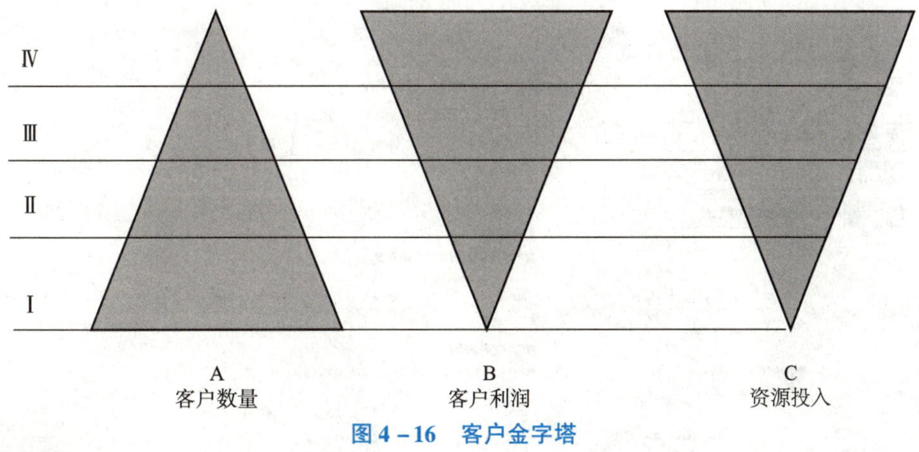

图 4－16　客户金字塔

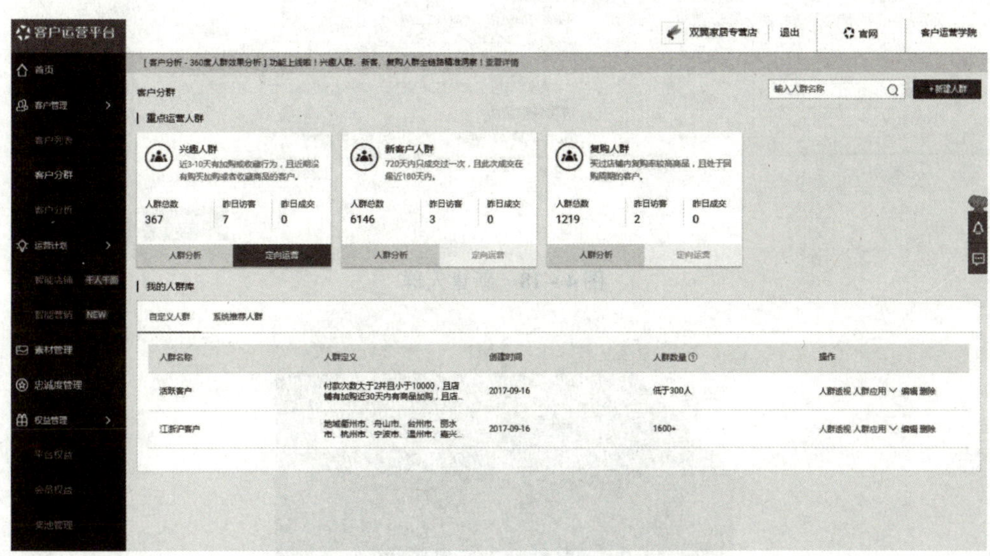

图 4－17　客户分群

在客户分群模块中店铺进行新建人群操作，根据人群基本属性、店铺关系、行业属性等进行人群筛选。如活跃客户就是根据店铺关系中的付款次数、付款金额、客单价等数据进行划分的。不同级别的客户有不同的维护策略，这样不但使维护工作变得更加具有针对性，也使维护效果更加明显，如图 4－18 所示。

二、客户细分模型

RFM 模型是基于客户消费行为的一种细分方法，也是网店衡量当前客户价值及其潜在价值的重要工具和手段，如图 4－19 所示。美国数据库营销研究所的阿瑟·休斯发现，客户消费记录中有三项神奇的要素，通过这三个要素可以划分出具有不同消费特征的客户群体，实现对店铺客户的细分。这三个要素分别是：

①最近一次消费（Recency，R）：指客户最近一次交易和现在的时间间隔。R 值越低，客户价值越高，对店铺的回购刺激最有可能产生回应。

②消费频率（Frequency，F）：指客户在最近一段时间内购买的次数，是顾客对店铺忠诚度的体现。F 值越高，客户的价值越高，客户对店铺的黏性越高。

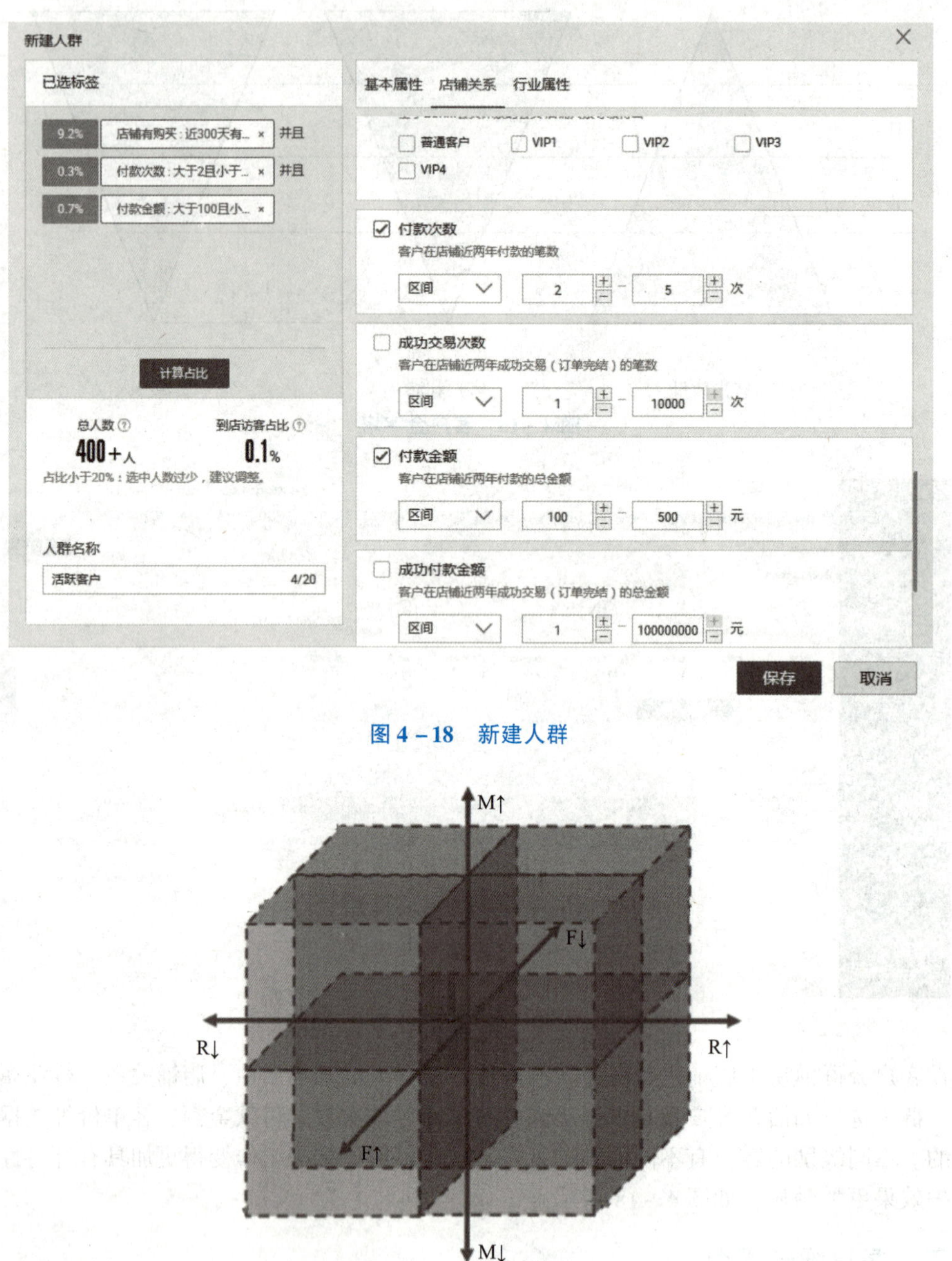

图 4－18　新建人群

图 4－19　RFM 模型

③消费金额（Monetary，M）：指客户在最近一段时间内购买的金额，是区分客户对店铺的价值贡献及消费能力的体现。M 值越高，客户的价值越高。

获取三个指标的数据以后，需要计算每个指标数据的均值，最后通过将每位客户的三个指标与均值进行比较，可以将客户细分为以下八类。

①类型一（R↓F↑M↑）：重要保持客户。这类客户在该店铺购买频繁、交易量大且最近一次交易时间间隔较短，客户实际贡献的价值很高，且具有很高的潜在价值，是店铺的优质客户群；因此可视为店铺的重要维护客户，继续维护与这类客户的关系是店铺利润的重要

保障。

②类型二（R↓F↓M↑）：重要挽留客户。这类客户最近一次交易时间间隔较短，购买金额较大，购买频率较低，对店铺的利润贡献不及“R↓F↑M↑”型客户。但是这类客户具有很高的潜在价值，如果店铺能够分析、了解、满足他们的需求，采用有针对性的营销手段吸引他们，提高他们的购买频率，将会给店铺带来更高的利润，因此这类客户可视为店铺的重要挽留客户。

③类型三（R↓F↑M↓）：一般保持客户。这类客户最近一次交易时间间隔短，购买频率高，属于活跃客户，但是累计购买交易额少，店铺利润也少。这类客户有可能购买力有限，也有可能购买力强，但对店铺的一些产品不感兴趣。加大对这类客户的营销投入存在一定的风险，但适当维持与这类客户的关系又能使店铺获得一定的利润。因此，这类客户属于店铺的一般保持客户。

④类型四（R↑F↑M↑）：重要价值客户。这类客户与店铺的接触频率很高，购买量也很大，但长时间没有在店铺购买，存在流失风险。对这类客户，店铺应尽量挽留，通过营销手段提高客户的忠诚度。因此，可视其为店铺的重要价值客户，是店铺利润的潜在来源之一。

⑤类型五（R↑F↑M↓）：一般价值客户。这类客户是很长时间没有在店消费、购买频率较高、且购买量很低的客户，店铺已很难从他们身上获取更多利润，因此只能看作店铺的一般价值客户。

⑥类型六（R↑F↓M↓）：无价值客户。从购买频率、购买量以及购买间隔三方面分析，这类客户都属于劣质客户，店铺没有必要维持与他们的关系，属于店铺的无价值客户。

⑦类型七（R↓F↓M↓）：一般挽留客户。这类客户虽然近期在店有过消费，但购买频率和购买数量都很低，店铺能在他们身上得到的利润不高，所以只能看作一般挽留客户。

⑧类型八（R↑F↓M↑）：重要发展客户。这类客户很长时间没有在店铺购买过产品，并且购买频率很低，但他们一旦购买消费金额很高，说明这类客户有一定的忠诚度，只是因为对产品的需求程度较低才导致购买频率不高，属于重要发展客户。对于这类客户，店铺可以深度挖掘客户需求。

三、客户生命周期管理

1. 客户生命周期的概念

客户生命周期是指从一个客户开始对企业进行了解或企业欲对客户进行开发开始，直至客户与企业业务关系完全终止且与之相关的事宜完全处理完毕的这段时间。客户关系的发展划分为四个阶段：考察期、形成期、稳定期和退化期。

（1）考察期

考察期是客户关系的试探和探索阶段，其特点有以下四点。

①双方考察和测试目标的相容性、对方的诚意、对方的绩效。

②考虑如果建立长期关系双方潜在的职责、权利和义务。

③双方相互了解不足、不确定性是考察期的基本特征。

④评估对方的潜在价值和降低不确定性是这一阶段的中心目标。

在这个阶段企业客户保持策略重点是获取客户信任，企业可以对客户进行适当的投资，如商品试用、免费为客户培训等。同时要保持积极、有效的沟通，让客户相信选择我们是有价值的。最后，公司要有良好的信誉和快速提供服务的能力。

（2）形成期

形成期是客户关系的快速发展阶段，其特点有以下三点。

①双方从关系中获得的回报日趋增多，相互依赖的范围和深度也日益增加。

②逐渐认识到对方有能力提供令自己满意的价值和履行其在关系中担负的职责，因此愿意承诺一种长期关系。

③双方相互了解和信任的不断加深、关系日趋成熟，双方承受意愿增加，双方交易不断增加。

在这个阶段企业的客户保持策略重点是让客户满意。企业可以通过了解和满足客户的个性化需求，保持竞争的优势，同时加强与客户的有效沟通，让客户坚信我们能够比竞争对手提供更好的产品和服务。

（3）稳定期

稳定期是客户关系发展的最高阶段，其特点有以下四点。

①双方或含蓄或明确地对持续长期关系做了保证。

②双方对对方提供的价值高度满意。

③为能长期维持稳定的关系，双方都做了大量的有形和无形投入。

④大量交易。

在这个阶段的客户保持策略重点在于设置客户退出壁垒和降低交易成本。客户退出壁垒可以从经济、技术专利和契约三方面设置：可以使结束客户关系会给客户带来经济上的损失；或是运用专利、技术等让客户对产品或服务产生一定的依赖性；再者可以通过与客户签订合同，用法律效应造成客户的退出壁垒。降低交易成本可以从提高企业内部信息化作业水平，优化企业产品或服务的配送和服务体系，开发信息化交流渠道等，来提高运作效率，降低成本。

（4）退化期

退化期是客户关系发展过程中关系水平逆转的阶段，其特点有以下三点。

①交易量下降。

②一方或双方正在考虑结束关系甚至物色候选关系伙伴。

③开始交流结束关系的意图。

此阶段客户保持的策略重点是恢复客户关系和建立长效预警机制。在危机中分析客户流失的原因，提出预防现有客户流失的措施，建立一个预防客户流失的长效机制。对于危机中的客户关系，企业必须做到纠正失误和提供补偿。

2. 客户生命曲线

典型的客户生命曲线呈倒 U 形，如图 4－20 所示。曲线 I 和 II 分别描述交易额 *TV*（*t*）和利润 *P*（*t*）随时间 *T* 的变化趋势。

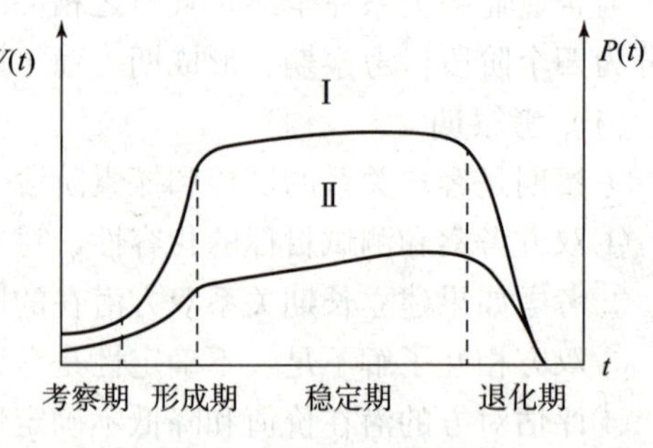

图 4－20 客户生命曲线

TV（*t*）交易额：客户关系水平越高，交易额越大；形成期后期接近最大值，稳定期

上升十分缓慢。

P（*t*）利润：客户关系水平越高，交易额越大；形成期迅速发展，稳定期发展比形成期慢，稳定期达到最大值。

典型的倒 U 形客户生命曲线是一个理性的模式，它完整地包含了生命周期的四个阶段。但在现实的客户关系发展中，社会环境的影响、企业管理的因素、产品服务的不同都会使客户生命曲线有不同的走向。根据客户退出的时间不同，客户生命曲线又可以分为以下四种类型：早期流产型、中途夭折型、提前退出型、长久保持型，如图 4－21 所示。

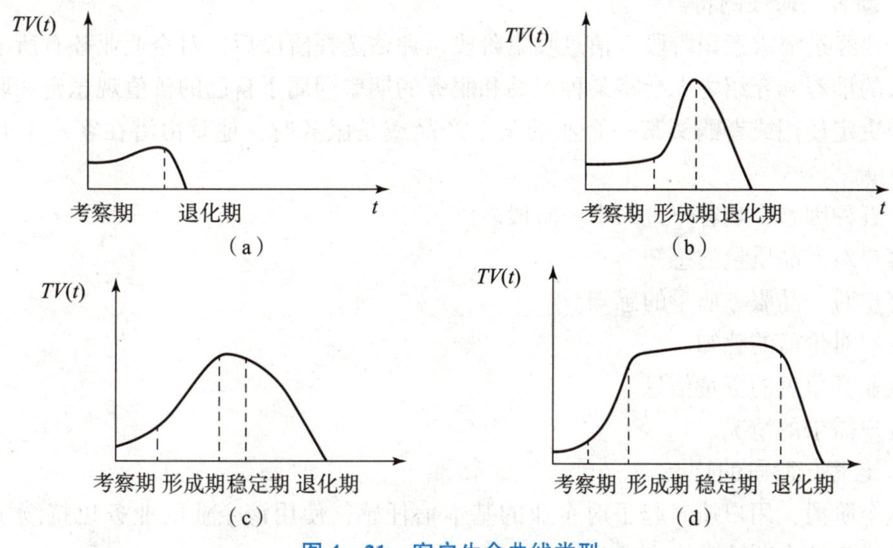

图 4－21　客户生命曲线类型

（a）早期流产型；（b）中途夭折型；（c）提前退出型；（d）长久保持型

3. 客户生命周期阶段划分与特点

客户生命周期阶段划分可以直观地展示客户关系水平是随着时间的变化从一种状态向另一种状态运动的阶段性特征。该周期将客户依次划分为潜在客户、新客户、老客户、新业务的新客户，如图 4－22 所示。

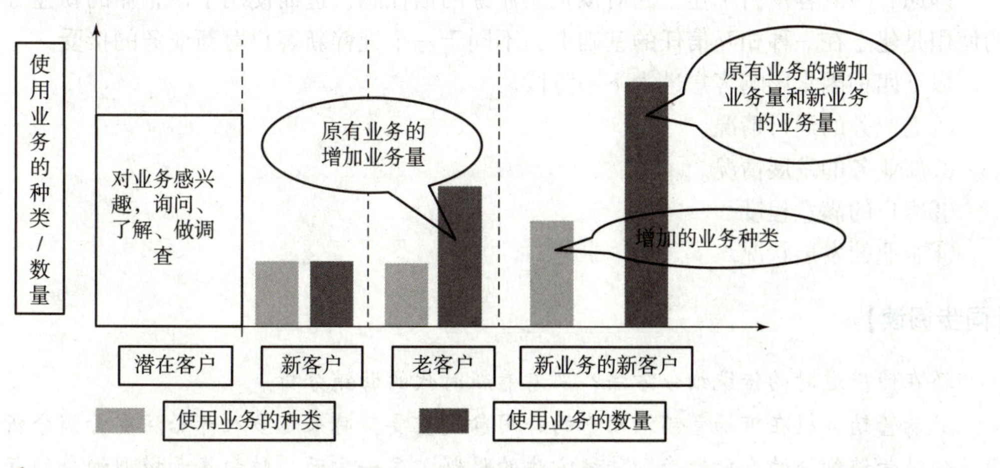

图 4－22　客户生命周期阶段

(1) 潜在客户阶段的特点

最初，当一个客户在询问企业的业务时，他表现出对该业务的兴趣，他就成了该企业业务的潜在客户。

下列三种因素会对客户进入下一阶段有影响。

①外界评价。

②客户的层次。

③客户的所属行业。

(2) 新客户阶段的特点

当客户经过需求意识阶段、信息收集阶段、评估选择阶段后，对企业业务有所了解，或者在别人的推荐和介绍之下会将某种产品和服务的期望同属于自己的价值观念密切联系在一起，客户决定使用或者购买某一企业的某个产品或是服务时，他就由潜在客户上升为了新客户。

以下五种因素影响客户进入下一阶段。

①客户对产品质量的感知。

②客户对产品服务质量的感知。

③客户对价值的感知。

④企业竞争者的资费信息。

⑤客户需求的情况。

(3) 老客户阶段的特点

在这个阶段，用户培养起了对企业的基本信任感，使用该企业的业务也持续了一段时间，从而成为该企业的老客户。

以下三种因素影响客户进入下一阶段。

①企业的服务情况。

②客户新的业务需求。

③企业竞争者的信息。

(4) 新业务的新客户

即原有的老客户由于建立起对该企业业务的信任感，进而使用了该企业的新业务，这时的使用是建立在一种相互信任的基础上，不同于一个纯粹新客户对新业务的接受。

以下四种因素影响客户进入下一阶段。

①老业务的运行情况。

②新业务的发展情况。

③客户的满意程度。

④企业的发展状况。

【同步阅读】

还在使用过时的传统细分方法？来看看新时代的营销分析。

随着营销分析在市场营销活动中的作用愈发重要，越来越多人开始注重营销分析。一方面，传统营销细分的有效性受到传统方法的限制。另一方面，转向基于模型细分的营销团队可以基于大体量的多样性数据点的交互来动态创建客户细分。

那么，从传统方法转换到基于模型的客户细分有哪些优势？让我们从头说起。

通过传统细分方法，客户知识数据往往是僵化且过时的，所以使用这种方法将广告活动优化到特定目标群体时经常导致营销人员错误的分析结果。一些主要的限制包括以下四点。

①缺乏行为数据。传统营销细分通常依赖于消费者自己填写的数据信息，这种数据往往是有限的。而且这种方法使其难以在更深层次上了解用户和分组用户，并且不可能随着时间的推移了解用户的更多信息。

②样本太小。用于传统营销细分方法的数据通常涉及调查数据和销售数据。这种方法的问题是数据量的大小——较小的样本数据发现不了趋势。而使用大数据，并不是割裂地跟踪分析每一个有价值用户的数据，而是通过分析群体数据来发现趋势，以勾画出一个完整的蓝图。

③单一数据源。传统的客户细分缺乏从多个来源（如公司机构的 CRM、电子邮件和社交媒体数据）收集和评估数据的灵活性。

④数据使用寿命及其限制。传统细分依赖于固定数据，这些数据往往一年只更新一次，当你尝试了解客户群体的复杂性时，这些数据太过局限。客户可能会在 2015 年 1 月份购买一件蓝色的 T 恤，但在 2015 年 6 月开始购买粉红色的 T 恤。如果你的细分是根据旧数据（即 2015 年 1 月买的蓝色 T 恤）完成的，那么你会继续推动蓝色 T 恤的营销推广，因此错过销售粉红色 T 恤或相关产品。

1. 2017 年的营销细分

我们现在处于一个新的数据时代，客户数据的数量和质量在类型、复杂性、多样性、速度和相互依赖性方面都在极速增加。这些高度特定信息的新数据源为智能和动态地细分客户数据库提供了更加详尽和不断发展的机会。但是如何做呢？

（1）利用所有数据

广义而言，有三种类型的数据（交易数据、交互数据和外部数据），当通过这三种数据组合分析时，要提供用户数据的整体视图。

（2）交易数据

交易数据是最古老的数据类型之一，反映了各种以客户为中心的数据，如时间、地点、价格、付款方式、折扣价值、购买数量等。所有这些数据可以结合起来，勾画出一个精确的关于客户购物习惯和兴趣的蓝图。

（3）交互数据

数字时代使公司能够跟踪所有渠道的客户和潜在客户，无论是网站互动、社交媒体、电子邮件、电话交谈或短信。你可以创建几乎一对一的关系，并结合其他互动点，得到一个全球客户的视图。

（4）外部数据

外部数据被定义为组织内部系统之外的所有数据。历史上，这种类型的数据受到传统细分方法的阻碍：外部数据是有限的，如果可用，只考虑符合细分规则范围的数据（如平均年龄组、按位置过滤的兴趣等）。总体方法并不广泛，结果有限。

随着分析处理技术的进步，再加上扩展的数据可用性（例如开放数据计划），公司机构现在可以利用各种维度的数据，以便理解客户行为更深层次的意义。例如，地理和社会人口数据集可用于提供深刻的客户洞察：特定区域的交通拥堵将如何影响零售店访问，天气如何影响户外地点的行车路况，等等。

2. 利用机器学习

机器学习涉及数学、统计学和计算机科学，旨在根据数据中发现的模式进行预测。机器学习可以帮助营销团队预测客户可能做什么。这是可能的，因为细粒度分割方法——使用详细的数据集来确定客户可能具体的行为。

我们不再基于广泛的标准化查询（例如客户收入和年龄）得出结论，我们正在使用机器学习来基于特定的行为分析来获得预测性结论，例如通过用户在手机上参与某个社交媒体，预测用户何时访问商店。

3. 不要忽略你的已有能力

当今营销的竞争格局与十年前的环境是非常不同的。在以客户为中心的时代，技术已经发展到可以做到，无论是否要求，针对客户的营销是个性化的、定制化的。传统上，营销决策受到客户反馈的影响。公司祈祷希望客户能够让自己了解他们的经历，得到这种反馈将有助于改善运营。

然而，通过分析大量的可用数据，营销人员不必再等待客户反馈。如果他们想做出明智的决策来优化策略，他们需要收集用户数据的来源（即交易数据、交互数据和外部数据）并利用机器学习的力量。

（资料来源于网络）

【同步实训】

实训1 建立 RFM 模型

【实训目的】

能够了解客户需求并挖掘客户价值，掌握网店客户关系管理的方法与手段，掌握客户数据搜索、分析以及如何针对不同客户开展客户关系管理。

【实训内容与步骤】

（1）利用调查问卷收集客户信息，完成表 4－1。

表 4－1 客户关系管理调查问卷

淘宝网客户关系管理调查问卷
尊敬的先生/女士： 感谢您参与客户关系管理的调查，您所提供的资料将被用于客户关系管理的研究，我们将对您的信息进行保密。感谢您在百忙之中抽出宝贵的时间来完成这份问卷，我们在此表示衷心的感谢！
请问您最近一次在淘宝网上消费是什么时候？ 请问您平均每个月在淘宝网上消费几次？ 请问您平均每个月在淘宝网上消费多少钱？

（2）从淘宝网客户关系管理调查问卷中随机抽取 10 名客户的调查结果，完成表 4－2。

表 4－2　问卷结果

客户编号	最近一次消费	消费频率	消费金额
1			
2			
3			
4			
5			
6			
7			
8			
9			
10			
平均值			

（3）比较各客户的均值，如果客户的单个指标大于（等于）单个指标平均值，则标记“↑”，否则标记“↓”，（比较结果如：↑↑↓）完成表 4－3。

表 4－3　客户均值比较

客户编号	比较结果
1	
2	
3	
4	
5	
6	
7	
8	
9	
10	

（4）在上一个任务中，我们制作表 4－2 的过程就是建立客户细分模型即 RFM 模型的过程。下面我们要对客户交易行为进行深入分析。

根据表 4－3 中的客户均值比较结果，将客户划分为不同的客户级别，填写在表 4－4中。

表4-4 细分客户级别

客户编号	客户级别
1	
2	
3	
4	
5	
6	
7	
8	
9	
10	

（2）针对不同的客户类型制定相应的营销策略，以期达到维护客户关系以及提升客户价值的目的，完成表4-5。

表4-5 制定营销策略

客户级别	营销策略
重要保持客户	
重要挽留客户	
一般保持客户	
重要价值客户	
一般价值客户	
无价值客户	
一般挽留客户	
重要发展客户	

【实训提示】

虽然此次实训我们只选择了10个样本进行RFM模型的建立，若是想要模型更真实、更贴近实际，需要企业采集更多的样本。

【思考与练习】

（1）客户关系的发展可以划分为哪几个阶段？各阶段分别具有什么特点？

（2）为什么要对客户进行细分？

【同步测试】

1. 单选题

（1）客户生命周期中老客户阶段的特点是（　　）。

A. 对企业开始建立最基本的信任　　B. 与企业的关系开始下滑

C. 对企业已经建立了最基本的信任　　D. 企业需要花很多精力维护老客户

（2）电子商务环境下客户心理特征不对的是（　　）。

A. 主动获取产品信息　　B. 选择多样化

C. 跟风购买　　D. 追求个性化

（3）网店顾客对卖家的期望不对的是（　　）。

A. 热情的服务　　B. 快速的服务　　C. 多样的推荐　　D. 诚实守信

（4）有关市场细分的作用正确的是（　　）。

A. 有利于挖掘市场机会　　B. 找到更多的竞争对手

C. 巩固团队　　D. 使产品质量更优

（5）用户画像属性的构成不包括（　　）。

A. 用户静态属性　　B. 用户资源属性

C. 用户消费属性　　D. 用户动态属性

2. 判断题

（1）稳定期是客户的最高阶段。（　　）

（2）在客户价值细分矩阵中，用来对客户进行细分的两个维度是客户终身价值和时间。（　　）

（3）市场细分就是将客户分为不同类型。（　　）

（4）所有企业都可以完成客户生命周期的四阶段。（　　）

（5）网络客户和实体店客户大同小异，我们只需要把他们同样对待就可以了。（　　）

（6）客户生命周期是指一个客户开始对企业进行了解或企业欲对客户进行开发开始，直至客户与企业业务关系完全终止且与之相关的事宜完全处理完毕的这段时间。（　　）

（7）客户价值细分矩阵的核心是客户数量越多给企业带来的利润也越多，即客户利润与客户数量成正比。（　　）

（8）客户细分和市场细分都是帮企业找到精确的目标客户。（　　）

3. 简答题

（1）比较市场细分与客户细分有什么不同。

（2）什么是客户价值细分矩阵？它对客户关系管理有什么作用？

项目五

培育客户忠诚

【本项目重点难点】

了解客户忠诚度的概念；了解忠诚客户对店铺的价值；了解客户忠诚的影响因素；了解实现客户忠诚的策略；掌握店铺会员体系建设的内容；掌握店铺积分管理方案的制定。

【项目导图】

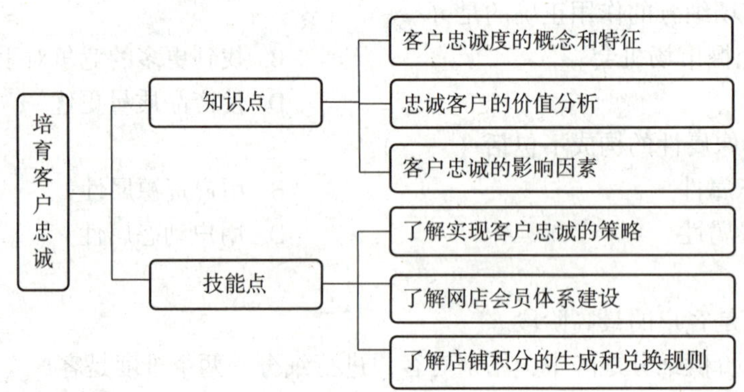

【引例】

家住北京市海淀区的张女士平时只在京东上购物，原因是她花了 149 元购买了京东 PLUS 会员。成了会员，张女士不但享用特有的商品折扣，还有免费上门退换货、24 小时专属客服等特权。为了让这笔会员费不白花，张女士在网上购物时，尽可能地选择京东。如今，像张女士这样花钱买会员的消费者越来越多，越来越多的电商平台开始引入会员模式。

京东 PLUS 会员是中国第一个电商付费会员体系，诞生于 2015 年 10 月，并于 2016 年 1 月正式上线，旨在通过整合京东平台和外部合作伙伴的优势资源，向京东核心用户提供更优质的购物体验和消费、生活、娱乐服务。

阿里会员体系升级后，原淘宝/天猫会员已统一升级为 88 会员，与此同时，阿里巴巴集团宣布，每年 8 月 8 日将被定为 88 会员节。在新 88 会员体系下，淘气值成为会员等级划分的唯一依据。根据 88 会员近 12 个月在淘宝、天猫、飞猪、淘票票等阿里旗下业务平台的购买金额、购买频次、互动、信誉等行为，综合算出每个会员的淘气值。

淘宝打破一刀切的普惠性福利发放，对不同类型的会员提供个性化的权益和服务。淘气值在1 000分以下的普通会员，注重营造惊喜感。比如在每个月8日淘气值更新的时候，涨分达到一定值就会获得一些更高层级会员才能享有的权益。而超级会员，可享有的权益则更加丰厚，比如可低于5折入住五星级酒店，还可享每周1次退货免运费特权，在会员中心可直接领取退货保障卡。

【引例分析】

为什么电商平台都开始重视会员这件事呢？这反映了电商的流量红利时代已经结束了，会员经济成为最诱人的金矿。对于拥有众多会员基础的电商企业来说，探寻数字背后的规律，有助于挖掘消费需求，提供更精准、精细的服务。同样，众多的电商品牌也面临着流量费用越来越贵、新客成本越来越高的问题，慢慢将店铺运营的重点从流量、商品转向客户。如何维护客户关系，提高会员的忠诚度，是本章节重点学习的内容。

任务1 了解客户忠诚度

一、了解客户忠诚度

在市场竞争日益激烈的环境下，企业在营销活动中的关注点已经从产品转向了企业的核心资源——客户。客户关系管理的理念已经深入当今企业的管理运营中，维护良好的客户关系，尽可能地保留老客户、充分挖掘客户的价值成了企业维护客户关系管理的重要内容。客户忠诚度的管理作为保留现有客户并充分挖掘其价值不可或缺的手段，已经被广泛地运用到各行各业中。

1. 客户忠诚度的概念

关于客户忠诚度，目前没有一个统一的定义。一般认为，客户忠诚度是指客户忠诚的程度，是一个量化的概念。它是指由于质量、价格、服务等诸多因素的影响，使顾客对某一企业的产品或服务产生感情，形成偏爱并长期重复购买该企业产品或服务的程度。哈佛商学院和施乐公司在多个地区和行业的调查统计显示，客户满意度如果有了5%的提高，企业的利润将加倍；一个非常满意的客户的购买意愿将6倍于一个满意的客户；1位不满意的顾客会影响25个人的光顾意愿；争取1位新顾客所花的成本是保住1位老顾客所花费的6倍；一个企业只要比以往多维持5%的顾客，则利润可增加25%以上。由此可见，保有忠诚度的顾客对企业经营者来说，是相当重要的任务。客户的忠诚度是企业维持长远发展的重要因素之一，如果客户不忠诚就会导致企业的订单流失，所以企业必须要提高客户的忠诚度，只有这样才能保证企业的可持续发展。

2. 客户忠诚的特征

众多学者的研究表明，客户忠诚是一个复杂的概念。通常情况下，客户忠诚的特征可以表现为以下几个方面。

（1）持续性地重复购买

忠诚客户首先在行为上会表现为持续性购买，这是一种行为上的忠诚。客户已经形成了一定的购买惯性，当客户有需求的时候，会重复选择相应品牌的商品。

（2）同时购买多个产品或服务

忠诚客户在使用商品持续获得满意之后会形成对品牌的偏爱，因为喜欢和认同而购买。因此当品牌推出多个产品或服务的时候，就会得到忠诚客户的支持。例如小米的粉丝最先是因为购买了小米手机而对品牌产生了忠诚感，当小米发展了它的科技生态链，推出了小米手环、小米盒子、小米智能插座等，同样得到了很多米粉的支持，他们愿意购买该品牌下的多个产品。

（3）乐于向他人推荐传播

忠诚客户会乐于向其他人推荐商品或服务，这就是口碑营销，这是建立在客户对品牌认同的基础上的，是一种情感上的忠诚。小米的口碑式营销最初就是由于打造了一批忠诚的米粉，在他们的分享传播之下，才形成了今天小米手机销售的神话。

（4）对于竞争对手的诱惑有免疫力

比如目前经常打的价格战，对于忠诚客户的影响不大。如果该用户是海尔品牌的忠诚客户，他不会因为格力空调的优惠力度大而选择购买该品牌的产品，这就是忠诚的表现。

（5）与企业有着良好的情感

对企业有一定的信任度，愿意购买企业新的产品，企业偶然出现的一点失误也能够容忍。

想一想

根据上述介绍的客户忠诚的特征，说说你在现实生活中是否是一个忠诚客户，你对哪个企业、品牌、平台或店铺是忠诚的。

二、网络时代的客户忠诚度

随着科技的快速发展，互联网得到极大的推广和普及，如今互联网已成为人们日常生活不可或缺的一部分，整个互联网经济实现快速、纵深化的发展。同时我国的传统企业不断向电子商务平台渗透，电子商务应用继续保持高速增长，其在网络经济中所占的比例进一步提升。《2017 年中国网络经济报告》显示，2016 年中国网络经济营收规模达到 14 707 亿元，同比增长 28.5%，经过多年高速增长后，网络经济发展进入稳健期，增速略有放缓，但整体仍保持稳定的增长态势，未来还将继续增长。其中，PC 网络经济营收规模为 6 799.5 亿元；移动网络经济营收规模为 7 907.4 亿元；电商营收规模 8 946.2 亿元，占比超过 60%，是推动网络经济增长的主要力量，如图 5－1 所示。

近年来，我国零售业电子商务的发展可谓如火如荼。淘宝、京东、唯品会、当当网等电商平台竞争激烈，天猫“双十一”的销售数据更是一再刷新历史纪录。网络购物的便捷性使得客户只需轻点鼠标便能完成从一家电商到另一家电商的购物转换，消除了线下实体商业切换中的距离成本，也让电商企业对访问流量的竞争异常激烈。

从 2018 年女装类目“双十二”的销售数据排名可以看出（如图 5－2 所示），传统品牌和网红店铺占据了当下的大部分市场份额。这说明了什么呢？传统品牌由于前期的广告效应积累了一定的客户基础，例如优衣库、波司登等都是耳熟能详的服装品牌。网红店铺通过微博或微信的互动，也拥有了大量的粉丝基础，如图 5－3 所示。在用户的基础上，网店的运营事半功倍、水到渠成。2016 年，淘宝提出口号“天猫打造粉丝经济，淘宝打造网红经济”。口号的背后意味着电子商务开始从流量经营到客户经营，从卖货时代到品牌时代，从商品时代到粉丝时代的转变。未来，缺乏客户忠诚度、缺乏粉丝认可的品牌将越来越缺少发展空间。由此可见，网络时代的客户忠诚度仍然是至关重要的。

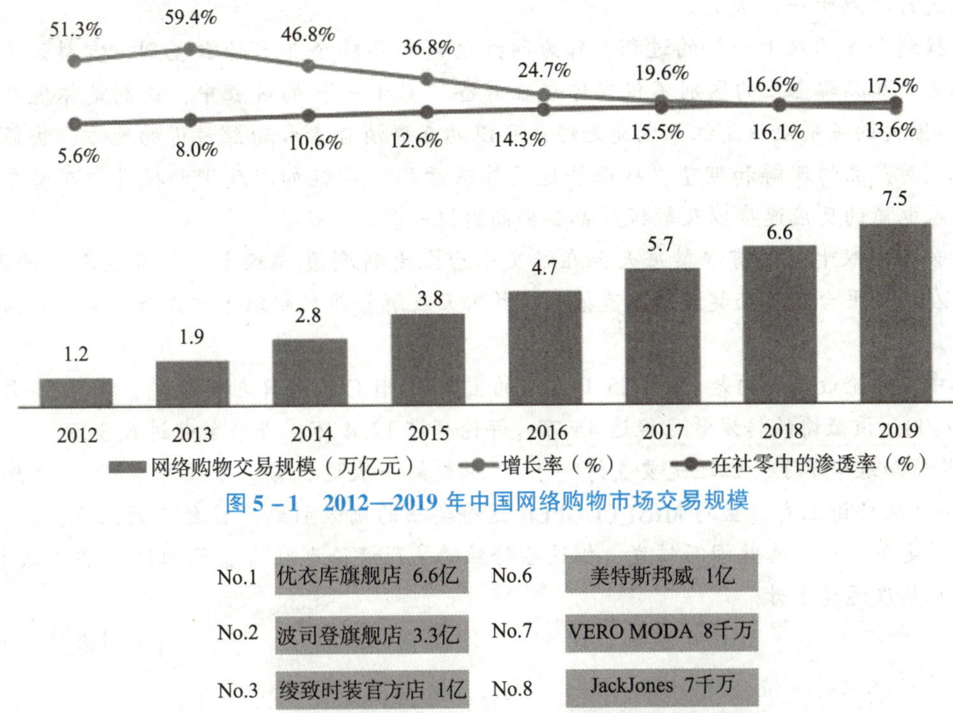

图 5－1　2012—2019 年中国网络购物市场交易规模

No.1	优衣库旗舰店 6.6亿	No.6	美特斯邦威 1亿
No.2	波司登旗舰店 3.3亿	No.7	VERO MODA 8千万
No.3	绫致时装官方店 1亿	No.8	JackJones 7千万
No.4	ONLY旗舰店 1亿	No.9	UR旗舰店 6千万
No.5	森马旗舰店 1亿	No.10	马克华菲 5千万

图 5－2　销售额前 10 的品牌店铺

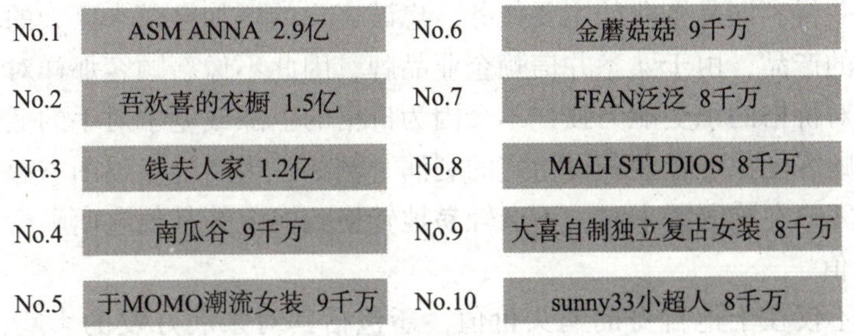

图 5－3　销售额前 10 的网红店铺

【同步阅读 5－1】

网红店铺“双十一”怎么玩?

互联网发展让很多消费新形态出现，“双十一”已不只是品牌方的盛宴了，网红电商等新模式正掀起互联网消费的新热潮。而这股热潮的背后，究竟是如何运作的？

雪梨是网红，是宸帆旗下品牌钱夫人的创始人，更是在2017年“双十一”开始的第350秒破亿元、一天销量额破3亿元的淘宝店主。2018年是钱夫人家雪梨定制参加的第6个“双十一”。2018年“双十一”，宸帆旗下的6家店铺（钱夫人家雪梨定制、Feb2cherie天猫旗舰店、雪梨生活Cherie beauty、雪梨生活馆、雪梨生活Feb2Cherie ACC、初礼Firstgive）将同时进行“双十一”大促。

当提到准备“双十一”的过程，作为网红电商和品牌企业有什么差别，雪梨认为，其实网红电商和品牌企业的区别不仅仅体现在筹备“双十一”的过程中，差别是体现在全方位的。“最大的差别应该是红人电商始终是可以站在离消费者和粉丝最近的地方，去倾听和感受他们对产品的理解和期望，从而快速反馈给后端供应链加以改进和提升。在整个链条中，红人电商的反应速度以及敏锐度都要更高更快一些。”

例如在“双十一”前雪梨每天会在社交平台上更新剧透“双十一”发售款式的照片，并通过在社交平台发布抽奖活动、直播和粉丝聊天及解答粉丝疑问等方式来引流，与粉丝进行互动。

其中，评论最热烈的是10月25日发布的宝马MINI COOPER抽奖微博，截至11月9日下午17:00，该微博的转发量已经达45万，评论超过12.4万，点赞数超过6.5万。

“虽然知道中不了，但还是要支持一下。”“梨第一次这么豪，中奖中奖哟。”“想要被宠！”……从评论上看，宝马MINI COOPER这个奖项的确吸引到了粉丝们的注意力。虽然，有的粉丝更多是为了凑热闹而转发，但这些粉丝的热烈评论也让雪梨的网红店铺“双十一”大促活动热度迅速上升。

（资料来源于网络）

1. 忠诚客户的价值分析

忠诚客户就像是蛋糕上的奶油，最可口，卡路里最高，只有抢到奶油吃的企业才能活得更好，活得更久。因此，客户忠诚是企业重要的战略资源，提高客户的忠诚至关重要。客户忠诚的价值主要表现在以下几个方面。

（1）利润价值

创造价值、获得利润是企业的主要任务，忠诚客户的增加会带来巨大的利润。忠诚客户会持续购买企业的产品，由于熟悉并信赖企业品牌，因此不像新顾客那样对具体产品的价格敏感。忠诚客户对价格的承受能力强，不会因为价格的上涨或竞争对手的低价策略而选择新产品，因此忠诚顾客能保证企业获得稳定的利润。例如，当当早年以图书起家，培养了一批忠诚客户，这些客户在购买图书时，不会轻易地转换到淘宝等其他电商平台上购买。

（2）口碑价值

客户的价值不仅在于他自身的购买价值，还包括其对亲朋好友的影响，这就是口碑效应。高度忠诚的客户往往会把用起来好的产品或愉快的购物体验直接或间接地传达给其他人，无形中他们成了店铺品牌免费的广告宣传者，这远比狂轰滥炸似的巨额广告投资促销效果更好。在互联网环境下，这种口碑效应的影响力变得更大，忠诚客户成为企业发展新市场、获取新顾客的重要途径之一。以网店运营为例，很多店铺在产品上新的时候，往往先通知老客户回购，通过积累基础销量和产品评价，吸引更多的新客户购买，打造商品的聚众效应。

（3）信息价值

客户的信息价值是指客户为商家提供的基本信息的价值，这些信息主要有电子商务网站主动记录的客户的基础信息和交易数据信息，以及在商家与顾客双向沟通过程中，由顾客通过抱怨、建议、要求等向商家提供的信息。忠诚客户会更愿意向企业提供合理可行的建议和忠告，而企业通过反馈，改进产品、改善服务，又促进了客户满意度和忠诚度的提升。正如小米董事长雷军所说的“参与感就是台风，站在风口上，猪都会飞起来”。

如图 5－4 所示，现在很多店铺都会结合微博、微信、微淘等平台来与客户互动交流，让客户参与新品设计、选款测试及活动方案制定，充分调动客户的参与感，增加与客户的情感交流和信任感。

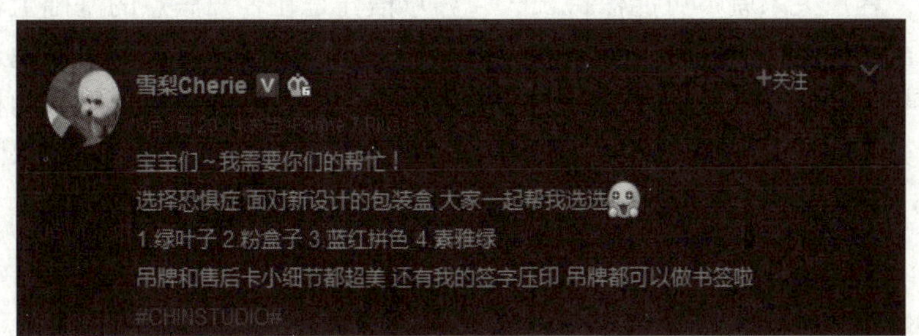

图 5－4　雪梨微博

（4）附加价值

随着流量成本的飙升，或许大家都意识到了，现在维护一个老客户要比获取一个新客户的成本低得多。店铺通过直通车、钻展、淘宝客等各种新客引流方式引来新客户，引入的流量价值和转化率都难以保障，平均下来，现在一个新客的引流成本平均在 150 元，而且这个成本还在不断上升。对比而言，老客户的维护成本是比较低的。商家通过微博、微信、微淘、免费邮件和廉价的短信营销进行定期的维护即可，主要是要让客户有良好的购物体验。相比于通过直通车、钻展、淘宝客等开发新用户的高费用来说，老客户的维护非常廉价。而且，老客户的服务风险也比较小。由于前期的信任和情感基础，老客户对店铺的差错容忍度会相对较高，即使遇到一些问题，也会体谅和理解，不会随意地给出差评或投诉。

2. 客户忠诚的影响因素

在了解了互联网环境下忠诚客户的价值之后，对客户忠诚的影响因素及相关的忠诚策略研究变得尤为重要。网络客户忠诚是由诸多因素共同影响作用形成的，很多学者都对此做了深入的研究。综合现有研究成果，从影响忠诚度的作用力来源角度来看，其影响因素大体可以分为两类：内在影响因素以及外在影响因素。

（1）内在影响因素

①客户满意度。

满意是指一个人通过对一个产品的可感知效果（或结果）与他的期望值相比较后所形成的愉悦或者失望的感觉状态。根据研究，客户满意度与忠诚度是正相关的，客户满意度越高，客户的购买次数也会越多，对公司及其品牌也就越忠诚。客户对消费的产品和服务满意是客户保持绝对忠诚的必要条件。但值得注意的是，客户满意不必然导致客户忠诚，满意不是忠诚的充分条件。

想一想

如何提升网络购物的客户满意度？

②客户价值。

追求利益是客户的基本价值取向。调查结果表明，客户与企业建立长久关系的主要原因在于希望从忠诚中得到优惠和特殊的关注。如果能够满足，则更容易刺激客户与企业建立长久的关系。由此可见，客户忠诚的动力在于能否从忠诚中获利。

③客户信任。

客户信任是指客户对企业履行交易承诺的一种感觉和信心。如果客户没有对企业产生一定程度的信任，客户关系就不可能保持长久，客户信任是在客户满意的基础上长久维持客户关系的关键因素。在网络购物中，客户的购买存在一定的风险，客户为了避免这种风险，往往会更倾向于与自己信任的企业保持长久的关系，因此信任是构成客户忠诚的核心要素。比如现在电商中实施的七天无理由退换货、正品保障等措施，就是一种信任的保障措施，如图5－5、图5－6所示。

图5－5　某商品购买页

图5－6　正品保证险

在网店商品或服务质量问题导致购物体验比较差的情况下，关系信任能够对客户关系的维持产生作用，从而缓冲客户满意度波动的影响。要成功地建立高水平的长期顾客关系必须把焦点放在客户信任而不只是顾客满意上。

(2) 外在影响因素

当客户由一个企业转向其他企业，必须付出一定的代价，其代价的总和称为转换成本。其主要分为几种类型的成本：时间和精力上的转换成本，比如客户一直对一家店铺的衣服比较满意，如果要转向其他店铺，客户需要重新花费时间进行筛选，进行对比，最终确定购买，会有一定的时间和精力消耗，同时还要承担不满意和退换货的风险；经济上的转换成本，主要涉及原有企业给予一定的优惠的损失。提高客户的转换成本是留住客户、提升客户忠诚的有效途径。一般来讲，商家构建转换壁垒，使客户在更换品牌和供应商时感到转换成本太高，或客户原来所获得的利益会因为转换品牌而损失，这样可以加强客户的忠诚。

3. 实现客户忠诚的策略

从以上影响客户忠诚的因素分析中我们知道，企业还需要通过建立激励忠诚和约束流失的机制，来实现客户的忠诚。其具体内容如下。

(1) 提升客户满意度

企业要实现客户的忠诚，首先要努力提升客户的满意度，但是满意的客户不一定忠诚，因为也许竞争对手更令客户满意。

(2) 建立客户信任

通过加强和客户的沟通联系，做好售后服务和各项保障措施，增强客户对企业的感情和信任感。

(3) 加强与客户的结构性关系

通过社交媒体的互动，让客户和企业形成战略联盟和紧密合作的关系，参与产品的生产和品牌的运营。

(4) 奖励忠诚，提高转换成本

这是限制客户流失的机制，即奖励忠诚的客户，提高客户转移的成本。

这些策略的实现通常情况下可以归为忠诚计划，通常情况下的模式主要为：会员卡制、积分奖励、客户俱乐部等。忠诚计划的基础是客户的累计购买，通过对客户累计购买的回报来加强客户对企业品牌的感情。目前，电商企业比较流行的几种会员忠诚计划模式主要有会员卡制、积分制。下面我们来重点介绍电商企业会员制和积分制的具体应用。

任务2　构建会员体系

一、认识会员体系

电子商务跟传统零售行业一样，其本质都是零售和交易。会员制度的核心在于分级管理，通过寻找和锁定目标客户群，为目标用户提供差异化的产品和服务，促成交易。为了提升用户活跃和留存，提高交易转化，会员体系应运而生，如图5-7所示。会员体系是划分普通用户与会员用户，并针对普通用户与会员用户提供不同的产品和服务。通过会员体系管理，可以更加有效地掌握会员用户的资料，了解用户的兴趣爱好和消费习惯，挖掘用户意向需求；同时我们可以进行用户分层，针对不同用户提供优质的个性化服务。事实上，会员体系不是电子商务出现以后才产生的，而是随着商业的诞生而发展的，历史悠久。

图 5-7 会员体系

在现实生活中，我们到处可以看到会员体系的应用。例如在大卖场或超市购物时，基本上都会看到一个办理会员卡的服务柜台，在成为会员之后，我们就可以享受到商品折扣等多种会员服务。而在虚拟的互联网社交世界中，有关客户的忠诚度培养、会员体系的建立做的最为健全的当属腾讯 QQ 了。从早期挂 QQ 在线时间升级星星、月亮、太阳，到之后限定挂机时间，推出超级会员包月服务加速升级、自定义头像、装扮个人空间、开放多群模式，再到如今各式各样的钻级服务和会员政策。可以说，腾讯 QQ 如何建立会员等级、会员可以享受什么特权优惠、享受时间如何、适用哪些人群等一系列问题都为我们树立了非常成功的案例。

在电商平台的运营中，会员体系也在不断孵化孕育，在平台中呈现出各种各样的形态。

1. 付费会员制

付费会员制类似传统的会员俱乐部形式，用户缴纳一定的年费即可成为会员，享受相应的权益，例如 QQ 充值会员、亚马孙 Prime 会员等都属于这种形式。

亚马孙是电商付费会员制的先行者，在 2014 年推出了 Prime 计划，用户每年只要支付 $99 的费用就可以成为会员，可以获得免运送费的送货服务以及商品折扣。同时，成为 Prime 会员的用户还可以免费享受无限量的电视和电影节目观看资格、百万免费音乐曲库和无广告平台播放资格、Kindle 电子书免费借阅下载、无限量的照片存储服务等内容方面的福利。据统计，截至 2017 年 3 月，亚马孙 Prime 用户已超 8 000 万。

相较于亚马孙，京东推出会员付费大约晚了 10 年，但在国内仍属于开先河者。作为中国第一个电商付费会员体系，京东 PLUS 会员最早诞生于 2015 年 10 月，并在 2016 年 1 月正式上线，这比国内其他电商平台推出会员付费服务都至少早了 1 ~ 2 年。事实上，从电商平台在国内诞生到现在，除了人们追求更高性价比的需求始终未变之外，对于电商平台提供更优质服务和更高体验的需求也在与日俱增，而京东 PLUS 会员的推出恰恰满足了用户更高体验购物的需要，填补了行业空缺，因此能够在推出之后，迅速受到用户欢迎，规模不断扩大，如图 5-8 所示。

随着消费者对于服务、品质的追求日益强烈，对付费会员的接受程度不断提升，市场条件逐渐成熟，超过 50% 的消费者表示在购物时愿意为了更高的品质付出 10% ~ 20% 的溢价。

图 5-8　京东 PLUS

从另一方面来看，电商平台的获客成本不断提升，越来越多的电商巨头希望通过付费会员的形式从百万消费者中识别出死忠粉并为他们提供特权服务。

练一练

通过资料检索，说出当前哪些电商平台提供了付费会员服务。

值得注意的是，敢于采用付费会员制的，不论是电商还是线下零售企业，都有一定的用户基础。而且，高忠诚度的用户数量占比必须达到一定程度。或者从另一角度来看，愿意将自己升级为付费会员的用户，绝大部分是常客，包括头部用户，所以付费会员的数量可以代表企业的核心用户群体数量。

对参与付费会员制的用户来说，企业已经提前配备好相关的配套服务设施，比如优质服务、优惠商品内容等。而在这种协议之下，是企业与消费者建立的亲密服务关系。由此产生的差异化服务体系是企业十分愿意看到的，如此一来，企业们能够更专注于服务核心用户，以提升所有平台用户对高服务品质的向心力。

因此，没有强大的用户基础和强有力的服务内容的企业和平台还是不要轻易尝试付费会员制的形式。例如国内知名二次元视频网站 B 站在 2016 年推出付费会员制，高昂的会员收费并没有让用户获得与价格相匹配的服务，遭到了用户的不满和吐槽，仅维持了一个月就取消了。

2. 常规会员制

付费会员制虽然在某些电商平台试水成功，但在国内零售领域，依然是小众的存在，绝大多数企业和平台还是沿用常规的按照会员等级来划分会员体系的普通会员制。

(1) 阿里会员体系

2017 年，阿里升级了会员体系，将淘气值作为阿里会员等级的统一衡量标准，推出了 88 会员。在全新升级的 88 会员体系下，淘气值成为会员等级划分的唯一依据。根据 88 会员近 12 个月在淘宝、天猫、飞猪、淘票票等阿里旗下业务平台的购买金额、购买频次、互动、信誉等行为，综合算出每个会员的淘气值。淘气值的计算不仅参考购买力，也关注消费者是否乐于评价、爱分享、诚信度是否良好等。淘气值是动态变化分值，每月 8 日更新，每次分值由最近 12 个月的消费行为表现计算而来。淘气值共有 300、1 000、2 500 三档，分别对应普通会员、超级会员和 APASS。1 000 分以上可以成为超级会员，2 500 分以上有机会被邀约成 APASS 会员，如图 5 - 9 所示。

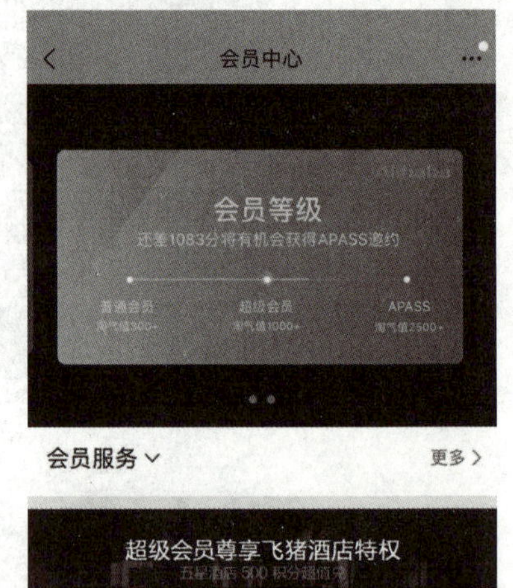

图 5 - 9 阿里会员体系

(2) 唯品会会员等级

唯品会的会员成长体系包括 6 个等级，分别为铁牌、铜牌、银牌、金牌、钻石、皇冠。会员等级与 V 值（成长值）对照表，如表 5 - 1 所示。

表 5 - 1 唯品会员等级

会员等级						
等级名称	铁牌	铜牌	银牌	金牌	钻石	皇冠
V 值（成长值）	—	1 500	7 500	15 000	25 000	50 000

(3) 网易严选会员等级

网易严选的会员级别共分为 4 个等级，分别为 V1 会员、V2 会员、V3 会员、V4 会员，如表 5 - 2 所示。会员级别由成长值决定，成长值越高会员等级越高，享受到的会员权益越大。

表 5 - 2 网易严选会员等级

V1 会员	V2 会员	V3 会员	V4 会员
1 ~ 499	500 ~ 4 999	5 000 ~ 15 000	15 000 以上

(4) 店铺 ECRM 会员体系

除去上述电商平台以外，淘宝和天猫上的商家采用的都是这种按照等级划分会员体系的模式。我们进入淘宝官方平台给商家提供的免费的客户运营平台，在忠诚度管理——忠诚度设置中可以看到 VIP 设置，在这里可以设置会员的升级条件和相关的权益政策，如图 5 - 10 所示。

图 5－10　淘宝免费客户运营平台

如果商家在店铺后台找不到相关功能，那么就需要进入淘宝的服务市场进行订购。

二、网店会员体系建设

网店的会员体系建设一般是由店铺的 CRM（客户关系管理）部门来统一规划的，由于受到网店规模、产品类目、价格策略、管理水平等诸多因素的影响，网店的会员体系建设质量良莠不齐，出现了店铺会员制度混乱、会员权益单一、会员体系形同虚设等现象。在此我们通过分析优秀的店铺案例来探讨会员体系的建设方式，做一定的拆分处理，让会员体系的建设工作能够模块化、要素化，从而降低会员体系的建设难度。

在店铺会员体系的搭建过程中，我们主要考虑以下几个方面的内容：会员等级设计、会员晋升规则、会员权益模型、会员政策的传递、会员体系评估。

1. 会员等级设计

会员等级如何来设定呢？大致可以分为以下几个步骤。

（1）确定会员层级

会员层级的确定因人而异，一般情况下，我们常见的会员层级主要分为以下两类。

①常规的四个会员层级。

四个会员层级是我们日常生活中最常见的，一般分为普通会员、高级会员、VIP 会员和至尊 VIP 会员。我们以淘宝为例进行分析，淘宝的官方软件目前只支持四个层级的会员等级设置，如图 5－11 所示。

②特殊的会员层级。

当然除了四个会员层级以外，也有很多商家和店铺会根据自己的特点，制定特殊的会员层级。例如百草味旗舰店的会员层级有六个，如图 5－12 所示。

（2）确定会员名称

在确定了会员层级之后，我们要为会员设置称谓。最简单的方法是采用淘宝官方 ECRM 的默认设定，把会员设为普通会员、高级会员、VIP 会员、至尊 VIP 会员。这种会员称谓的

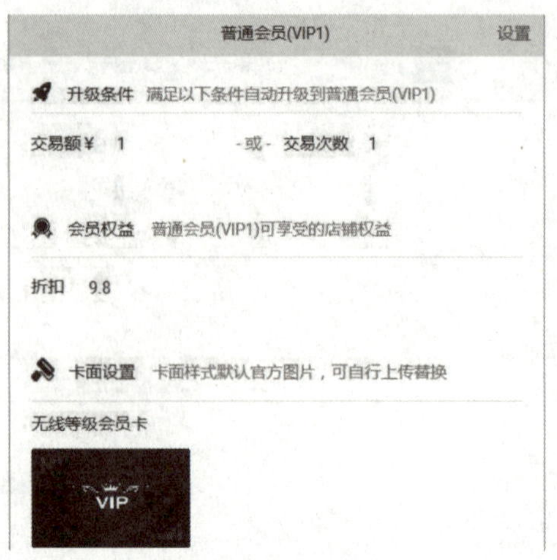

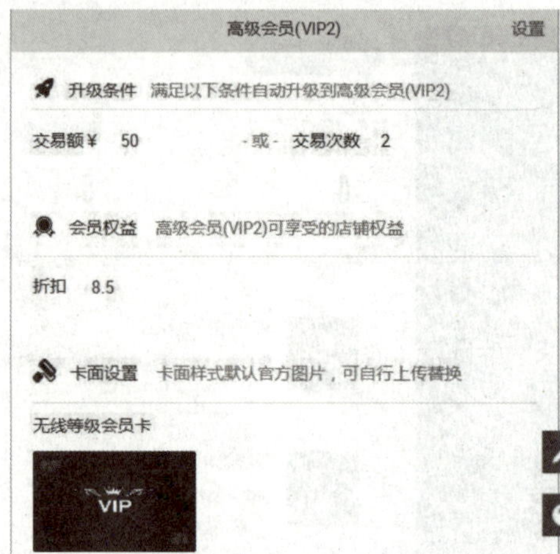

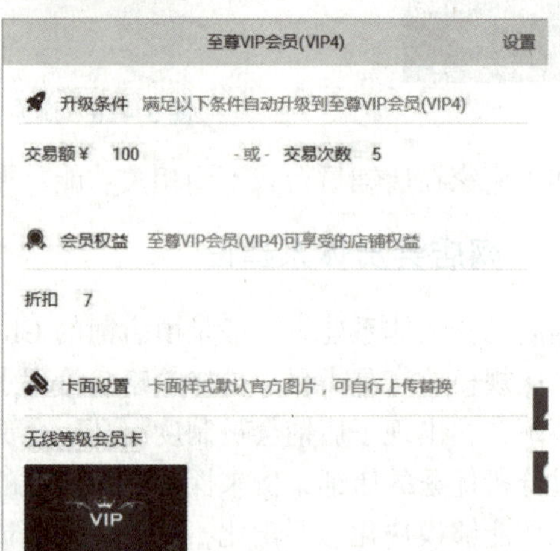

图 5－11 淘宝会员等级

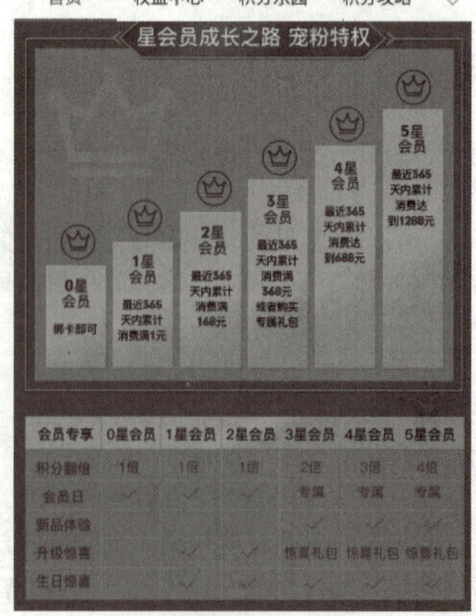

会员专享	0星会员	1星会员	2星会员	3星会员	4星会员	5星会员
积分翻倍	1倍	1倍	1倍	2倍	3倍	4倍
会员日	✓	✓	✓	专属	专属	专属
新品体验				✓	✓	✓
升级惊喜		✓	✓	惊喜礼包	惊喜礼包	惊喜礼包
生日惊喜		✓	✓	✓	✓	✓

图 5－12 百草味会员等级

设定千篇一律，容易导致会员对商家的会员体系识别不鲜明，也可以根据自身店铺的产品调性进行二次定义。

例如良品铺子旗舰店把它的会员称呼为良粉，定义为小小良粉、初级良粉、高级良粉、超级良粉、骨灰级良粉，让会员对店铺品牌有更深刻的认识，如图 5－13 所示。

图 5－13　良品铺子旗舰店会员设置

资生堂旗下个人护理旗舰店主营商品丝蓓绮洗护产品富含山茶花精油配方，深受消费者的青睐和喜爱，店铺为了突出产品的材质特色，让会员更好地了解店铺产品，把会员等级分为红椿卡、银椿卡、金椿卡和黑椿卡（椿就是山茶花中的一种品种），如图 5－14 所示。

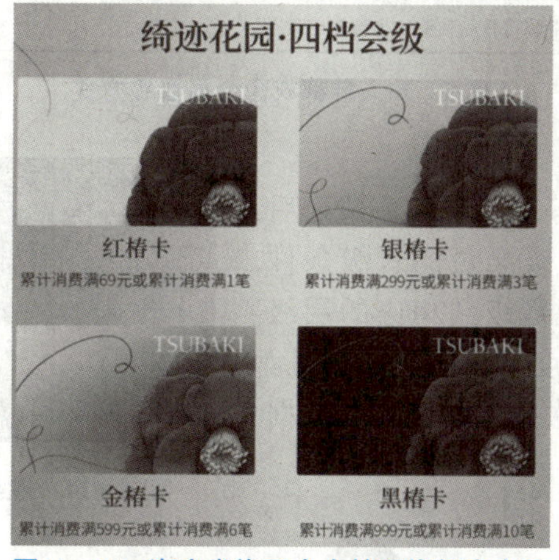

图 5－14　资生堂旗下个人护理旗舰店会员

2. 会员晋升规则

店铺会员的晋升规则主要是指会员的晋级方式和晋级条件设置。

(1) 会员晋级方式

目前晋级模式主要分为两种，一种是升级模式，一种是升降级模式。升级模式比较简单，按照设定的 VIP 制度，会员只要达到一定的要求，即可升级为相应的会员等级，淘宝官方软件的 VIP 设置就是基于升级模式的。这种模式比较适合会员制度建立初期的中小卖家，当前淘宝卖家大多数采用这种模式。按照图 5－15 中茵曼的会员制度，累计交易达 500 元，成为高级会员；累计消费满 2 000 元，可升级为 VIP 会员。

图 5－15　茵曼旗舰店会员晋级方式

升降级模式操作起来略微复杂，需要考虑各个会员等级的有效期。若在有效期内未满足设定的条件，就予以降级处理，成为较低级别的会员等级，若满足了将保留会员等级或升级成为更高的会员等级。京东、唯品会、网易严选等电商平台都采用了升降级模式，在天猫平台中部分品牌黏性比较高、会员制度成熟的商家也开始采用升降级模式，如图 5－16 所示。

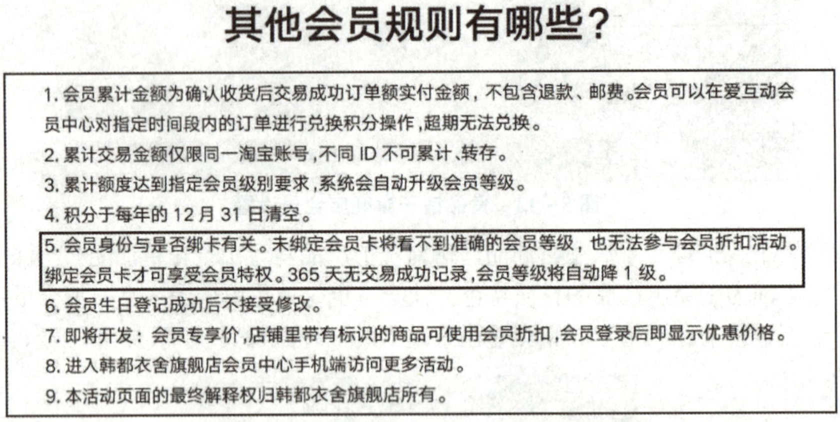

其他会员规则有哪些？

1. 会员累计金额为确认收货后交易成功订单额实付金额，不包含退款、邮费。会员可以在爱互动会员中心对指定时间段内的订单进行兑换积分操作，超期无法兑换。
2. 累计交易金额仅限同一淘宝账号，不同 ID 不可累计、转存。
3. 累计额度达到指定会员级别要求，系统会自动升级会员等级。
4. 积分于每年的 12 月 31 日清空。
5. 会员身份与是否绑卡有关。未绑定会员卡将看不到准确的会员等级，也无法参与会员折扣活动。绑定会员卡才可享受会员特权。365 天无交易成功记录，会员等级将自动降 1 级。
6. 会员生日登记成功后不接受修改。
7. 即将开发：会员专享价，店铺里带有标识的商品可使用会员折扣，会员登录后即显示优惠价格。
8. 进入韩都衣舍旗舰店会员中心手机端访问更多活动。
9. 本活动页面的最终解释权归韩都衣舍旗舰店所有。

图 5－16　韩都衣舍会员晋级方式

（2）会员晋级条件

在确定了店铺的会员等级和晋级方式之后，接下来就需要确定各个等级会员的晋级条件，即满足什么样的条件才能晋级到相应的层级。纵览淘宝各商家的会员制度，几乎无一例外都是根据消费金额或者交易次数来作为划分依据，如图 5－17、图 5－18 所示。

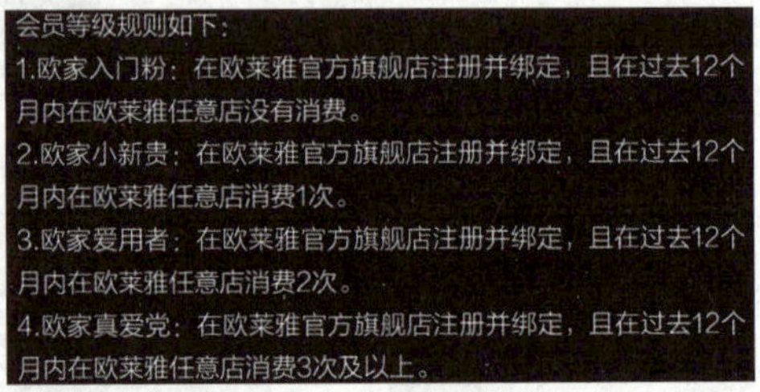

会员等级规则如下：
1.欧家入门粉：在欧莱雅官方旗舰店注册并绑定，且在过去12个月内在欧莱雅任意店没有消费。
2.欧家小新贵：在欧莱雅官方旗舰店注册并绑定，且在过去12个月内在欧莱雅任意店消费1次。
3.欧家爱用者：在欧莱雅官方旗舰店注册并绑定，且在过去12个月内在欧莱雅任意店消费2次。
4.欧家真爱党：在欧莱雅官方旗舰店注册并绑定，且在过去12个月内在欧莱雅任意店消费3次及以上。

图 5－17　欧莱雅旗舰店会员晋级规则

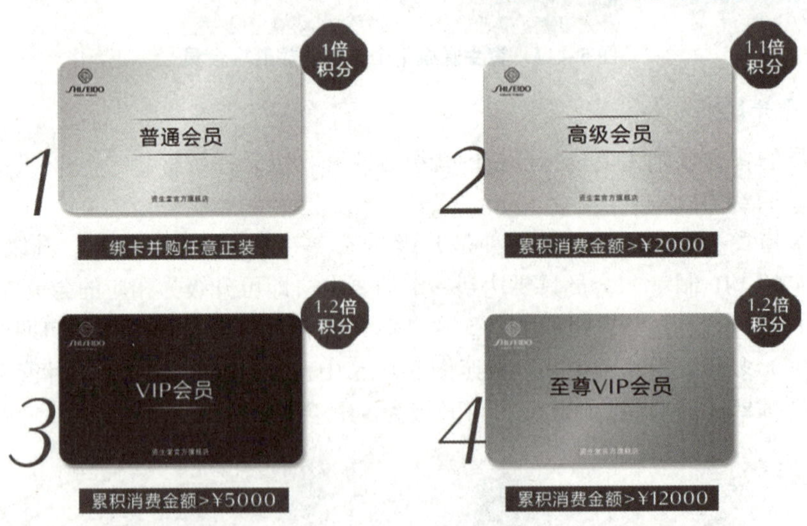

图 5－18　资生堂官方旗舰店会员晋级规则

商家会根据自身的现状和店铺的运营目标来确定会员晋级方案。例如资生堂官方旗舰店对会员等级要求严格，至尊 VIP 会员要求累计消费金额达到 12 000 元，这种会员等级设计的主要目的是为了重点维护高价值的客户，保持其活跃度，刺激其产生更多的消费。而欧莱雅旗舰店的会员晋升要求并不高，任意消费三次即可成为至尊 VIP 会员，其目的更多的在于快速吸引新会员，营造良好的复购环境。

因此，可以根据客户的消费金额和购买次数，对现有客户的表现进行分析，结合店铺的现阶段运营目的最终确定会员晋升规则。我们可以参考行业内经典的二八定律，将客户进行分类，找出其中那 20% 的客户进行重点维护，如图 5－19 所示。

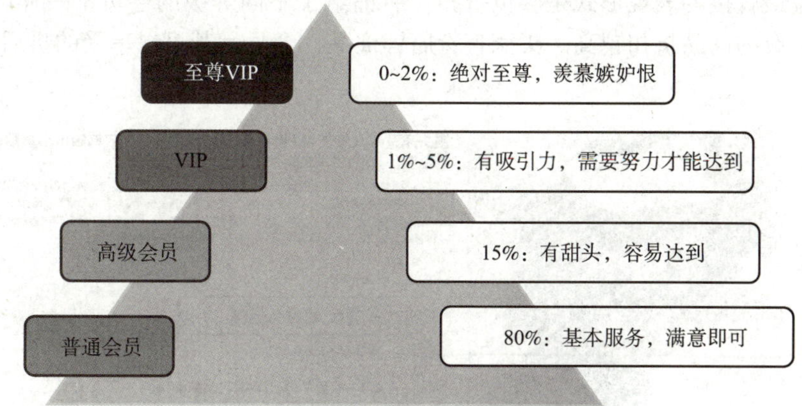

图 5－19　客户分类

3. 会员权益模型

在我们将会员等级设计完成之后，需要给相应的会员设定对应的会员权益。什么是会员权益？它是会员所享受的特殊待遇，是产生会员升级的源动力。当前有些店铺的会员权益千篇一律地在商品折扣上做文章，高级会员 9.7 折，VIP 会员 9.5 折，至尊 VIP 会员 9.2 折。这种会员权益有跟没有一样，用户一点兴趣都没有，失去了向更高等级晋升的动力。

我们以某店铺为例，了解一下商家会员权益制度的设计内容。如图 5－20 所示，我们可以了解到该商家建立了比较综合的会员权益模型，包括折扣、福利、包邮、退换货服务、积分兑换等，同时店铺对不同等级的会员设计了差异化的服务内容，如 VIP 客服享有专属客户服务，这对客户的尊贵心理做了一定了心理暗示，提升了会员权益的综合吸引力。

18年新会员特权				
	普通会员	高级会员	VIP	至尊VIP
会员折扣	/	9.8折	9.5折	9折
	400减50券 月累计消费满500元送	400减50券 月累计消费满500元送	600减100券 月累计消费满500元送	600减100券 月累计消费满500元送
	年度累计消费满5000元，送马拉丁高级定制新年礼			
生日福利（生日月使用）	/	买二送一（仅限一次 不累计）		
服务特权	7天无理由退换货	10天无理由退换货	15天无理由退换货	
	/	/	全年包邮	
	/	/	1对1专属微信客服	
订单兑换积分比例	1倍	1.2倍	1.5倍	2倍

图 5－20　某旗舰店会员权益模型

以上是目前淘宝商家比较普遍的一种会员权益方案，当然各卖家在实际执行落实中会有差异性，综合分析梳理，发现会员权益主要包括以下几类：价格权益、服务权益、专享权益。

（1）价格权益

价格权益是指对不同等级的会员设定不同的价格策略，即越高等级的会员能够在购买时享受更多优惠。其表现方式有以下三点。

①会员折扣。

价格权益最直接的表现形式是会员折扣，店铺给予不同等级的会员不一样的会员折扣，等级越高，享有的商品折扣越高。买家查看店铺商品，会显示其可以享受的折后价格，如图5－21所示。

图5－21　会员折扣价

商品折扣可以通过店铺后台的客户运营平台进行设定，具体的操作是营销中心—客户运营平台—忠诚度管理—忠诚度设置—VIP设置—会员等级设置。这是目前商家最常使用的一种价格权益。除去这种方式以外，价格权益还具有其他很多变化方式，如图5－22所示。

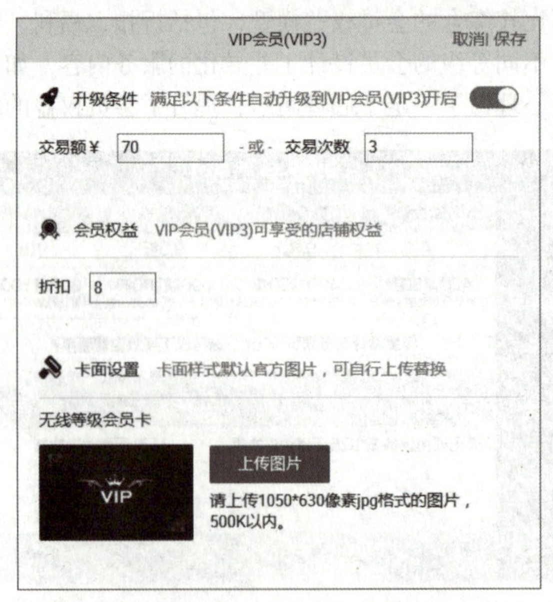

图5－22　会员升级条件

②差额优惠券。

对不同的会员等级，在其消费满足一定额度之后，赠送其不同面额的会员，会员等级越高，推送的优惠券额度越高。例如马拉丁旗舰店消费满 500 之后，普通会员赠送满 400 减 50 的优惠券，至尊 VIP 会员赠送满 600 减 100 的优惠券。

③生日礼券。

这是差额优惠券的另外一种表现形式，即在生日前夕推送给用户的优惠券，也是根据不同的会员等级推送不同面额的优惠券，如图 5－23 所示。

图 5－23　会员优惠券

（2）服务权益

随着网络零售的发展，消费者对商品的价格敏感程度已经不像之前那么强烈了，尤其是店铺的 VIP 会员，他们更注重的是商品的品质和店铺的服务。因此，店铺需要构建更多的跟价格无关的权益方式，来对会员的成长进行激励，也就是服务权益。服务权益是指对不同等级的会员提供不同的服务内容，在差异化的服务中让客户感受到优越感。服务权益一般包括以下四点。

①包邮特权。

包邮特权这种权益，其激励作用主要体现在对邮费政策管理比较严格的店铺中。如果一个店铺，常年是对所有客户实行包邮的，那会员权益中定义包邮特权是没有意义的。一般店铺会对每个等级设定包邮次数的限制，来实现不同等级之间的差异化。如表 5－3 所示，至尊 VIP 会员享有终身包邮的特权。

表 5－3　包邮特权

	普通会员	高级会员	VIP	至尊VIP
包邮特权	/	1次/月	2次/月	终身包邮

②退换货特权。

退换货特权是指商家针对不同等级的会员设定不同的无理由退换货时间。普通会员享有平台统一的七天无理由退换货，等级越高的店铺会员，享有更长时间的无理由退换货。例如前面提到的马拉丁旗舰店，VIP 会员和高级 VIP 会员享有 15 天无理由退换货特权。事实上，统计数据显示，会员的忠诚度越高，退换货比例越低，这是因为他们对店铺的产品非常了解，也能容忍店铺偶尔出现的一些问题，因此退换货的行为很少。那么为什么店铺还要对这些客户提供这种退换货特权呢，这更多的是一种给予客户优越感的体现。优越感这种东西，很难去量化，但又是非常影响消费者决策的一种心理战术。

③差异化客户服务。

差异化服务，最明显的是体现在客服这个接触点上。通常，商家会把店铺中的高价值客户，也就是等级比较高的会员，对应到更专业的人员那里服务。通过对接人员的专业性来提升会员的权益对应。最新版千牛增加了优先接待功能，接受专属服务的 VIP 进来咨询时，客服可以通过小皇冠的标记很方便地进行识别。在后台开启优先接待服务之后，这些 VIP 会员就排在接待列表的最前面，如图 5－24 所示。

图 5－24 优先接待服务

此外很多店铺在微信上另辟蹊径，针对店铺的高价值客户，建立专属的微信客服，进行一对一售后维护。这一方面是为了提供更好的售后服务，更重要的是开展后续的客户管理。

④生日特权。

生日特权这种权益规划，其实是来源于线下商家的。一般线下商家在会员注册的时候，需要会员提交生日信息，而当会员在生日当天进行购物的时候，能够享受到一些店铺内的特权。除去我们在前面提到的生日礼券之外，很多店铺还会给会员提供生日惊喜。通常，商家在客户生日前一段时间，便安排好生日的小惊喜，直接给客户寄送过去，以便让客户有深刻的印象。

由于直接寄送礼品的成本颇高，因此不是所有的会员都能享受到这种权益，而是达到特定等级的会员才能得到，同时要鼓励得到礼物的会员，努力地“晒幸福”，来提高生日特权的传播性，如图 5－25 所示。

	普通会员	高级会员	VIP会员	至尊VIP会员
订单积分倍数	1	1.2	1.5	2
保价周期	7天（除大促）	7天（除大促）	10天（除大促）	10天（除大促）
退换货特权	7天（除大促）	7天（除大促）	7天（除大促）	7天（除大促）
生日优惠券	20元无门槛	满300减50	50元无门槛	100元无门槛
生日积分	500积分	600积分	700积分	800积分
生日礼物	/	/	有	有

图 5－25 生日特权

(3) 专享权益

专享权益是指对各个层级的会员权益进行限制，即有些权益是只有至尊 VIP 的客户才能专享的。例如太平鸟女装旗舰店给至尊 VIP 会员提供干洗的服务，如图 5－26 所示。

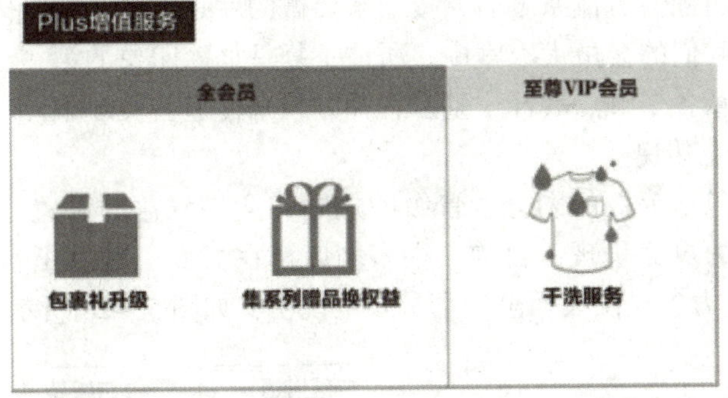

图 5－26　太平鸟女装至尊 VIP 会员增值服务

在店铺会员积分兑换的设置上，也明显区分了店铺普通会员和 VIP、至尊 VIP 会员之间的区别。有些特定商品例如高级彩妆护肤品只有某些特定的会员才能专享，其他普通会员可以看到，但不能享受，这种感觉才是最诱惑人的，这样才能诱发消费者有在店铺里消费更多从而成为更高等级会员的动力，如图 5－27 所示。

爱互动
【高级会员礼】洗脸头巾套　结束时间：2018-04-30　参加任务 -4500
【高级会员礼】化妆刷套装　结束时间：2018-04-30　参加任务 -5000
【高级会员礼】清凉一夏礼包　结束时间：2018-04-30　参加任务 -5500
【高级会员礼】三角时尚粽子包　结束时间：2018-04-30　参加任务 -5000
【至尊专属礼】100元KFC主题...　结束时间：2018-04-30　参加任务 -8888
【VIP&至尊礼】科颜氏护唇膏　结束时间：2018-04-30　参加任务 -7888
【VIP&至尊礼】蕉下遮阳伞　结束时间：2018-04-30　参加任务 -16666
首页　积分兑换　店铺　我的

爱互动
【至尊会员专享】八百里提速...　结束时间：2018-04-30　参加任务 -2000
【至尊会员专享】100元无门槛　结束时间：2018-04-30　参加任务 -10000
【至尊会员专享】50元无门槛　结束时间：2018-04-30　参加任务 -5000
【VIP至尊会员】满759-80优惠...　结束时间：2018-04-30　参加任务 -5000
【VIP至尊会员】20元无门槛优...　结束时间：2018-04-30　参加任务 -2000
【普通高级会员】满659-60优...　结束时间：2018-04-30　参加任务 -4000
【普通高级会员】满459-30优...　结束时间：2018-04-30　参加任务 -2500
首页　积分兑换　店铺　我的

图 5－27　会员礼

在介绍了价格权益、服务权益、专享权益之后，我们也清楚了如何对分层后的各会员等级的会员设定相应的权益。会员权益的设定首先要是客户感兴趣的，能够从功能和心理角度切实给客户带来激励。此外，还要具有差异化的特点，能够对各层级之间的会员产生持续进步的吸引力，让越高等级的会员，享受到更多或者更好的权益。

4. 会员政策的传递

在制定了完整的店铺会员体系之后，接下来要做的就是将整个会员体系政策传递给相应的客户，吸引其加入我们的会员大家庭中。所谓重复是加深印象的第一法则，店铺需要建立多渠道的传播路径，从各个触点展开，整合各种方式来传递会员政策。

(1) 店铺页面信息传递

店铺的会员政策包括等级的划分、晋级的规则和会员权益的设置，是比较立体化的内容，需要有一个落地的页面呈现。目前，很多网店都在页面上建立了自己的会员专区，有PC端的和无线端的，力求提供大而全的会员政策说明，如图5－28所示。

图5－28 店铺页面信息

(2) 客服传递

店铺的客服是很好的信息输送渠道，客服在服务用户的过程中需要告知并提醒相关会员所能享受到的会员权益，让会员感受、意识到相关的会员体系，从而形成一定的认同感。例如新客户在店铺成交之后，客服可以向其推送店铺对应的会员政策。

“亲，感谢您选择我们家的产品，在本次交易完成后，您将成为我们家的普通会员，记得来店铺领取精美的入会礼哦，要了解具体的会员政策，请点击链接……”

（3）包裹信息传递

在电子商务中，包裹是一个非常好的客户触点，很多店铺都注重在包裹上做文章，强调包裹营销。同样地，包裹也是传递会员政策的一个核心输出口。在包裹中，可以放置会员手册，附上店铺的二维码贴标，让客户直接通过扫描二维码进入会员专区，对会员政策的传递，会有很好的刺激作用。

（4）短信传递方式

短信由于传达速度较快、到达率较高、支持群发功能等特点，受到了大部分商家店铺的青睐。店铺可以借助相关软件，在会员等级发生改变的时候，通过短信来唤醒客户对店铺会员政策的认知。

常规来说，升级短信的内容应该包含恭喜话术、前后会员等级、简化版的会员权益等内容。店铺可以提取出当前会员等级最具有冲击力的权益内容来进行表达，例如价格折扣、全场包邮、顺丰快递等，这样客户的感知敏感度相对来说会比较高。

做一做

请你编制一条店铺会员升级的通知短信。

总体来说，店铺需要规划具有穿透力的会员政策。其具体内容包含以下特征。

①传递内容的一致性。

在传递过程中，传递的内容必须一致，这是很多店铺在会员政策梳理中，经常犯的错误。很多店铺早期的会员政策主要在店铺 PC 端呈现，随着淘宝无线端应用越来越频繁，开始在无线店铺上设置会员中心，这时候会出现两边的会员政策冲突，导致会员看到的信息是不一致的，导致用户对会员政策的有效性产生怀疑。

②渠道立体化。

渠道的立体化要求在传递过程中运用“海陆空”思维，对所有可能的渠道进行整合，从而达到跟店铺有关系的任何触点都能发现的程度，这对客户来说，就会产生比较多的感知冲击。

③重复传播。

加深印象，除去惊喜之外，唯有重复一条路。在大量重复之后，其内容能深深映入客户的脑海，而会员政策也是一样，会员的概念需要不停地对客户强调，从而达到最终的效果。

5. 会员体系评估

在店铺顺利搭建好会员体系，并且落实实施一段时间后，我们需要重点做的一件事情就是对现行的会员体系进行有效性评估。

有效性评估的内容主要分为两部分：一是日常的监控，二是对会员体系的验证及调整。

（1）日常的监控

通过日常监控，我们要及时发现店铺会员管理中存在的问题，并进行及时的调整，以保证客户的满意度和忠诚度，使会员管理效果逐步向最佳方向迈进。在数据层面，我们要关注店铺几个重要的会员指标：客户运营平台、忠诚度管理、会员数据。

①会员规模数据。主要包括店铺现有的会员总数、会员入会和退会的趋势图表、店铺各会员层级的占比情况。

②会员贡献数据。主要包括店铺统计周期内的会员消费金额、会员的成交趋势图、老客户的店铺复购率。

（2）会员体系的验证及调整

通常在会员体系实施一段时间后，我们需要对会员体系进行验证，主要通过分析店铺的会员等级分层来判断设定标准的准确性，是否与当初的设定目标一致，如图5-29所示。

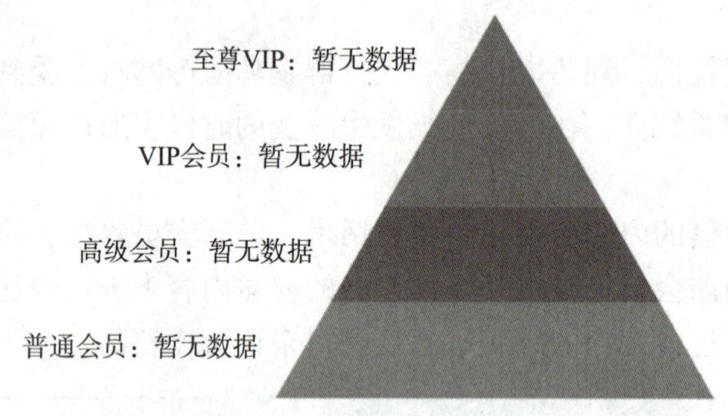

图5-29 会员等级分层

一般来说，店铺的会员等级会遵循一个相对稳定的金字塔分布，即我们前面所说的二八定律，但有些店铺的会员分布情况会出现两种常见的病态。

①普通会员占比巨大，超过店铺的80%。

造成这种情况的原因是店铺会员政策定义不科学，普通会员和高级会员之间的门槛设定得太高，让普通会员可望而不可即，直接导致了会员体系的无效性。如图5-30所示，店铺的平均客单价是200元，高级会员的晋级门槛设定为800元，相对于店铺客户的回购能力来说，是过高的，这直接导致了大量的客户沉积在普通会员一级，失去了会员体系设计的意义。

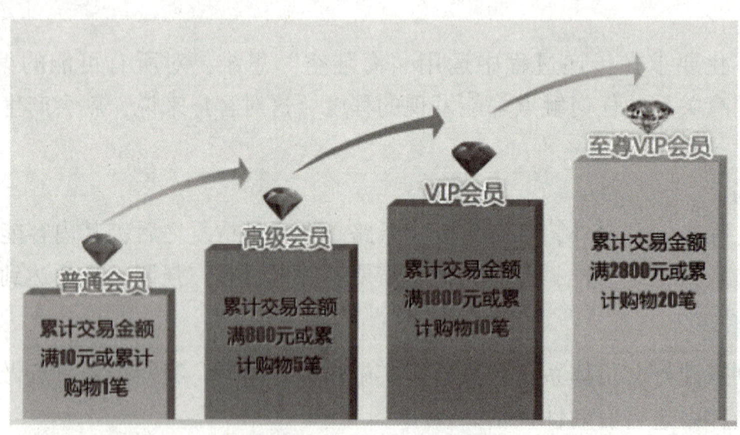

图5-30 会员体系设计

②高等级的会员占比约等于或高于低等级的会员占比。

这种情况往往出现在店铺稳定运营阶段。绝大多数店铺的会员晋升体系都采用了升级模式，即满足一定消费金额之后就享受会员升级。当店铺的老客户占比越来越大，就会出现高等级会员占比超过低等级会员的倒挂现象。

在分析之后，根据店铺的实际预期判定，与预期一致的，继续沿用会员体系，根据实际情况做微调，但是大方向依旧不变；如果与预期不一致，则需要重新进行调整，即重新设计会员体系政策。

任务3　制定积分制度

一、积分的概念和作用

1. 积分的概念

什么是积分呢？简单来说，积分是一种虚拟货币，是商家对客户回馈和奖励的一个载体。商家为了维系客户而在客户消费的同时给予一定的积分，当积分达到一定数量，即可通过消耗积分来获取不同的奖励。积分制度是商家为了刺激消费者消费的一种变相营销手段或者运营策略，在一定程度上提高了客户的转换成本，有利于培养客户的忠诚度。大家熟悉的天猫积分、京东的京豆、苏宁的云钻都属于这种应用。

积分制度作为一种客户忠诚度管理计划，在世界范围内被商家广泛应用。早期，积分制度做得比较成熟的是航空业、电信业和银行业。比较普遍的做法是，对于一般客户，根据累积积分，可以换取一些小礼品或相应商品。例如航空公司的飞行积分计划，乘客通过乘坐某航空公司的航班来累积积分，兑换免费航空里程数，受到了消费者的极大喜爱，提高了客户消费的积极性。后来，积分制度逐渐渗透到超市、商场、专卖店等零售领域，成为商家不可或缺的营销手段。会员凭借手机号码即可认证身份，商家的积分系统平台自动累计会员积分，让会员和商家之间的互动变得更为便捷。

随着互联网和电子商务的发展，不管是独立的 B2C 平台还是平台上的商家，都在积极探索积分制的应用，借助强大的积分工具和数据库管理，让积分管理变得更加多元化。

2. 积分的作用

移动互联网技术的发展，让电子商务快速进入无线运营时代，积分的附加价值越来越大。网络平台上各种积分的获取方法、积分消耗玩法和互动活动，让客户对商家的黏性越来越高，为商家创造了更长远的发展。积分的积极作用主要体现在以下几方面。

（1）可以吸引新客户

店铺掌柜花了大量的金钱和精力，推广店铺提升流量，将顾客吸引到自己的店里。人来了之后怎么办？你得有吸引人的东西啊，得把人留住啊。留住人的花样很多，但本质上也不外乎两种手段：一种是你的产品真的很好并且很便宜，属于那种让人抢购型的，例如 1 毛钱 1 斤的优质大米，你不用担心留不住人，顾客自然会来抢购。另一种就是比自己的竞争对手多做一点点。

在商品同质同价格的今天，你店铺的宝贝与竞争对手的宝贝价格质量肯定都是相差无几的，那么怎么能够再多做一点点，让顾客在你这里购买呢？在同等条件下，积分就非常有可能成为促进新客户转化和交易的影响因素。因为对于顾客来讲在哪里买都是买，反正价钱已经没有降低的可能，那么赚点积分就多得点东西。很多商家和平台为了吸引新客户，往往会提供丰厚的新人礼包，如注册送积分、新手任务获取积分等，对客户来说有一定的吸引力。另外积分店铺给顾客的感觉就是店主在用心经营，在长期经营，感觉会更可靠。

(2) 可以刺激老客户回购

老客户在累积一定数量的积分后，相当于拥有了一部分虚拟资产，这在一定程度上提高了客户的转换成本。积分是联系商家与顾客的一个纽带，是顾客消费后留在你这里的东西，顾客会惦记，会想着怎么消耗这些积分。积分让顾客形成了一种消费潜意识，会把这种潜意识变为主动消费，为了达到积分的目标期望值，会持续性地在原商家进行消费，重复消费形成消费习惯、增强对品牌的忠诚度。例如航空公司的飞行积分计划，乘客可以通过积分兑换免费的航空里程数。乘客为了累积更多的航空里程数，往往不会轻易更换航空公司，因此忠诚度会很高。

(3) 收集客户数据

通过客户重复购买的商品品类、时间频次、积分关注程度、积分兑换效率等掌握客户属性及心理变化，了解哪些活动的客户参与感比较强，哪些积分礼物的兑换效率比较高，从而为企业制定营销决策提供必要的参考，为下一步精准营销、提升营销效能打好基础。

积分管理的发展趋势良好，确实为很多商家带来了显著的会员忠诚度提升。但同时，一些商家也在抱怨积分制度并没有带来预期的效果，其中或是因为积分的玩法太过单一，没有吸引力；或是积分制度设置不合理，积分门槛太高，让会员望而却步。要制定一个行之有效的积分管理制度，需要从积分生成、积分兑换上进行综合设计。接下来，我们便针对积分生成规则和积分兑换政策进行详细介绍。

二、积分生成规则

积分的生成规则，是指会员获取积分的途径和方式。多样化的获取途径，可以增加可实现性和趣味性，提高会员参与的积极性；设置的积分获取门槛不宜过高，太高了则形同虚设，让人望而却步。在设置积分发放数量时，还要规划好积分的价值，因为积分是虚拟货币，耗费的就是企业的成本，需要合理控制。在这里介绍电商中比较常见的一些积分生成规则和场景应用。

1. 消费积分

消费积分，是将消费金额按照比例换算成积分，可以分为固定积分和多级积分两种。固定积分，是指按照固定比例将消费金额换算成积分，如1元=1个积分。还有些平台有其特定的计算方法，例如网易严选，它的积分获取是按照商品售价的10%来核定的，如果购买了556元的商品，就可获得55个积分（556×10%=55.6，小数点后全部舍弃，不进行四舍五入）。多级积分一般是和会员等级设置结合在一起，是与会员等级相匹配的一种积分奖励机制，不同会员等级享受不同的积分奖励。最常见的类似像新农哥旗舰店的会员积分设置，非会员按1∶1兑换，普通会员1元可兑换1.3分，高级会员1元可兑换1.5分，VIP会员1元可兑换1.8分，至尊VIP会员1元可兑换2分，如图5-31所示。还有类似韩都衣舍旗舰店，针对不同等级的会员额外赠送不等的消费积分，如图5-32所示。

图5-31 新农哥消费积分设置

会员权益	V1-店铺会员	V2-普通会员	V3-高级会员	V4-VIP会员	V5-至尊VIP会员
交易送积分1:1		额外获得10积分	额外获得20积分	额外获得30积分	额外获得30积分

图 5－32　韩都衣舍消费积分设置

2. 消费奖励积分

消费奖励积分，是除去消费积分以外的，针对特定消费场景产生的额外的积分奖励。这跟每个店铺的实际运营情况相关，具体有以下场景的应用。

场景 1：首次消费，额外奖励 100 积分，通过积分奖励的方式刺激顾客在店铺消费。

场景 2：生日当天消费，享受多倍积分。这是店铺客户关怀的一种方式。

场景 3：在“国庆”“五一”等特定节庆期间消费，享受多倍积分。这种形式也是借鉴了银行信用卡的积分模式，能够刺激老客户回购。

场景 4：购买店铺指定商品，获得奖励积分，这种方式可以用于店铺的新品推广和爆款打造。

3. 互动奖励积分

互动奖励积分，是会员参与商家的互动活动获得的奖励积分。互动活动可以增加会员对店铺的黏性和回购次数，同时也可以通过调研类的互动，获取客户信息和客户反馈，帮助店铺开展营销推广。互动奖励积分的种类很多，包括以下场景的应用。

场景 1：签到奖励积分。会员在店铺签到即可获得积分奖励。例如每次签到奖励 10 个积分，连续签到 7 天，每天可获得 20 积分；连续签到 20 天，每天签到可获得 50 积分；连续签到 30 天，每天签到可获得 100 积分。这种签到获取积分的方式非常容易，可以激励会员积极参与，其主要目的在于增加会员对店铺的黏性和回店次数。相较于电脑端签到，手机端签到会更加方便，如图 5－33 所示。

场景 2：收藏店铺、关注微淘奖励积分，借助积分奖励吸引客户关注，将客户迎进门。设置的奖励要高于签到积分，让客户有关注的动力，如图 5－34 所示。

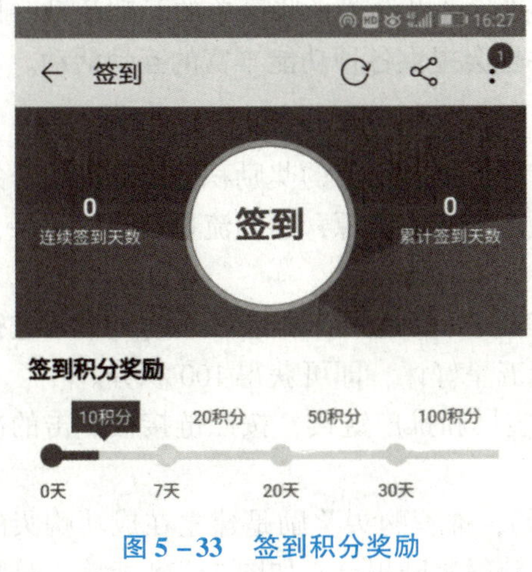

图 5－33　签到积分奖励

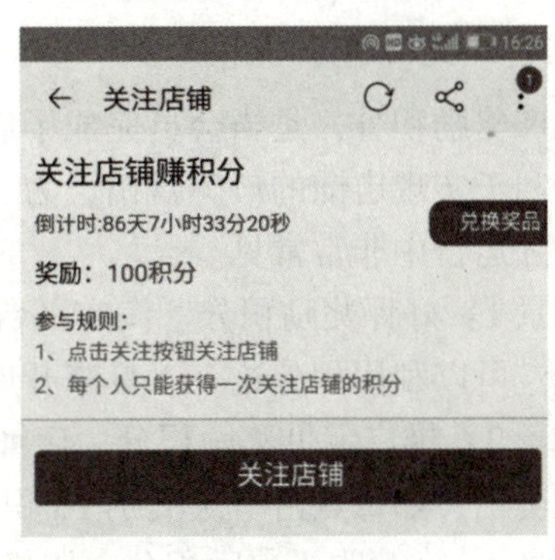

图 5－34　关注店铺

场景3：完善个人基本信息奖励积分，例如会员生日。借助这些信息店铺可以开展后续的营销和关怀活动。由于客户信息具有一定的私密性，因此店铺在收集这些信息时需要给予足够丰富的奖励，至少要比收藏店铺的奖励来得高。如图5－35所示，太平鸟女装旗舰店在收集会员信息时奖励200积分。

图5－35 太平鸟女装会员积分奖励

场景4：参与问卷调查奖励积分。例如百草味旗舰店通过问卷调查了解客户的口味偏好、生活爱好、购物习惯等，这些问卷反馈将指导店铺运营，有利于优化产品开发，开展品牌营销，提升客户满意度，如图5－36所示。

场景5：游戏奖励积分。店铺设置一些趣味游戏，例如比较流行的打地鼠拼眼力、叠叠塔越高等，按任务完成情况奖励积分，如图5－37所示。游戏化的积分获取方式，更能获得客户的认同，在游戏中增加对店铺和品牌的认知，有利于培养会员的忠诚度。

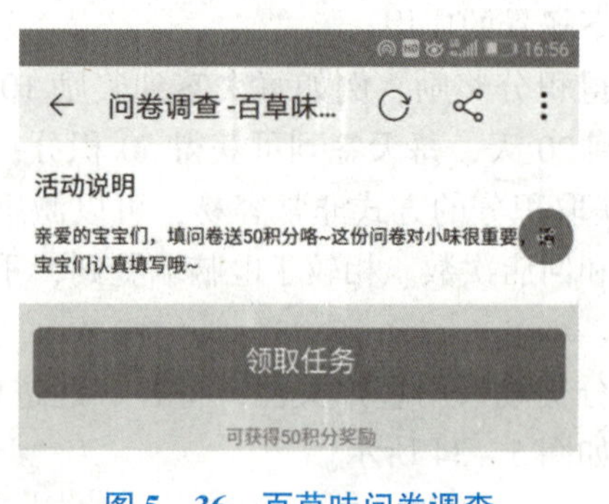

图5－36 百草味问卷调查

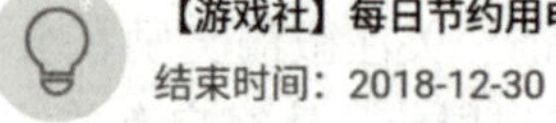

图5－37 趣味游戏

场景6：活动奖励积分。除了游戏之外，店铺还可以设置一些简单的互动活动，例如暗号、找不同、抽奖、每日抢等，超级无线等软件也会提供各种功能丰富的互动活动。

4. 推广奖励积分

推广奖励积分，是当会员完成了店铺的推广任务之后给予的奖励积分，这种积分的奖励机制有利于实现店铺的口碑营销，为店铺引来更多的新客资源，达到流量裂变的效果，在店铺的实际运营中非常常见。

场景1：好评奖励积分。淘宝平台已经明令禁止好评返现，那怎么鼓励买家来进行优质评价呢？可以利用积分这个工具来开展。如进行五星好评，即可获得100积分。

场景2：推广宝贝奖励积分。店铺设置推广宝贝和推广链接，按照链接被点击的次数获得积分奖励，如每点击一次奖励10积分。

场景3：推荐购买奖励积分。跟推广奖励不同，推荐购买奖励是建立在成功购买的基础上的。老客户每推荐一名成功交易的新客户即可获得奖励积分。如图5－38所示，是百草味旗舰店的推荐购买奖励任务。

上述介绍的积分生成规则，店铺可以自由组合。多元化的积分生成规则，可以增加积分管理的趣味性，提升客户参与的积极性，但同时规划也需更加细致，店铺最初设计规划时，可以先从简单易行的开始，例如消费积分、签到积分、好评积分等，后续则可以陆续添加新的规则。

活动说明

1. 推荐好友购买，昵称要输入正确，如不正确就算交易成功也不会有奖励；
2. 好友在推荐后7天内购买满68元且交易成功，推荐人次日可获得积分；
3. 积分在好友交易成功后次日进行发放；
4. 因系统无法及时通知到被推荐人，推荐好友后，请及时提醒好友购买并确认收货哦；
5. 每成功一人，推荐人可获50积分，上限50人。

图 5-38　百草味推荐购买活动

三、积分兑换策略

积分兑换策略，是真正涉及会员积分福利的所在，即会员在拥有一定积分后，可以用来做什么。结合当前店铺常见的积分兑换应用和积分软件的功能，我们把积分兑换策略分为以下几类。

1. 兑换实物商品

（1）积分兑换礼品

积分兑换礼品是最常见的形式，一般是以积分全额进行兑换。店铺会根据客户群体的喜好和特征选择合适的积分礼物，既要满足实用性，又要具有吸引力。例如太平鸟女装旗舰店的目标客户是一群喜欢时尚的潮流女性，因此店铺在积分礼物的选择上注重品牌和质感，选择一些知名品牌的彩妆和化妆用品，让用户更有累计积分的动力。而百草味旗舰店的积分礼则更重实用性，包括和主营商品相关的零食袋、果盘、保鲜罐，体现店铺品牌印记的抱枕、手机壳等，如图 5-39 所示。

图 5-39　积分兑换礼品

(2) 积分兑换商品

积分兑换商品一般是以加价购的形式进行，即折扣价 + 积分的形式购买商品。在这里商品的选择比较关键，一般是店铺的新品或者推广商品。而且积分商品兑换要有足够的价格诱惑力，如果平时都能享受这个价格，那积分兑换就一点意义都没有了，客户也会有上当受骗的感觉，反而对会员忠诚度管理不利，如图 5-40 所示。

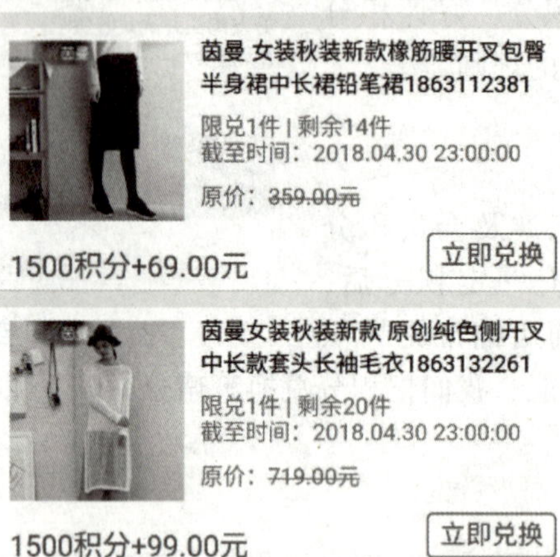

图 5-40 积分兑换商品

2. 兑换虚拟商品

相对于实物商品，在店铺中可以设置兑换的虚拟商品种类更多。其包括以下五点。

(1) 积分兑换优惠券

积分兑换优惠券，是店铺中最常使用的方法，既实现了对客户的回馈，又促进客户的消费购买，深受商家的喜爱。在实际操作中，店铺可以结合会员等级来设置不同的优惠券兑换额度，体现不同的会员权益。例如普通会员消耗 2 000 积分可以兑换满 300 减 20 的优惠券，VIP 会员消耗 2 000 积分可以兑换 20 元无门槛优惠券。

(2) 积分抵邮

针对包邮政策比较严格的店铺，可以用积分兑换包邮服务。如果店铺实现包邮，那么可以设置积分兑换顺丰等服务质量较高的物流服务，实现服务升级，如图 5-41 所示。

(3) 积分兑换淘话费、流量包

店铺如果签约了阿里通信话费协议或者阿里流量代扣协议，那么在店铺就可以设置积分兑换淘话费和手机流量包。以淘话费为例，签约后淘话费奖品发出将直接进行支付宝代扣，淘话费作为活动奖品发出后，买家可以在手机淘宝充值中心里充值即可当作现金抵扣使用。赠送淘话费，最终成本以买家使用为准，即有效期不使用将退回代扣款项，卖家可以通过卖家后台进行回收。

(4) 积分兑换支付宝红包

积分兑换支付宝红包，是将积分作为虚拟货币按照一定的比例换算，变成实实在在可以在购物中减免的金额，让会员有了更实在的体验感。但是支付宝红包并不限于在店铺内使用，也是可以在淘宝、天猫平台通用的购物红包，因此店铺在使用时需要谨慎。

(5) 积分兑换抽奖机会

用积分兑换抽奖机会，是一种趣味的博弈游戏，可以限定每个 ID 每日最多抽奖次数，让抽奖活动不至于太激烈，也能增加会员回店的次数，如图5－42所示。在抽奖礼物的设置上可参考前面的积分礼物。

图5－41　兑换权益卡

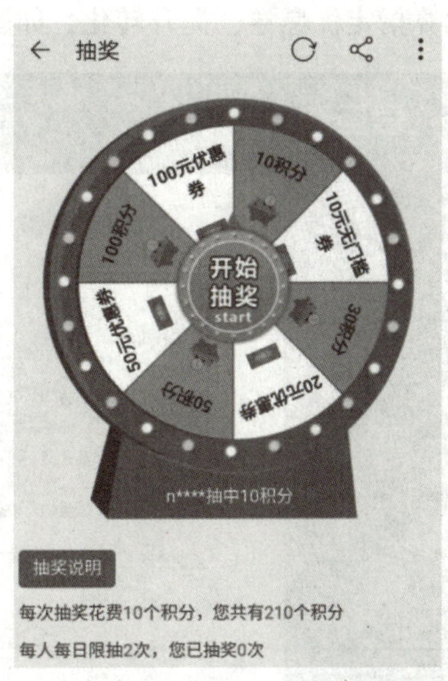

图5－42　积分兑换抽奖

四、店铺积分管理方案

在熟悉了常规的积分生成规则和兑换策略之后，我们来具体讲解店铺如何实施积分管理方案。我们以超级无线应用为例，说明其应用步骤。

1. 选择积分工具

商家要实现积分管理，首先需要选择合适的积分工具，通过工具来发放积分、消费积分。在淘宝服务市场中输入关键词积分，就可以看到多个ISV工具，其中应用比较多的有无线任务、超级无线、爱互动等，如图5－43所示。积分工具有不同的版本，以超级无线为例，只有最高版本的应用才支持CRM系统对接，如果店铺采用了其他CRM软件，那么只能购买应用软件的最高版本。

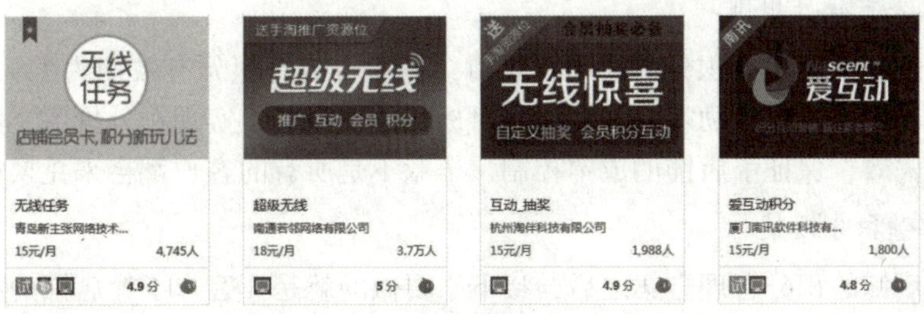

图5－43　积分工具

2. 设置积分活动

虽然积分的生成规则有很多种选择，但是店铺还是需要结合商品类目和运营目标做合理规划。店铺一般可以设置4～6个常规的积分活动，建议搭配至少一个趣味性的活动，例如打豆豆游戏等，保证积分活动的可玩性。另外结合店铺的销售节奏，选择合适的互动任务。

例如店铺在上新阶段，可以设置一些跟商品相关的积分活动，用收藏商品活动来提高新品的权重，通过投票来评估最受客户喜爱的商品；用猜价格来进行预热，对猜中价格的客户群体发放聚划算指定优惠券，提升转化，如图 5－44 所示。

图 5－44　设置积分活动

3. 设置兑换奖品

店铺要根据自己的活动规划来设置奖品的种类以及大小。在设定积分兑换标准时，需要合理考虑积分生成规则下的积分价值、回馈的商品和利益，既要能刺激客户，实现店铺的营销目的，又需要保证店铺的利润。首先要让客户有更多的商品体验，促进店铺消费，如积分兑换商品；其次考虑让客户有更好的服务体验，如积分抵邮、积分换卡等；再次可以让客户感受到乐趣，例如积分抽奖等，这样可以吸引用户参与，如图 5－45 所示。

4. 设置积分有效性规则

积分有效性规则，是指积分的使用有效期，一般店铺的积分有效期为 1～2 年。店铺设置积分有效性规则，可以激励客户为了积分目标而增加消费，实现积分价值；同时，还未使用的店铺积分失效，保证了店铺的成本控制，毕竟不是所有的客户都会来兑换积分产品。

5. 传递店铺积分政策

在制定了店铺的积分管理方案之后，接下来要做的就是让客户了解店铺的积分政策，有哪些赚积分的方法，有哪些花积分的方法。设计店铺的 PC 页面、手机淘宝页面，以多种推广路径让用户参与到店铺的积分活动中来。以无线店铺装修为例。

第一步，进入爱互动—插件装修—无线端插件装修，如图 5－46 所示。无线端插件装修包括四个部分：首页一编辑、首页二编辑（首页一编辑为默认爱互动首页，首页二为个性化编辑，两者选择其一）、无线端装修、无线端活动列表。

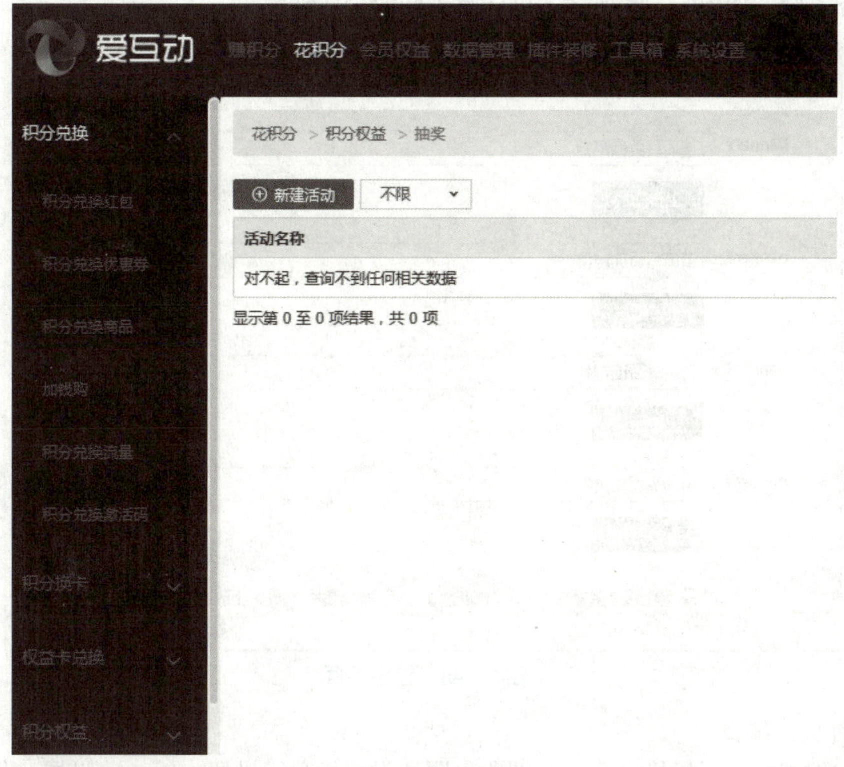

图 5－45　积分兑换

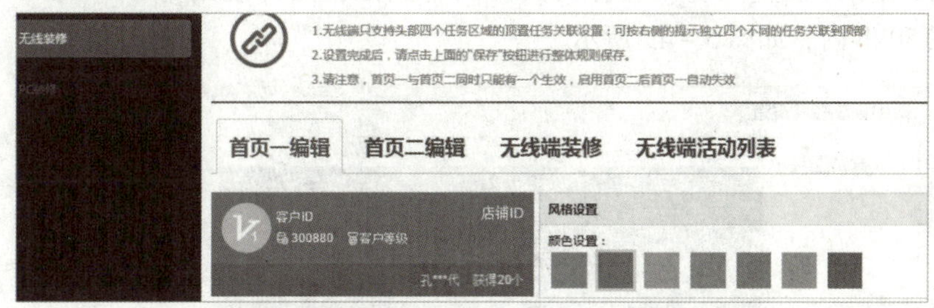

图 5－46　无线装修

（1）首页一编辑

首页一编辑包含了风格设置、Banner 设置、任务关联。

①风格设置：为颜色设置，支持七种颜色选择，选择保存即可，如图 5－47 中为天猫红的效果。

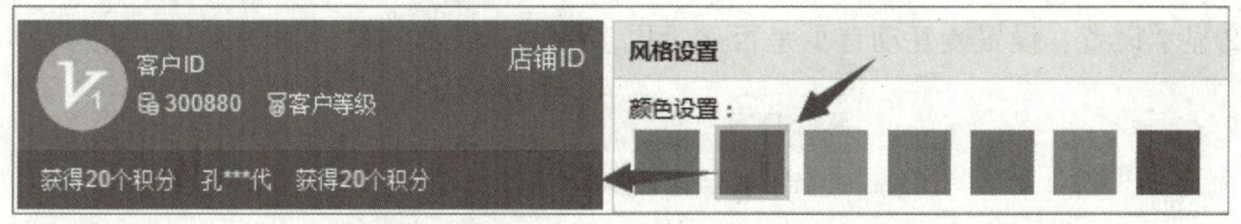

图 5－47　颜色设置

②Banner 设置：支持设置最多四个 Banner，设置则显示，不设置不显示，且页面可添加跳转链接。

③任务关联：如图 5－48 所示，可任意关联四个活动。

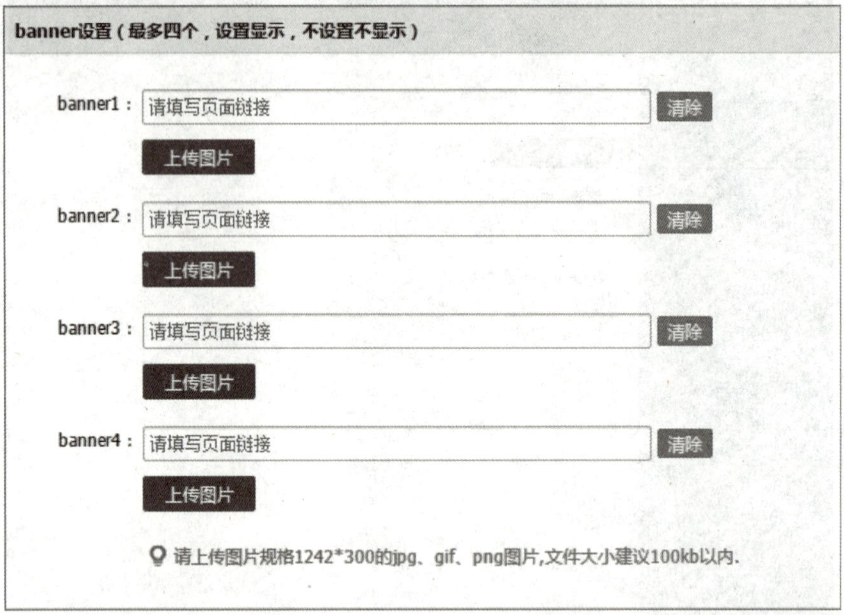

banner设置（最多四个，设置显示，不设置不显示）
banner1：
请填写页面链接
清除
上传图片
banner2：
请填写页面链接
清除
上传图片
banner3：
请填写页面链接
清除
上传图片
banner4：
请填写页面链接
清除
上传图片
请上传图片规格1242*300的jpg、gif、png图片,文件大小建议100kb以内.

图 5－48 任务关联

（2）首页二编辑

首页二编辑包含了风格设置、头部背景图片设置、显示设置、Banner 设置、任务关联。

①头部背景图片设置：爱互动首页头部的背景图，图片规则为 640 × 240 的 jpg、gif、png，大小在 50kb 内，如图 5－49 所示。

头部背景图片设置
背景图片：
上传图片
清除图片
请上传图片规格640*240的jpg、gif、png图片,文件大小在50kb以内.

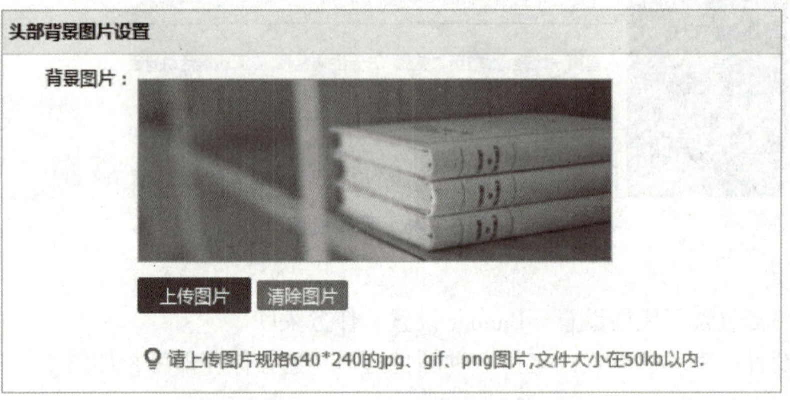

图 5－49 背景设置

②显示设置：设置爱互动首页是否显示更多活动、底部菜单，如图 5－50 所示。

显示设置
是否显示更多活动：隐藏 显示
是否显示底部菜单：隐藏 显示

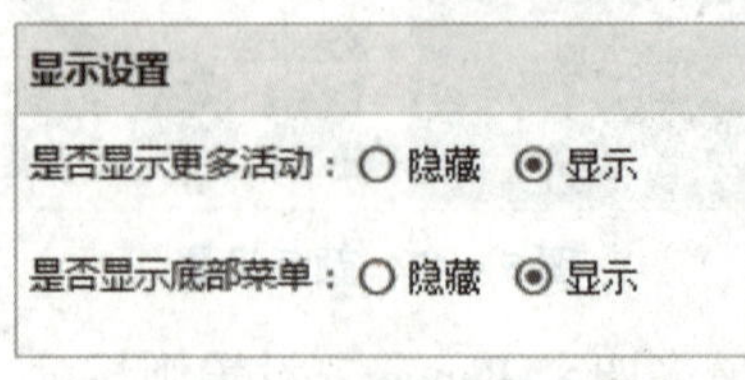

图 5－50 显示设置

（3）无线端装修

如图 5－51 所示，可将无线端首页地址装修到店铺无线端，CRM 短链可插入营销短信中，点击短链可直接呼起手机淘宝，查看无线端首页效果。

图 5－51　无线端装修

（4）无线端活动列表

①无线端活动名称：花积分的活动名称。

②无线端活动地址：即为花积分活动的链接，通过此链接可以查该活动类型所有进行中和未开始的活动。

第二步，店铺无线端装修。

进入卖家中心—店铺管理—手机淘宝店铺，如图 5－52 所示，选择无线店铺，单击立即装修，进入无线店铺装修界面。

图 5－52　无线端装修

进入无线店铺装修界面—自定义菜单—单击创建模板—填写模板名称，单击下一步，弹出界面，勾选需要展示的菜单，例如店铺活动；单击添加子菜单，然后将动作名称选择链接，填写子菜单名称及活动链接，确定即可。重复以上操作，添加多个子菜单，确认无误之后，单击确定发布即可，如图 5 – 53 所示。

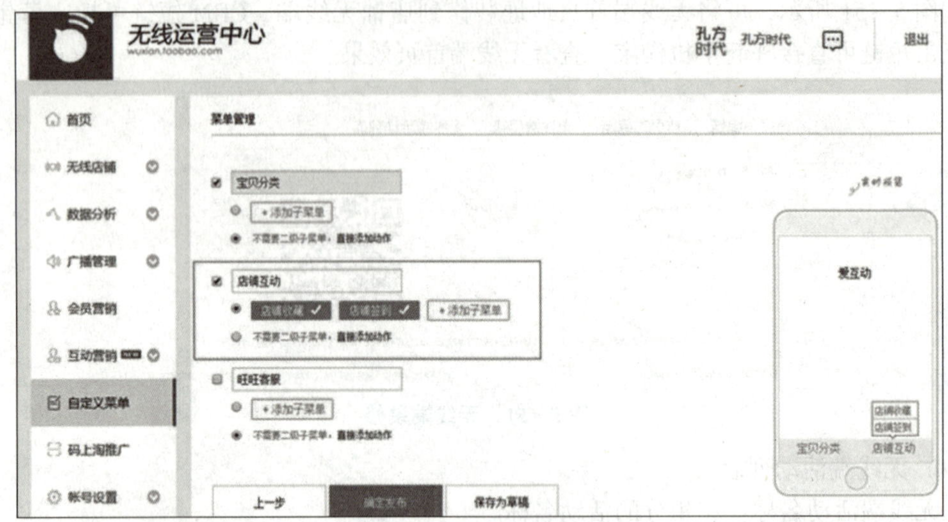

图 5 – 53　无线运营中心

活动链接在哪里获取呢？选择爱互动无线端，在活动任务下选择推送预览，可以看到该任务的活动链接，复制该活动的装修链接即可，如图 5 – 54 所示。

图 5 – 54　活动链接

【同步实训】

实训 1　设置店铺 VIP

【实训目的】

能够了解店铺客户关系管理的内容，掌握客户运营平台的应用，能够熟练设置店铺 VIP。

【实训内容与步骤】

1. 登录淘宝店铺卖家中心，在营销中心找到客户运营平台，如图 5 – 55 所示。

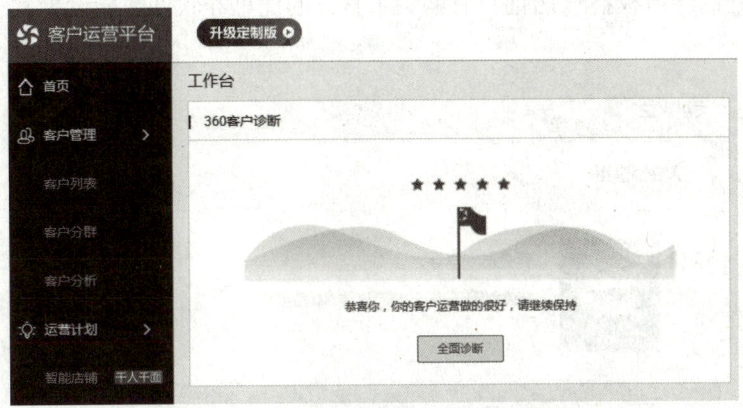

图 5-55　客户运营平台

2. 单击忠诚度管理—忠诚度设置，找到店铺 VIP 设置，如图 5-56 所示。

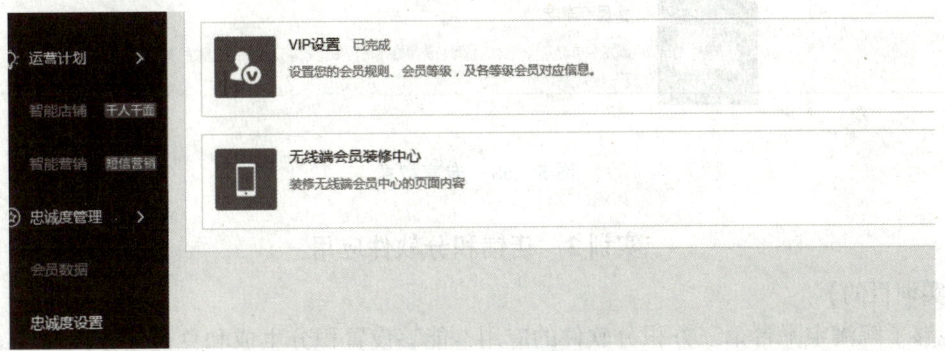

图 5-56　VIP 设置

3. 根据自身店铺特性，设置会员等级，如图 5-57 所示。

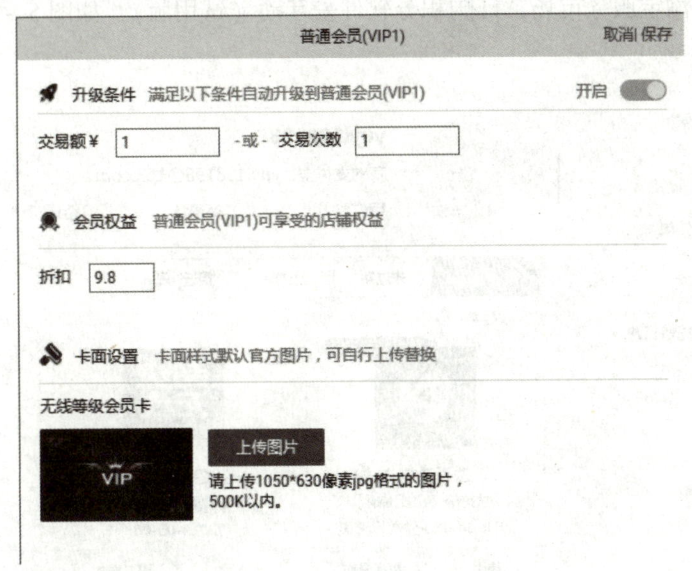

图 5-57　会员等级设置

4. 了解店铺的会员权益（店铺只有购买了官方的优惠券软件才能设置），如图 5－58 所示。

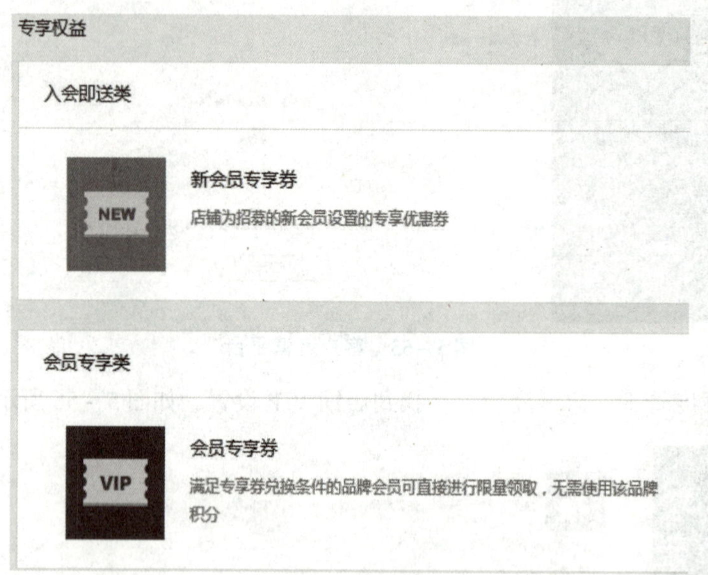

图 5－58 专享权益

实训 2 店铺积分软件应用

【实训目的】

能够了解淘宝平台第三方积分软件的应用，能够设置积分生成和兑换任务，对店铺积分应用有进一步的认识。

【实训内容与步骤】

1. 打开淘宝服务市场，订购积分软件爱互动（试用版），如图 5－59 所示。

图 5－59 淘宝服务市场

2. 打开爱互动积分软件，熟悉里面的操作应用。
3. 单击赚积分，尝试创建一个任务，例如签到，如图 5－60 所示。

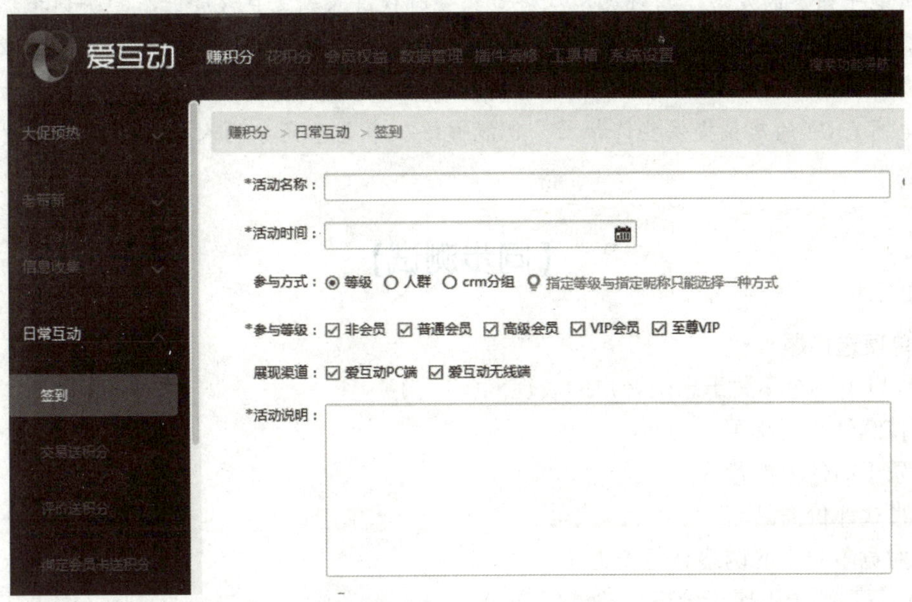

图 5－60　签到创建

4. 单击花积分，尝试创建一个任务，例如积分兑换商品，如图 5－61 所示。

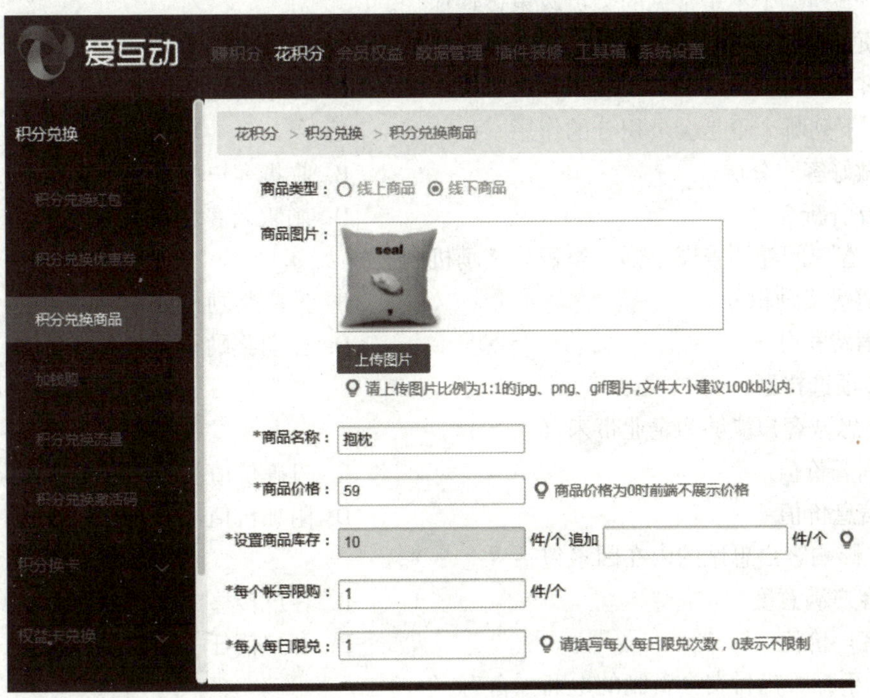

图 5－61　积分兑换商品创建

【项目小结】

随着电子商务的发展，店铺已经从流量经营时代进入到客户经营时代，如何挖掘客户价值、提升客户忠诚、维护客户关系，是所有电商企业运营的方向、关注的焦点。本章节结合品牌电商成功案例，从实操层面介绍了店铺如何构建完整的会员政策和积分体系，希望给即将开展电商 CRM 的店铺提供些许帮助，也能够给从事电子商务的人们传输更多客户运营的理念。

【同步测试】

1. 单项选择题

（1）以下哪个不属于忠诚客户的表现。（　　）

A. 持续性重复购买

B. 乐于向他人推荐

C. 喜欢评价商品

D. 对竞争对手的诱惑有免疫力

（2）下列哪个不属于价格权益。（　　）

A. 优惠券　　B. 会员折扣

C. 生日礼券　　D. 退换货特权

（3）下列哪个不是常见的会员政策传递途径。（　　）

A. 页面信息传递　　B. 电子邮件传递

C. 客服传递　　D. 短信传递

（4）下列哪个不是会员积分的作用。（　　）

A. 做好客户分层　　B. 收集客户信息

C. 吸引新客户　　D. 刺激老客户回购

（5）客户问卷调查属于哪一类积分奖励机制。（　　）

A. 消费奖励积分　　B. 推广奖励积分

C. 消费积分　　D. 互动奖励积分

2. 多项选择题

（1）忠诚客户能够为企业带来（　　）。

A. 利润价值　　B. 口碑价值

C. 信息价值　　D. 附加价值

（2）影响客户忠诚的内在因素包括（　　）。

A. 客户满意度　　B. 客户转移成本

C. 客户价值　　D. 客户信任

（3）下列推出付费会员制的电商平台有（　　）。

A. 京东　　B. 唯品会

C. 天猫　　D. 亚马孙

（4）常见的会员晋升体系包括（　　）。

A. 升级模式　　　　B. 降级模式
C. 升降级模式　　　　D. 混合模式

（5）常见的店铺积分兑换活动包括（　　）。

A. 兑换礼品　　　　B. 商品加价购
C. 积分抽奖　　　　D. 兑换优惠券

3. 分析题

（1）请分析在店铺的积分管理方案制定中需要注意哪些问题？

（2）如何提高店铺的会员忠诚度，有哪些具体应对措施？

项目六

管理客户关系

【本项目重点难点】

学会客户信息的收集、整理、分析；掌握客户关怀的方式及技巧；学会搭建店铺营销互动平台，并掌握各类平台的互动技巧。

【项目导图】

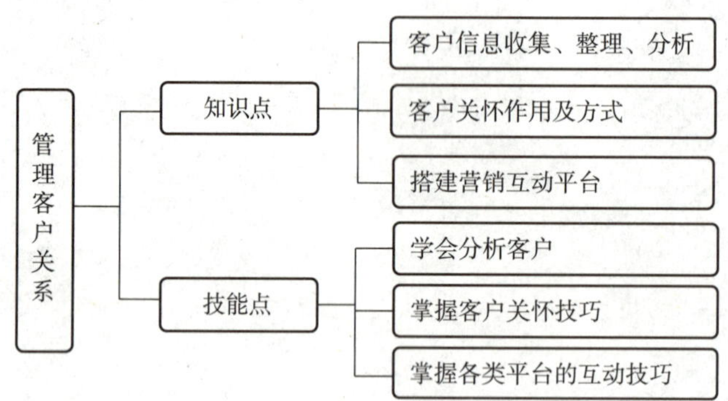

【引例】

安徽三只松鼠电子商务有限公司2012年成立于安徽芜湖，是一个以互联网为依托，利用天猫、京东、当当等B2C平台销售经营坚果、干货、茶叶等森林食品的公司。三只松鼠登陆天猫旗舰店仅65天，销售额就已经在天猫坚果类目中跃居第一位。2009年，淘宝网开始“双十一”活动，2012年，三只松鼠第一次参加“双十一”活动，根据统计2012年，三只松鼠销售量为766万元；2013年“双十一”当天，三只松鼠销售量为3 562万元；2014年“双十一”当天，三只松鼠24小时销售额达1.02亿元，是天猫有史以来食品类唯一当天销售额过亿的店铺，较2012年的销售额增加12.3倍，2016年“双十一”单日全网交易额达到2.66亿元，成为全网坚果销量第一。

三只松鼠的信仰是要实现为全人类寻找最优质、最新鲜、最健康的森林食品。它亲切地称呼每位消费者为主人，足以看出其对每一位顾客的重视，这样的消费体验会让顾客觉得自己受到了重视，是真正以顾客为中心的销售理念。产品的内外包装、企业客服以及售后服务处处都体现着三只松鼠以顾客为核心的主张。

三只松鼠一对一的服务是其让品牌和消费者更近的企业核心的最直接体现。一对一基础是对用户的了解。三只松鼠筛选目标用户的方式主要依赖于软件识别：顾客购买的客单价、二次购买频率、购买产品是什么、购买产品中打折产品的比例、第几次购买，等等。识别出了这些，顾客每次购买三只松鼠产品所收到的包裹都会不一样，增加了顾客的好感和回头率。

讨论：三只松鼠的客户关系管理体现在哪些方面？

【引例分析】

客户关系管理是一种战略管理，商家通过搜集客户信息，建立客户数据库，并在深入分析客户信息的基础上，在商家和客户之间建立一个有效的渠道，加强与客户之间的互动，从而提高客户的满意度和忠诚度，实现客户价值最大化。本项目主要理解客户关系管理的工作内容，学习如何维护店铺的客户关系。

任务1　建立客户数据库

店铺在不断成长的过程中，会逐渐积累起来相对稳定的客户群体，这一群体将是店铺发展的核心因素。因此，分析好、维护好属于自己的自留地显得非常重要，建立客户数据库，就是一个有效的方式。店铺通过建立的客户数据库，在处理分析的基础上，可以研究客户购买产品的倾向性，当然也可以发现现有经营产品的适合客户群体，从而有针对性地向客户提出各种建议，并更加有效地说服客户接受店铺销售的产品。

一、收集客户信息

客户信息是指客户喜好、客户细分、客户需求、客户联系方式等一些关于客户的基本资料。客户信息主要分为描述类信息、行为类信息和关联类信息三种类型。

1. 描述类信息

客户描述类信息主要是用来理解客户的基本属性的信息，如个人客户的联系信息、地理信息和人口统计信息，企业客户的社会经济统计信息等，这类信息主要来自客户的登记信息，以及通过企业的运营管理系统收集到的客户基本信息。

这类信息的内容大多是描述客户基本属性的静态数据，其优点是大多数的信息内容比较容易采集到。但是一些基本的客户描述类信息内容有时缺乏差异性，而其中的一些信息往往涉及客户的隐私，如客户的住所、联络方式、收入等信息。

对于客户描述类信息最主要的评价要素就是数据采集的准确性。在实际情况中，经常有一些企业知道为多少客户提供了服务以及客户购买了什么，但是往往到了需要主动联络客户的时候，才发现缺乏能够描述客户特征的信息和与客户建立联系的方式或是这些联络方式已经失效了，这都是因为企业没有很好地规划和有意识地采集和维护这些客户描述类信息。

2. 行为类信息

客户的行为类信息一般包括客户购买服务或产品的记录、客户的服务或产品的消费记录、客户与企业的联络记录，以及客户的消费行为，客户偏好和生活方式等相关的信息。与客户描述类信息不同，客户的行为类信息主要是客户在消费和服务过程中的动态交易数据和交易过程中的辅助信息，需要实时的记录和采集。但是需要认识到的是，客户的行为信息并不完全等同于客户的交易和消费记录。客户的行为特征往往需要对客户的交易记录和其他行为数据进行必要的处理和分析后得到的信息汇总和提炼。

客户行为类信息的主要目的是帮助企业的市场营销人员和客户服务人员在客户分析中掌握和理解客户的行为。客户的行为信息反映了客户的消费选择或是决策过程。

行为类数据一般都来源于企业内部交易系统的交易记录、企业售后服务的客户服务和客户接触记录，营销活动中采集到的客户响应数据，以及与客户接触的其他销售人员与服务人员收集到的数据信息。有时企业从外部采集或购买的客户数据，也会包括大量的客户行为类数据。

3. 关联类信息

客户的关联类信息是指与客户行为相关的，反映和影响客户行为和心理等因素的相关信息。企业建立和维护这类信息的主要目的是为了更有效地帮助企业的营销人员和客户分析人员深入理解影响客户行为的相关因素。客户关联类信息经常包括客户满意度、客户忠诚度、客户对产品与服务的偏好或态度、竞争对手行为等。

这些关联类信息有时可以通过专门的数据调研和采集获得，如通过市场营销调研、客户研究等获得客户满意度、客户对产品或服务的偏好等；有时也需要应用复杂的客户关联分析来产生，如客户忠诚度、客户流失倾向、客户终身价值等。客户关联类信息经常是客户分析的核心目标。

做一做

请分别收集自己店铺客户的描述类信息、行为类信息以及关联类信息，并进行归档。

客户信息收集指客户数据的采集、整理和加工。客户信息收集的渠道可以分为企业内部收集和外部收集两种方式。

1. 内部收集

企业内部获取客户信息的来源主要是有购买记录的客户信息，以及企业通过有奖登记、折扣券、赠送礼品等各种不同形式的活动收集的客户信息。

2. 外部收集

企业外部获取客户信息的来源主要是通过购买、租用或是合作的方式来获取。比如通过购买数据公司、专业调查公司、消费者研究公司等第三方公司的客户信息，进行整理和分析，获取有用的数据。

二十大报告提到要“提高公共安全治理水平”，并强调加强个人信息保护，因此在收集客户信息时务必保证信息的合法性和安全性。

二、分析客户数据

对客户数据的分析，可以通过客户进入店铺的路径，从不同的路径了解客户的偏好及购物行为习惯，并根据其不同的特点有针对性地进行服务，实施精准营销。目前客户进入店铺的常见路径有以下五种。

（1）搜索

通过搜索路径进入店铺的客户，购物目标明确，正是基于自身的需求通过搜索获取信息，因此，这类客户相对比较容易成交。

而在后期的维护中，我们要根据自己店铺产品的特点及客户使用产品的周期，有针对性地进行促销信息的推送。比如店铺经营的是护肤品，客户购买的是洗面奶，我们可以根据客户使用洗面奶的频率及洗面奶的使用量，有针对性地发送活动促销信息，这样互动的效率比较高，也容易让客户继续购买。

图 6-1 搜索路径

（2）活动

通过活动进入店铺的客户，大部分是因为优惠活动而被吸引，相当一部分客户本身并没有购买需求，所以客户往往记住了产品，并没有记住具体是在哪个店铺购买。因此，对于通过这个路径进入店铺的客户，我们要想办法让客户记住我们的店铺或者品牌。

而让客户记住我们的店铺和品牌，往往体现在服务的各个细节上，比如好的包装、温馨的提醒等，都会有效地加深客户的印象。所以，细节往往是决定成败的关键因素。

图 6-2 活动路径

（3）购物车

通过购物车进入店铺的客户，需求明确，在通过搜索对比之后往往会将自己喜欢的宝贝放到购物车，但一直没有下单，一方面可能是因为宝贝的价格没有让客户满意，客户希望等宝贝降价或有促销活动时再购买；另一种可能是该宝贝对客户还不是必需品，抑或还没有到特别喜欢的状态，以致没有下单。当客户通过这个路径来进行询单时，如果及时地将促销信息告知客户，或向客户发放优惠券，成交的可能性会大大提高。

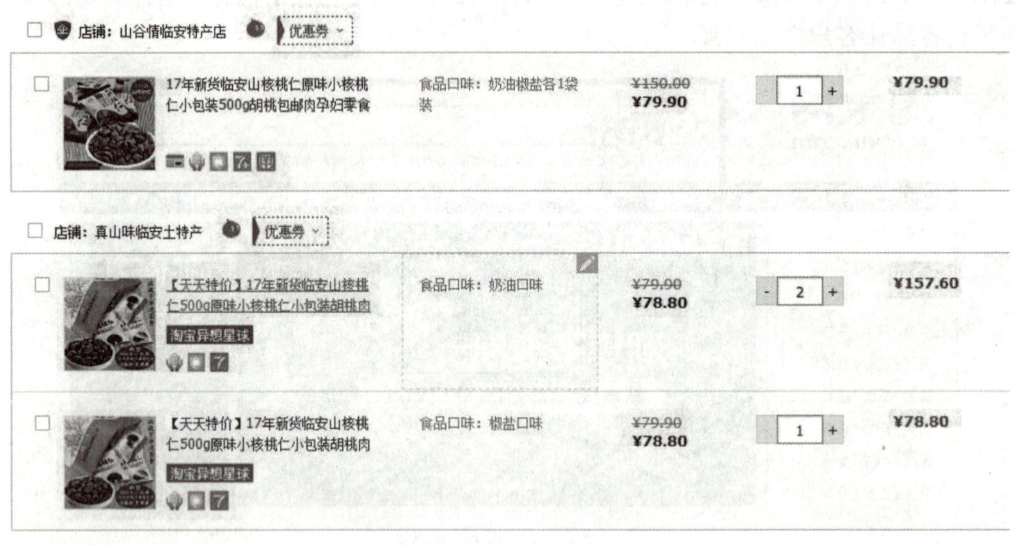

图 6－3 购物车路径

（4）广告

很多时候客户都是通过卖家投放的各种广告进入店铺的，很显然，投放广告已经成为商家获取流量的重要渠道。但真正吸引客户重复购买、口碑相传的还是在于产品本身的品质。所以，在做广告之前，卖家还是需要做好内功修炼，深度挖掘产品特点，优化产品的图片及详情页。当然作为客服，要做好接待客户的准备，熟悉自家产品特点，争取留住每一位客户。

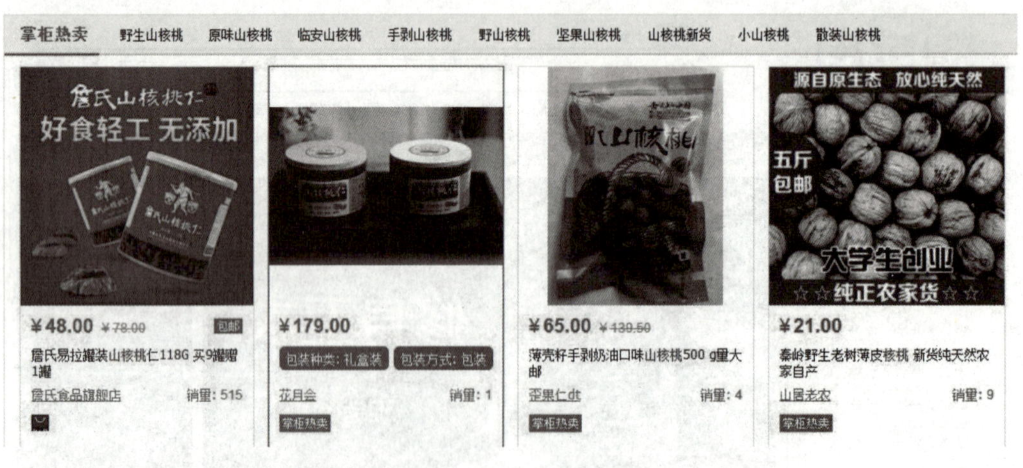

图 6－4 广告路径

（5）分享

很多客户进入店铺是通过自己周围亲朋好友的分享而进入的，而这些乐于分享的分享者是商家增加销售额的重要工具。对于这类客户，商家要特别重视，要好好地把握，因为在他们身后可能存在无数的销量。这与美国著名推销员乔·吉拉德在商战中总结出的 250 定律不谋而合。乔·吉拉德认为每一位客户身后，大体有250位亲朋好友，如果你赢得一位客户的好感，就意味着赢得了250个人的好感。反之，如果你得罪了一个客户，也就意味着得罪了250个客户。如果放到社交网络异常发达的今天，每个客户身后何止250个人，2 500个人也是有可能的。

想一想：

作为一家新店，客户进入的店铺主要路径是什么？

任务2　做好客户关怀

客户关怀理念最早由克拉特·巴克提出，他认为：顾客关怀是服务质量标准化的一种基本方式，它涵盖了公司经营的各个方面，从产品或服务设计到它如何包装、交付和服务。现阶段，客户关怀越来越突显其重要性，因为开发一个新客户的成本要远远大于维护一个老客户，电商企业也不例外。同时，对老客户的关怀，可以提升顾客的满意度，当客户有回购行为，基于之前建立的信任，从而更愿意去尝试高价产品，并对其口碑相传，最终达到客户和商家双赢的结果。

一、客户关怀的作用和分类

1. 客户关怀的作用

（1）提高客户忠诚度

客户关怀能够有效提高顾客消费体验，形成良性的口碑，也会更加持久的忠实于企业。同样也可以促使企业向客户推销价值更高的商品，从而有利于企业降低服务成本。

（2）改进产品

忠实顾客是最好的产品设计师，通过使用他们会发现那些不好用、不方便的地方，顾客关怀其实为企业建立了聆听建议的渠道，让企业发现改进空间，设计出更符合顾客要求、更有市场的产品。

（3）提升店铺竞争力

能为店铺创造效益的只有顾客，所以客户资源的多少、好坏成为店铺竞争力的重要因素。因此，店铺之间的比质量、拼速度、低价格的目的只有一个，就是留住客户，争取更多的客户。

（4）有利于发展新客户，提升转化率

当店铺产品或服务超出了顾客的期望，他们将习惯性地向周围的朋友分享，很显然，熟人传递的产品信息更加可信，成交概率也更高。他们成了店铺免费的广告传播者，这对于店铺发展新客户有很明显的效果。同时也会让客户对店铺产生强烈的依赖感，可以有效地提升店铺的转化率。

2. 客户关怀的分类

客户关怀建立在客户数据收集、分析的基础之上，需要记录的数据包括顾客的姓名、手机号码、生日等重要纪念日、消费记录、最后一次消费距今时间等。

（1）人文关怀

在平时节日的时候可以给他们发一些祝福信息，比如说客户生日的时候可以给他们发送生日祝福，春节、情人节的时候可以给他们发送节日祝福，还有就是特殊纪念日的时候也可以发送祝福信息。当然除了发信息问候，我们还可以利用电话、邮件、旺旺和寄送礼品等方式来达到问候的目的。现在的很多人由于各种原因都活得很浮躁，也可以说他们的内心有一种孤独感，要是在节假日或生日能收到一份陌生人的关怀那或许会让对方感动得稀里哗啦……之后也会给店铺带来意想不到的效果。

（2）短信关怀

短信关怀是指以发送普通手机短信的方式来实现客户关怀的目的。卖家可以通过短信功能给予客户关怀，刺激新用户的转化，提高老用户的回头率；同时，使用短信关怀可以提高流量，增加客户黏性，增加好评率及回款速度。

另外，我们也可以通过短信关怀实施营销。比如找一个足够吸引眼球的主题策划一场活动，用短信通知所有会员，可以是直白的告知，也可以通过短信发放电子代金券，甚至告诉会员邀请朋友同来就可以享受折扣等，来吸引客户获取流量，提升转化率。

还比如有些客户曾经在你的店里消费上千元，可是最近却一直没来过，如果对客户消费记录进行分析，很快你就能找出这些正在流失的客户，有的放矢地向他们发送挽留短信，针对他们开展与众不同的活动，打出回访电话，倾听他们的建议并做出改进。这将让商户得到良性的发展。

（3）电话关怀

通过电话回访客户，与客户深入沟通，倾听客户的意见，随时关注客户的新需求，挖掘客户更多、更深层的需求，为客户提供更多、更新的功能，保持长久友好、激励的氛围。如图 6－5 所示为宜家营销短信。

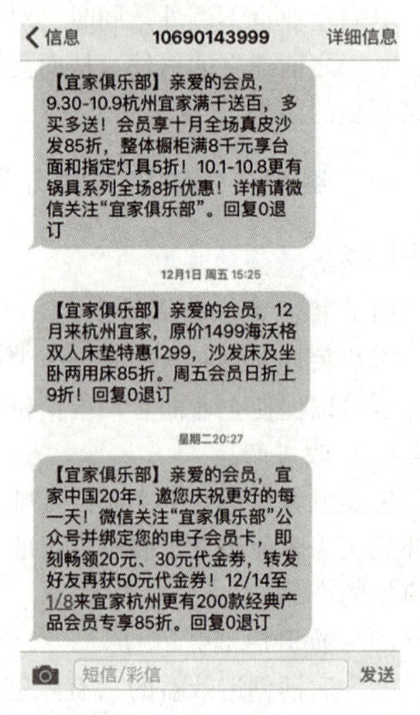

图 6－5　宜家营销短信

电话作为一种传播工具，在向客户传播我们的一些信息。做电话关怀的时候，不注意方式方法，起不到好的效果，反而会让客户产生反感，因此一定要找到好的切入点。如母婴乐园的核心是健康，我们就可以根据最新的健康咨询，或者客户本身的一些健康问题展开，这样电话关怀的效率就达到最大化了。

做一做：

请结合店铺的特点，选用 1～2 种客户关怀的方式，制定客户关怀方案。

二、如何做好客户关怀

1. 要学会主动关怀

客服的工作不是你问我答的被动形式，对于客户的关怀一定要主动出击，向客户及时准确地传递有效信息，学会主动关怀。

例如对重大节日的促销活动，例如“双十一”，我们要主动为客户解释活动的具体形式及时间节点，让他们能够感受到你的专业性，能够放心购买。

2. 不要把关怀做成骚扰

凡事过犹不及，客服服务也同样要牢记这样一个道理。客服需要尽可能多地为客户提供帮助和关怀，但这些服务关怀一定要在客户需要且不打扰客户工作生活的前提下进行，我们要谨记，永远不要把关怀做成骚扰。

比如在进行电话、短信关怀时，你要结合店铺客户的年龄结构、购买习惯等特点，考虑客户的休息、工作时间，选择最佳的时间对客户进行关怀，时刻牢记以客户为中心。

3. 提升客服素养

店铺对客户的关怀最终还是通过客服去实现的，因此提升客服素养，对于提高团队管理协作能力，完善售后流程，让消费者无后顾之忧起到至关重要的作用。最后能不能锁定用户，就只是时间的问题了。

客服在日常维护中，也要多关注客户对产品或服务的抱怨，可询问客户对此的改进建议，同时也要花心思让核心客户体会到温暖，不断为客户制造惊喜和感动。平时多和客户沟通，这样客户才会有更好的参与感和满足感，才能更愿意和商家一起成长。

任务3　搭建互动营销平台

在客户维护的过程中，客服要为客户创造条件，使得顾客之间、顾客与卖家之间的信息互动性增强，将店铺的信息能够有效地推送出去，达到客服维护客户的最终目的。随着电商行业的快速发展，互动平台工具也越来越多样化，使用频率较高的主要有以下几种。

一、微淘

微淘是手机淘宝变形的重要产品之一，定位是基于移动消费领域的入口；是以用户为中心的淘宝，而不是小二推荐、流量分配。每一个用户有自己关注的账号、感兴趣的领域，通过订阅的方式，获取信息和服务，并且运营者、粉丝之间能够围绕账号产生互动。

微淘的入口主要有两个，一个是通过手机淘宝的首页可以进入，如图 6－6 所示；另外一个可以通过店铺进入，如图 6－7 所示。

微淘展示—店铺名：DuduBaby 婴童店

图 6－6　手机淘宝入口

图 6－7　店铺入口

> **做一做**
>
> 请查看 DuduBaby 婴童店店铺的微淘，如图 6－8 所示，总结微淘可以发布哪些内容吸引客户。

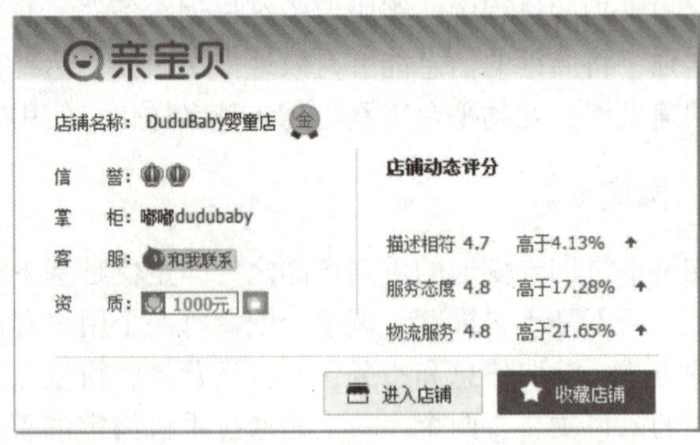

图 6－8　DuduBaby 婴童店

店铺发布的微淘内容上新宝贝图片占据的不多，很少能看到大量的刷图，基本都是一些买家秀和视频展示。另外加入一些软文，引起宝爸宝妈的共鸣，让他们无形之中对店铺产生好感和信赖。作为一家婴儿服装店，微淘不仅仅只针对服装，还涵盖了宝宝所面临的其他方面如学习和玩耍，以加强对没经验的宝爸宝妈们的引导，制造一种温馨的氛围，如图6－9所示。

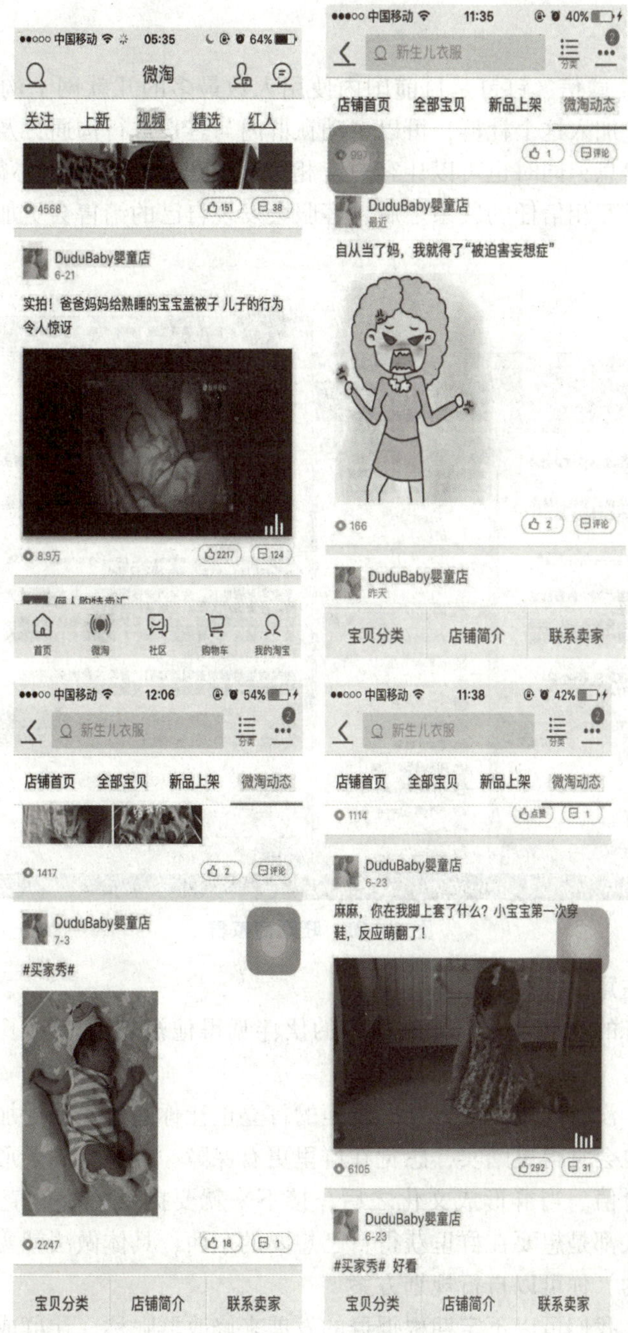

图6－9　微淘内容

微淘发布的注意事项。

①从一开始做好互动，不要放过任何一个推广机会。

②内容吸睛而丰富，拒绝空洞乏味。

③结合近期社会热点，制造一些感兴趣的话题。

④规划好推送时间（不同时间粉丝效应不一样）。一般而言早上7点到9点、中午11点30分到下午1点30分、晚上8点到11点比较适合。

二、社群

阿里旺旺、QQ、微信、钉钉是目前国内使用人数最多的几款网上沟通软件，我们通过创建群聊将新老客户加入这个社群，可以主动在群内与客户进行沟通，及时宣传自己的上新消息、店铺优惠等信息，同时也可以让客户互相分享自己的产品使用心得，当卖家与买家、买家与买家之间形成互相信任的关系之后，客服会发现自己的销售会更加轻松，效率也会更高。如图6－10所示。

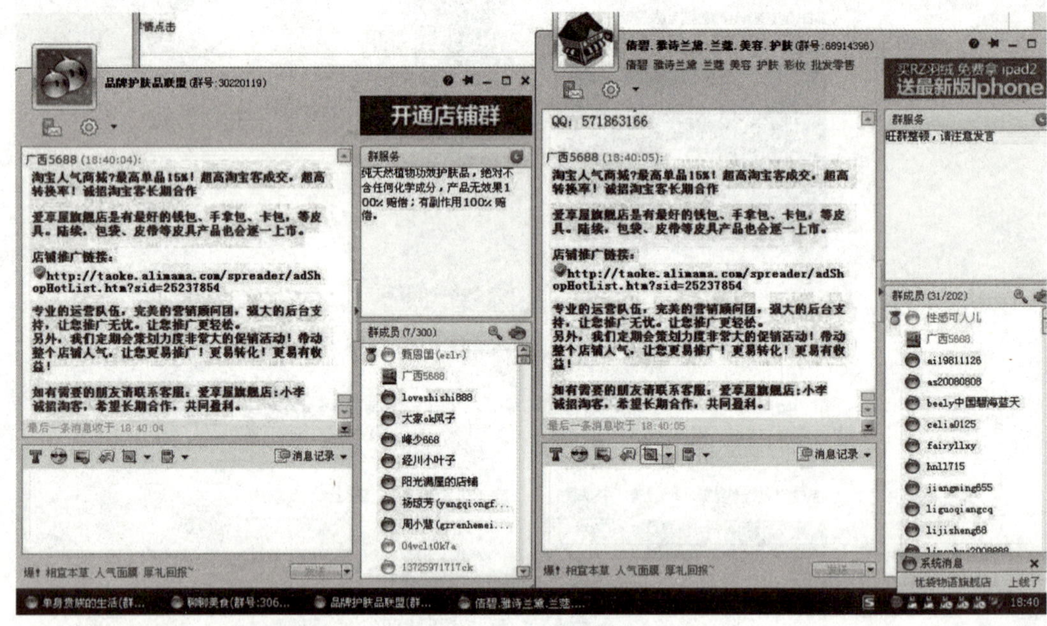

图6－10 旺旺商家群

商家群互动的注意事宜。

①举行让人难忘的欢迎仪式。让刚加入的伙伴觉得他被热情接待了，这个第一印象很重要。

②完善群规则。没有规矩不成方圆，规矩的订立也让你的群变得更加规范。大家有共同的宗旨，做起事来也会觉得更踏实，感觉在群里更有保障，让这个圈子形成一种文化感。

③为客户创造价值。当群形成文化之后，接下来就要提供一些价值。从人们的需求开始，每一个加群的人都是想要在群里获得自己想要的东西，具体做法就要看你怎么设定群目标了，根据这个目的，你可以自行规划方案。

④修改群昵称。我们可以不定期根据群的发展来修改群昵称，让群成员觉得群里可能是有什么新动态了，调动大家的思绪，活跃度就会增加。

⑤定时清理人员。这个动作很有意思，你可以事前发一个通知出来，简单说下如果长期不说话潜水的人就要清理出去；发完这段话之后再加一段今天要搞一个活动，你就会发现很

多不说话的人都冒泡了。

三、微信公众平台

微信公众平台是腾讯公司在微信的基础上新增的功能模块，个人和企业都可以通过这一平台打造一个微信公众号，实现和特定群体的文字、图片、语音全方位的沟通、互动。作为目前国内使用人数最多的社交工具，网店将广告放在成本极小、收益较大的微信平台上，也不失为管理客户的绝佳策略。

相比于传统的广告推广，微信公众号的融入使得广告信息更为快捷地到达顾客手中，顾客能够通过更为快捷的方式获取店铺、产品的最新信息，在一定程度上能够增强客户的购物体验。如图 6－11 所示。

图 6－11　肯德基的公众号

公众微信号发布的注意事宜。

①做好定位。就是给公众号赋予灵魂，明确自己的用户是谁，并努力让自己达到用户心中的期望。要明确做公众号的目的是什么，这个公众号的用户是谁。

②选择吸睛标题，可以达到事半功倍的效果。汉语是一门博大精深的语言，在切合软文内容的前提下，通过利用多音字、谐音字，尤其是语音相同或相近含义却相反的词语，赋予标题深刻内涵，引起读者思考，都是可以给读者留下深刻印象的标题。

③注意排版，多用图片。俗话说，一图胜前言，图片能比文字更好地表达我们的主张，但是考虑到用户手机流量，不得不在文章内图片数量、图片清晰度等方面做出取舍。但所有的取舍就只有一个目的：让我们的内容更好地被读者获取和传播。

【同步阅读 6－3】

一位妈妈通过公众号卖产品月入 400 万元

“暖暖妈爱分享”是一个育儿类公众号，其原创文章覆盖科学育儿、亲子旅行、商品推荐等内容，是很多准妈妈和妈妈群体育儿路上的温暖陪伴。其运营者暖暖妈是北大硕士毕业，曾经担任世界顶级咨询公司的咨询顾问。暖暖妈通过分享自己的育儿经历拉近了与粉丝之间的距离，在妈妈群体中享有很高的知名度。

“暖暖妈爱分享”公众号起源于微博陈小暖成长记。暖暖妈于 2012 年 6 月注册微博账号，开始通过微博记录女儿陈小暖成长的点点滴滴。与此同时，暖暖妈用文字图片的方式将自己成功实践的育儿经验分享出来，并因此在微博上积累了一部分忠实的粉丝。

暖暖妈于 2015 年开始正式运营微信公众号，并通过微博导入第一批公众号粉丝。截至 2016 年 7 月，经过一年多的运营，“暖暖妈爱分享”已经积累了上百万粉丝。下面，我们从内容推送及盈利方式两个方面看看“暖暖妈爱分享”的运营过程。

第一、内容推送

“暖暖妈爱分享”每天推送1~3篇文章，其中头条主要是原创育儿文章，第二条和第三条为软文或者纯粹的商品信息。一般，其头条阅读量都可以在10万次以上，点赞量在200次左右，评论在50条左右。

“暖暖妈爱分享”的厉害之处在于无论是原创内容还是广告软文，其粉丝都非常乐于与之互动，众多评论让人不得不叹服它的人气之高。

第二、盈利方式

“暖暖妈爱分享”并不经常推送软文广告，而且还会标注“推广”二字。其盈利方式主要是自己售卖商品，每周固定举办团购活动。一般情况下，“暖暖妈爱分享”会在每周三晚上九点半准时开团，并在每周二推送团购商品的预告信息预热。

从“暖暖妈爱分享”的团购文章来看，妈妈粉丝群对其推送的团购商品充满了期待，如果抢不到会非常失望。每次推送的团购商品有1~3种，客单价一般都在100元以上，每次团购销售额超过100万元。假如客单价为150元，那么产生6666单，也就是可能有6666人购买。

一次团购销售额为100万元，一个月的销售额就在400万元左右，而且还不需要对外宣传推广就能轻易达到。看到这里，很多人都会羡慕不已。那么，“暖暖妈爱分享”为何能运营得如此成功呢?

首先，“暖暖妈爱分享”的个人标签浓厚，相当于一个网红。暖暖妈善于经营粉丝，通过与粉丝的互动使内容和活动双向传递。

其次，运营者是一个乐于分享的人。暖暖妈将自己育儿的心得分享出来让人感觉非常真实，很容易引起粉丝共鸣，形成转发分享。虽然很多公众号也经常转发复制文章，但却无法达到这种效果。

最后，商品质量好，目标群体定位明确。

“暖暖妈爱分享”推送的商品质量都非常好，尽管价格也比较高，但是依然受到妈妈群体的欢迎。妈妈群体是比较特殊的群体，她们为小孩买产品重视质量而不在意价格高低，只要商品质量好，就愿意花钱。

基于以上三个因素，“暖暖妈爱分享”公众号在妈妈群体中形成了一定知名度，并通过口碑传播不断积累人气，自然而然地就达到了月入400万元的目标。

四、微博

在网络社交工具上还有一位重要的成员——微博。微博作为一种全新的交流工具，从2009年到2012年，短短3年的时间，迅速地进入普通百姓的生活。中国现在已经有超过2亿的微博用户，是世界第一。微博以简单快捷的传播方式和随时随地的互动形式，在各种网络传播工具中独树一帜。

微博互动的几种方式。

(1) 原创互动

原创是最有价值的互动方式，一个较好的原创本身就充满互动磁力，可以吸引更多的粉丝进行关注，从而能够引起消费者的共鸣，增加对店铺的关注。比如roseonly，经常在微博上制造各种话题引起粉丝关注和转发，有效提升店铺和品牌的人气。

（2）转评赞

社交工具最有趣的功能就是转评赞，甚至说每一个社交人已经被这一功能深化了，社交平台用户开始变得充满自动性，无节制性。

①转。一般是不要直接原微博转发为好，要么去原微博找一个很好的评论转发出去，可不带字，互动人数由一变多。

②评。最好是自己的观点，凸显出你的个人风格，字数控制在100字以内为好，太多就显得不够简洁了。较好的转评需要结合自身，用总结性的话语表达博文的中心意思。

③赞。点赞是最常用的动作，也是互动最弱的动作。现在微博在某人首页可以看到他（她）曾经点过赞的微博。

转评结合用，带己之观点，尤其注意的是真实，别浮夸。

（3）话题互动

选择话题条件：话题粉丝较多且活跃、话题粉丝参与性强、显示热门讨论，通过带有“##”的帖子发帖，参与话题之中，多数是可以对你的帖子产生足够的曝光度的。这里的互动不再局限于与你的粉丝，还可能与对话题感兴趣的粉丝产生互动，当然，引发互动的助力器是原帖质量。

（4）抽奖互动

通过设置抽奖互动，吸引粉丝关注，增加对店铺的印象分。

（5）打赏互动

打赏一般需要在分享到微博之前编辑里面的文字，调侃逗乐。例如大家都很熟悉的0.01即一分钱打赏就曾风靡一时。不过现如今，一分钱打赏越来越少，部分老客户还是可以尝试的。

（6）橱窗互动

自微、电商达人认证之后，很多博友都拥有了自己的微博橱窗，时不时去买买逛逛你正好需要的东西，比如书籍、零食、特产之类的，只要价格在你承受的范围之内便可。在路边、淘宝也是买，不如加强一次互动。

【同步实训】

个人订阅号的申请及编辑

【实训目的】

通过本次实训，能够学会个人订阅号的申请，熟悉订阅号的基本功能，能够编辑个人订阅号。

【实训内容与步骤】

一、个人订阅号的申请

①已经开通微信的QQ号和QQ邮箱是不能注册个人订阅号的，所以，我们第一步要去注册一个邮箱，网上搜索邮箱就会弹出很多的结果，找一个好记的注册一个新邮箱吧，如图6－12所示。

②邮箱注册好之后，我们进入微信公众平台登录页面，在右上角，有一个立即注册按钮，点击进入注册页面，如图6－13所示。

③把注册好的邮箱账号填写进去，然后设置一个密码，把验证码输入进去。单击同意微信公众平台规则，然后单击确定进入下一步，如图 6 – 14 所示。

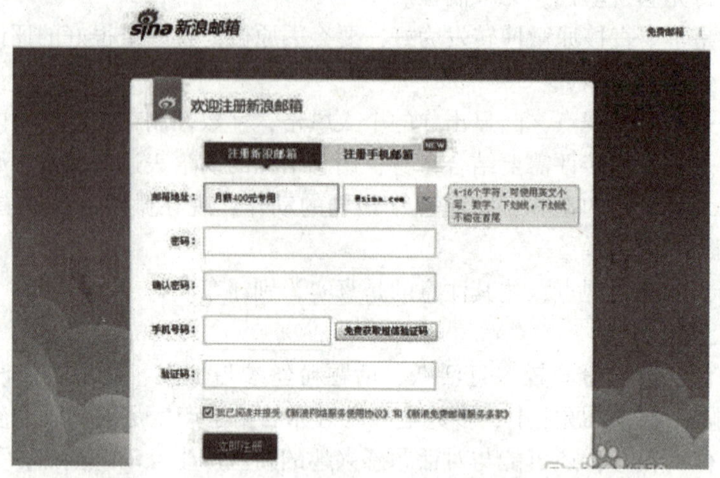

图 6 – 12　邮箱注册

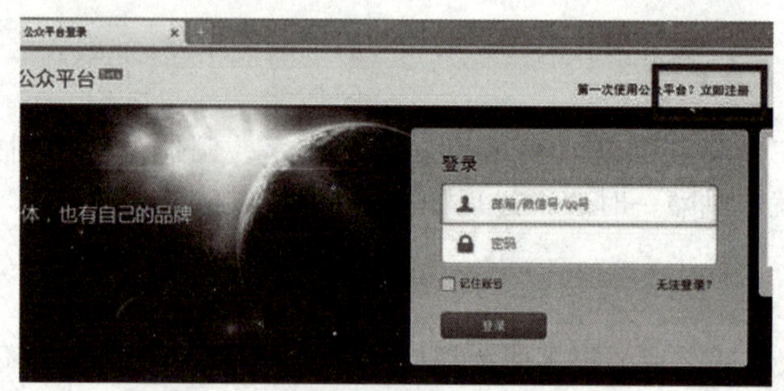

图 6 – 13　立即注册

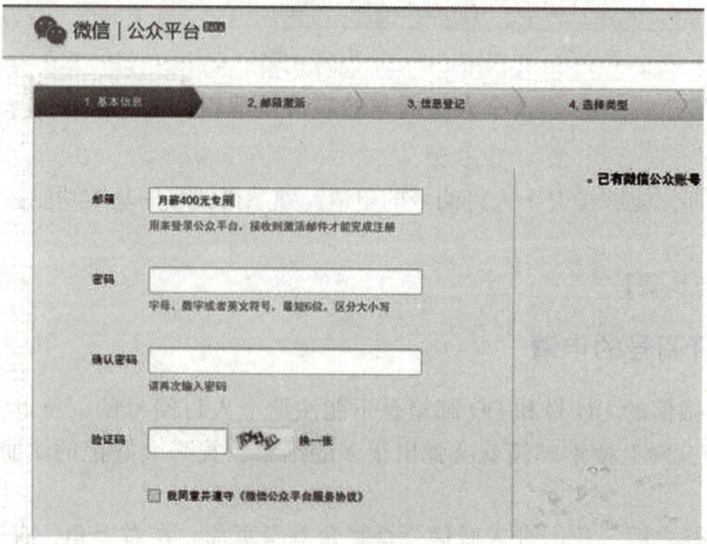

图 6 – 14　注册信息

④下一步之后，系统会自动发一封邮件到你的邮箱，这是激活微信公众平台的登录邮箱，即你登录时要用的账号，如图 6－15 所示。

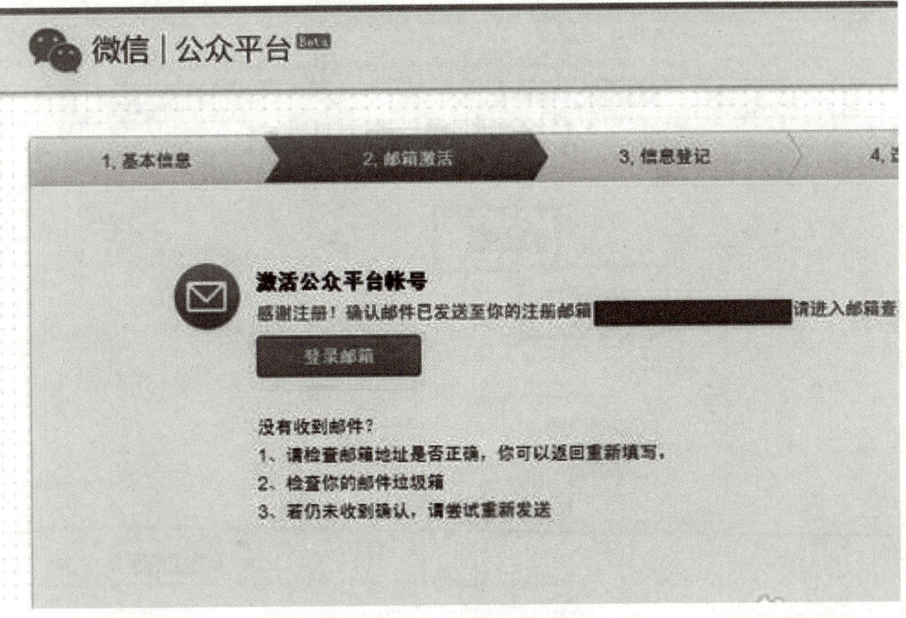

图 6－15　邮箱激活

⑤打开刚刚注册的邮箱，里面有一封公众平台产品经理发来的邮件，里面有一个超级链接的网址，点击即可激活并跳转到微信填写信息的页面，如图 6－16 所示。

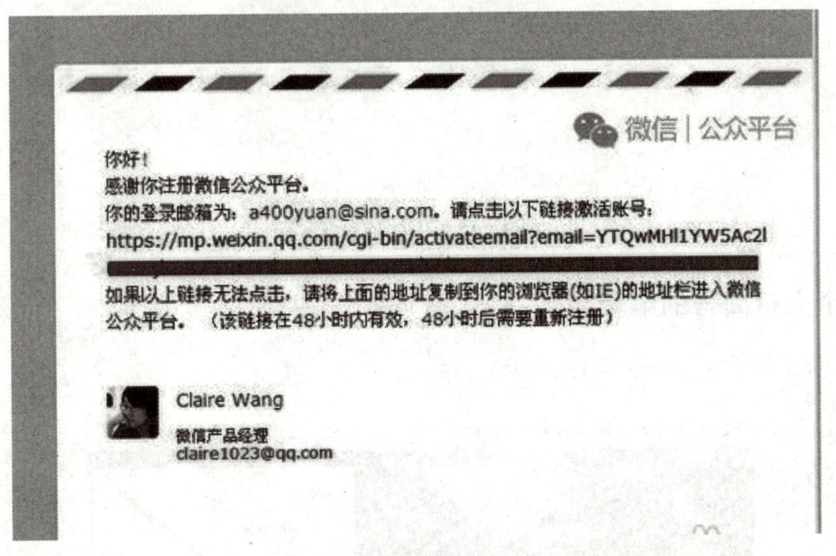

图 6－16　激活网址

⑥填写信息的时候，如选择个人，需要的资料有手持身份证的照片，这个要提前准备好；其他的都是一些常规信息，按照要求填写即可，如图 6－17 所示。

⑦填写好之后，就可以登录了。系统会在很短时间审核你提交的信息（周六、周日或节假日估计较慢），并发一个系统通知给你。然后，你就可以正常地使用个人订阅号了。

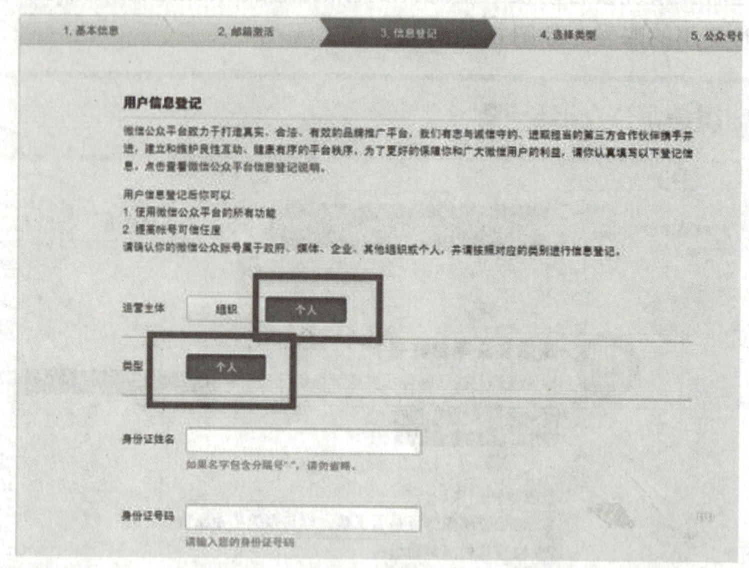

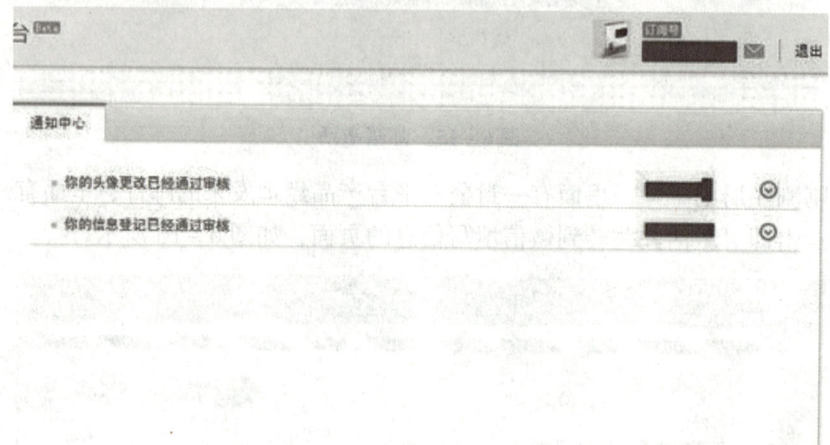

图 6-17　用户信息登记

二、个人订阅号的编辑

①登录你的账户，如图 6-18 所示。

图 6-18　登录账户

②在账户主页面点击左侧导航栏里的素材管理，如图 6－19 所示。

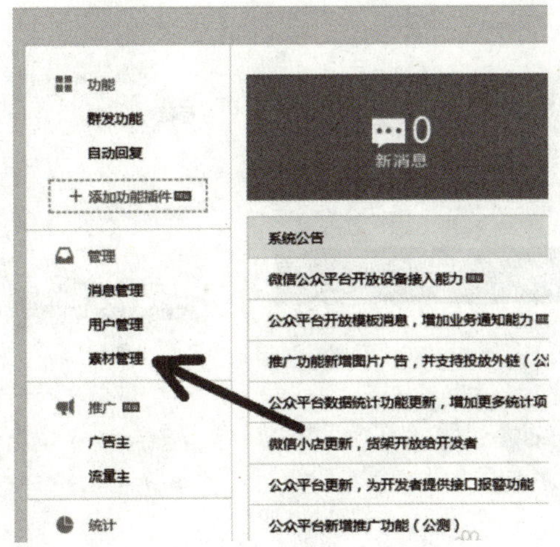

图 6－19　素材管理

③然后就进到这个页面，点击右侧多图文消息，如图 6－20 所示。

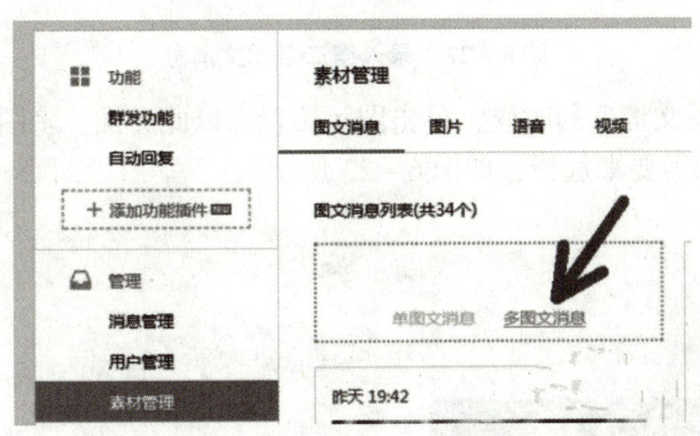

图 6－20　多图文消息

④然后按步骤依次填写你的标题、作者、封面还有正文，如图 6－21 所示。

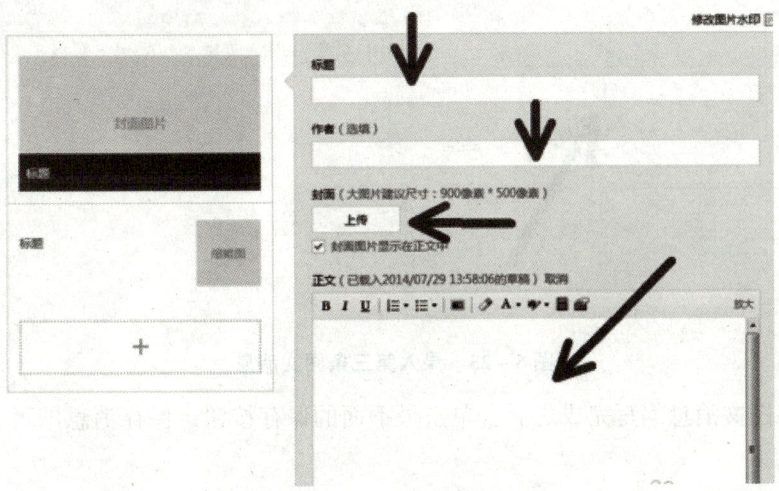

图 6－21　录入图文消息

⑤第一条图文消息全部编写完成之后，点击图示位置，添加第二条图文消息，如图 6－22 所示。

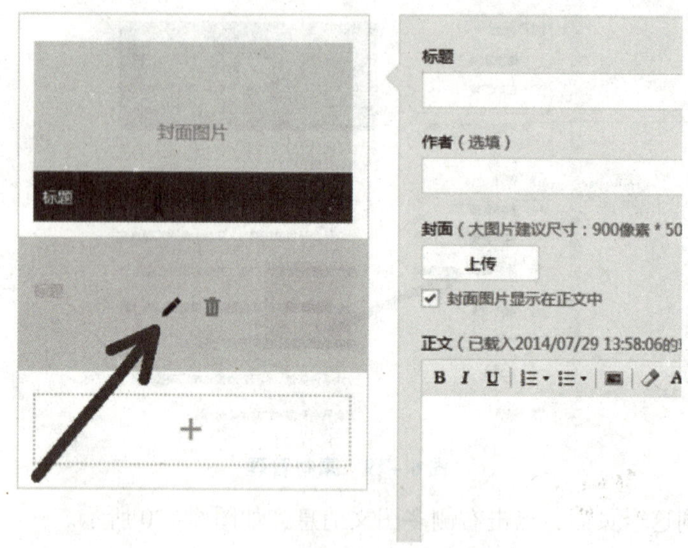

图 6－22　录入第二条图文消息

⑥当编写第三条图文消息的时候，单击图示位置，以此类推，多图文消息依次最多编辑 8 条，可以按照自己的需要来选择，如图 6－23 所示。

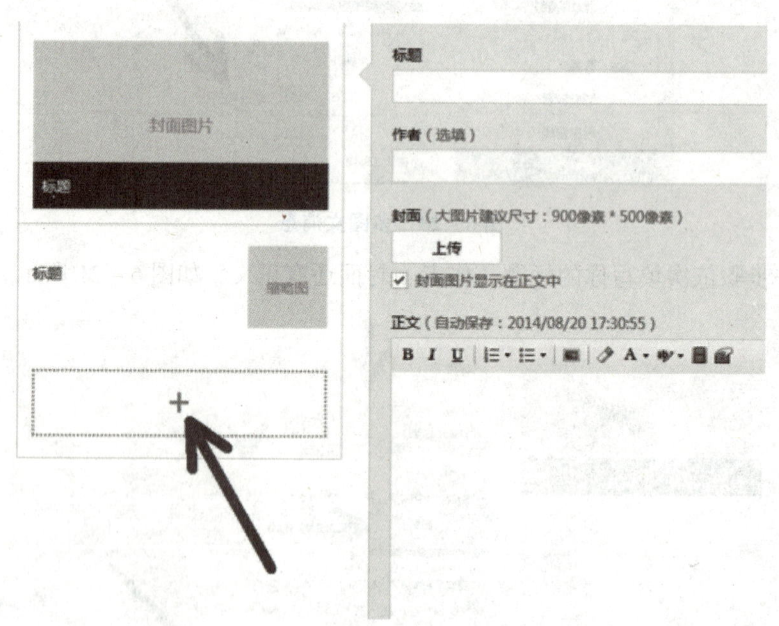

图 6－23　录入第三条图文消息

⑦全部多图文消息编写完成之后，单击最下面的保存按钮，保存消息即可，如图 6－24 所示。

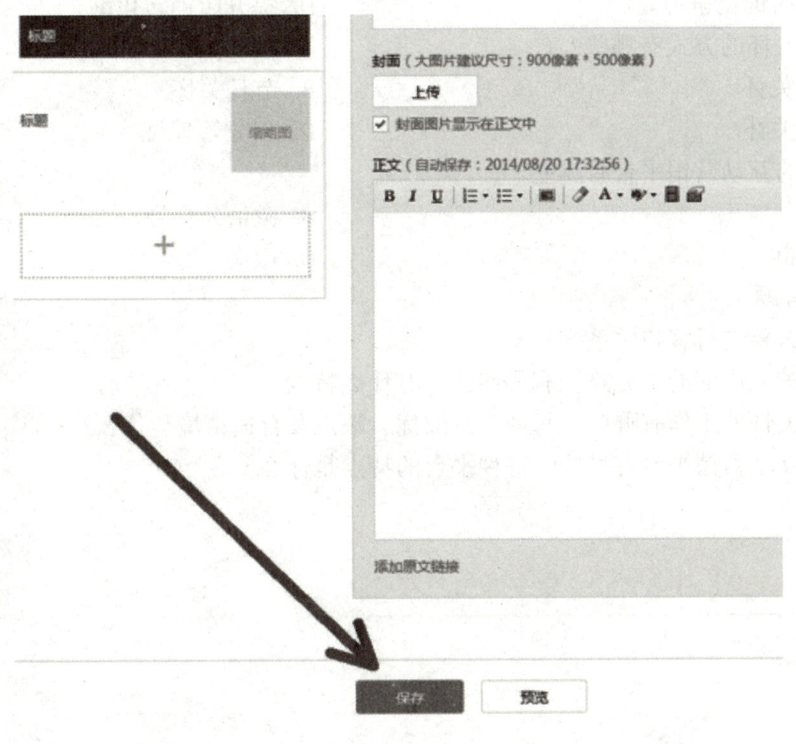

图 6－24　保存消息

【项目小结】

本项目主要讲述了客户关系管理在店铺运营中的重要性，并讲解了如何收集客户的信息，如何对收集的客户数据进行分析。要对客户进行关怀，是为了维护老客户，为老客户营销打下良好的基础，做到精准关怀，营销有的放矢。本项目介绍的客户关怀和营销方式都是商家经营实战中使用的，而且效果不错，建议可以结合自己店铺的具体情况实施。

客户关系管理是一个持续、细致的工作，要通过长期对客户行为特征、消费习惯的分析、整合，以数据为依据，以人性为核心，灵活运用。因此，商家可以利用现有的社交及自媒体工具，搭建与客户的互动平台，挖掘客户的潜在价值，提高客户忠诚度，掌握更多的业务机会。

【同步练习】

一、不定项选择题

1. 客服做好客户关系维护的第一步是（　　）。

A. 发现客户的潜在需求　　B. 收集、完善客户的信息及档案资料

C. 制订服务方案　　D. 制订标准化建议书

2. 店铺实施客户关怀的作用是（　　）。

A. 提高客户忠诚度　　B. 改进产品

C. 提升店铺竞争力　　D. 提升店铺转化率

3. 客户关怀的方式有哪些？(　　)

A. 电话关怀　　B. 节日关怀

C. 短信关怀　　D. 积分管理

4. 常用的互动营销平台有哪些？(　　)

A. 微博　　B. 微信公众号

C. 旺旺群　　D. 微淘

二、简答题

1. 为什么要进行客户关系维护？
2. 客户进入店铺的常见路径有哪些，各有什么特点？
3. 客户关怀的工作有哪些？每种工具的优、缺点及合适情境是什么？
4. 客户互动营销平台有哪些？每种平台的特点是什么？

参考文献

[1] 盘红华. 电子商务客户服务 [M]. 北京: 北京理工大学出版社, 2016.

[2] 徐奕胜. 电子商务客户关系管理 [M]. 北京: 人民邮电出版社, 2018.

[3] 方玲玉. 客户服务与管理——项目教程（第3版）[M]. 北京: 电子工业出版社, 2018.

[4] 阿里巴巴商学院. 新电商精英系列教程——网店客服（第2版）[M]. 北京: 电子工业出版社, 2016.